大中小学
劳动教育研究

吕进　李红霞　易双　唐宇　著

Research on Labor Education in Universities,
Primary and Secondary Schools

中国社会科学出版社

图书在版编目（CIP）数据

大中小学劳动教育研究/吕进等著．—北京：中国社会科学出版社，2023.8
ISBN 978 - 7 - 5227 - 2476 - 8

Ⅰ．①大…　Ⅱ．①吕…　Ⅲ．①劳动教育—教育研究　Ⅳ．①G40-015

中国国家版本馆 CIP 数据核字（2023）第 156644 号

出 版 人	赵剑英
责任编辑	夏　侠
责任校对	冯英爽
责任印制	王　超

出　　版	中国社会科学出版社
社　　址	北京鼓楼西大街甲 158 号
邮　　编	100720
网　　址	http://www.csspw.cn
发 行 部	010 - 84083685
门 市 部	010 - 84029450
经　　销	新华书店及其他书店

印　　刷	北京君升印刷有限公司
装　　订	廊坊市广阳区广增装订厂
版　　次	2023 年 8 月第 1 版
印　　次	2023 年 8 月第 1 次印刷

开　　本	710×1000　1/16
印　　张	13.5
字　　数	216 千字
定　　价	69.00 元

凡购买中国社会科学出版社图书，如有质量问题请与本社营销中心联系调换
电话：010 - 84083683

目　　录

第一章 绪论

劳动教育是培养新时代中国特色社会主义现代化建设者的重要环节，是推动和谐社会发展非常关键的维系纽带，是实现国家富强举足轻重的基础要素。党的十八大以来，党和国家对劳动教育的重视达到了一个新的高度，习近平总书记多次发表关于劳动教育的重要论述，充分彰显出劳动教育在对新时代劳动者的精神风貌、价值观塑造以及劳动技能水平的培养和提升过程中所占据的基础性决定性作用。以劳动教育为基础的更高水平、更高标准的人才培养体系的构建和完善，是培养德、智、体、美、劳全面发展的高水平劳动者的基础性工程和前提性条件。从 2015 年 7 月至 2020 年 7 月，我国相继出台了三份纲领性的文件：《关于加强中小学劳动教育的意见》《关于全面加强新时代大中小学劳动教育的意见》及《大中小学劳动教育指导纲领（试行）》，从国家政策层面的战略高度强调阐释了新时代劳动教育在教育兴国、教育强国中占据着的重要意义，为全社会营造重视劳动及劳动教育的良好社会风尚、推动劳动教育工作深入开展提供了理论导向和实践指引。

长期以来，党和国家高度重视劳动教育，不断地积极探索。回归"劳动创造人本身"这一历史唯物主义理论命题，进一步深入研究阐释马克思主义关于劳动的理论内涵，结合时代背景以及当前的社会发展实际，从劳动教育的历史进程回顾中总结汲取经验，在守正的基础上创新性地发展劳动教育，在思想政治理论课视域下聚焦新时代劳动教育，探索建设新时代教育强国、科技强国、人才强国新征程中的劳动教育发展理路，探索一条符合我国国情的、具有我国特色的新时代劳动教育的适宜路径，这是我们努力的初衷和目标。

第一节　中华民族是勤劳勇敢的民族

中华民族五千多年绵延不断的文明史首先是一部艰苦奋斗的劳动创造史。吃苦耐劳、辛勤勇敢、富于智慧是中华民族的品质特性，是恒久弥新的中华传统美德。其中，勤劳勇敢是中华民族形成历史中最受人称道、在传统思想文化中最受肯定的美德，有着永恒的意义。"民生在勤，勤则不匮"，美好生活都是通过辛勤劳动创造出来的，勤劳勇敢成为中华民族艰苦奋斗创造美好生活的民族美德。中华民族辉煌灿烂的历史从不同角度不同方面反映了一代又一代炎黄子孙接续奋进的劳动史实，叙述了中华民族勤劳奋斗对于中华文化和世界文明的无上贡献。

一　艰辛奋斗的斗争精神锻铸了勤劳勇敢的民族品质

中华民族是在漫长的艰辛奋斗中逐步发展起来的。在辛勤勇敢的劳动人民与大自然艰苦斗争的过程中，历史悠久的农耕生活生产方式，孕育出独树一帜的中华文化，蕴藏着中华劳动人民的美好劳动品质，与中华民族五千多年来生产创造出的其他文明成果相互交织，谱写出中华文明的璀璨华章。

中华民族是勤于劳动、善于创造的民族。① 劳动造就民族历史的灿烂，创造焕发出民族发展的辉煌。如果没有古往今来千百万劳动人民的艰辛劳动，中华民族就不会拥有如今的灿烂文明；如果没有孜孜不倦的创新创造，中华民族就不会取得今天的伟大成就。

劳动是一切财富的源头活水，是国家繁荣昌盛、民族团结合作、人民幸福安康的永恒前提和后续保障。中华民族自古以来遵循着尊重劳动、倡

---

① 《在庆祝"五一"国际劳动节暨表彰全国劳动模范和先进工作者大会上的讲话》，人民出版 2015 年版，第 4 页。

导勤劳的朴素价值观，通过自己的辛勤劳动改造自然、创造财富，勤劳作为最为重要的民族传统美德是在千百年的传统中培育形成的。追溯中华民族五千多年的深厚文化，生产劳动与民族发展息息相关，民族发展史可以说首先是劳动发展史，内容丰富，意蕴悠长。

早在远古时期，就已经有着与生产劳动密切相关的大量故事传说，例如有巢氏搭造树屋、燧人氏钻木取火，嫘祖教人养蚕制衣，神农教人耒耜耕作，大禹治水，这些传说反映了古代劳动人民为了改变艰苦的生活状况而不懈斗争。先秦时期诸子百家从不同方面提出了对劳动的认识，其中的墨家是"百家争鸣"中最为崇尚劳动尊重劳动的代表流派，"日出而作，日入而息"是展现古代人民根据劳动而分配作息时间的写照；在漫长的自然经济时期，中国古代的统治阶级对于劳动生产的强调和重视通过重农抑商的各种政策措施得到充分展现，"昼出耕田夜继麻，村庄儿女各当家"生动地展现了古代劳动人民夜以继日辛勤劳作、男女分工接续奋斗的繁忙劳作场面；"谁知盘中餐，粒粒皆辛苦"蕴藏着珍惜劳作成果，高歌劳动人民辛苦劳动的思想；"勤苦守恒业，始有数月粮"，展现只有辛勤劳作才能收获果实的劳作观。在我国，勇敢同勤劳二者密不可分，组合成为"勤劳勇敢"，一代又一代接续相传，最终演变成中华民族的精神标识，成为中华儿女的身份象征和支撑着中华民族创新创造的内在动力。

勤劳勇敢是中华民族最值得称赞的民族特性。"春夏耕耘，秋冬收藏；昏晨力作，夜以继日"，春夏秋冬轮转、日月星辰更替，都能找到人民大众的生活痕迹，辛勤劳动是劳动人民生活的必要组成部分。波澜壮阔的中华民族发展史是中国人民书写的！博大精深的中华文明是中国人民创造的！历久弥新的中华民族精神是中国人民培育的！① 这一重要论述充分阐释了中国人民、中华民族发展史、中华文明、中华民族精神四者之间存在的内在逻辑关联性，生动诠释了中国人民如何通过辛勤劳动书写出历史悠久且内容深厚的中华民族发展史。

五千年历史实践证明，中华民族在勤劳勇敢这一民族精神的锻铸下，创造出一个又一个令人惊叹的人间奇迹，缔造了绵延不绝而又赓续发展的

---

① 《习近平谈治国理政》（第3卷），外文出版社2020年版，第139页。

伟大文明。中国人民通过辛勤劳动，创造出珍贵灿烂的中华民族文化瑰宝，展现了辛勤劳动在潜移默化中对国家和民族的发展进步所产生的无与伦比的重要影响。

二　开拓进取的思想传统赓续勤劳勇敢的民族品质

中华民族是历经磨难、不屈不挠的伟大民族，中国人民是勤劳勇敢、自强不息的伟大人民。[①] 中华民族在漫长的历史过程中，面对生存发展的种种艰难险阻而不懈抗争，铸炼形成了自强不息开拓进取的思想文化传统，以开拓进取的文化精神努力进取，赓续传承勤劳勇敢的民族美德。

人类是在同自然的反抗斗争中逐渐从动物界脱离出来而形成的，正是因为不屈从于自然才有了人类社会的形成和发展，从这个意义上说，人是与生俱来就具有彻底革命精神的种族，人类文明发展史首先是与大自然的艰苦斗争史。中华民族以刻苦耐劳著称，在五千年漫长的历史中形成了自强不息开拓进取的富于革命斗争传统的民族精神。

勤劳勇敢的民族精神深深根植于中华民族艰辛奋斗的历史之中。在我国古代，流传着女娲补天、精卫填海、夸父逐日、愚公移山等神话故事传说，其本质就是从不同角度反映古代人民要通过劳动来创造美好生活的坚强决心和不懈斗志，彰显着中华民族勤劳勇敢的品质特征。

中华民族是酷爱自由而勇于为自由而斗争的民族。中华先民们面对大自然恶劣的生活与生产条件，以大无畏的斗争勇气和自强不息开拓进取的豪情气概，不断建造拓展民族的生存空间。在五千年的文明发展历程中，广大劳动人民不断地通过自己的勤劳智慧创造了无数奇迹。诸如开发长江黄河流域，建造郑国渠和都江堰等大型水利工程，秦驰道，万里长城，京杭大运河等，都是中华民族锲而不舍不断进取自强不息精神的展现，是中华民族艰苦奋斗建设历程的历史见证。一部中国近代史也是一部中华儿女的勇敢斗争史。洋务运动、戊戌维新运动、辛亥革命等，都是近代中华民

---

① 《决胜全面建成小康社会　夺取新时代中国特色社会主义伟大胜利》，人民出版社2017年版，第69页。

族革故鼎新、奋发图强精神的历史体现，中华民族自强不息的精神在救亡图存的过程中得到传承发扬。

在中国共产党的领导下，当代中华民族精神展现出更加宏伟勃发的开拓进取精神，以革命的乐观主义和排除万难去争取胜利的时代气概，涌现出一大批不畏艰难开拓进取的先进事迹，是这一时代精神的历史见证。

正因有了这种艰苦卓绝的奋斗精神，中华民族才能经受住各种磨难的考验、各种时代风险的冲击而始终于世界民族之林屹立不倒。中华民族和中国人民具有勤劳刻苦、不畏艰苦的执着勇毅精神，攻坚克难、愈挫愈勇的坚韧奋斗精神，自强不息、顽强拼搏的开拓进取精神。作为五千年赓续发展的唯一文明古国，中华民族仍不断地焕发出新的生机与活力，勤劳勇敢、自强不息、开拓进取的优秀民族品质推动着中华民族不断前进，鼓舞着新时代劳动者坚定理想信念、掌握过硬本领、不断创新创造。

三　优秀传统文化传承发扬勤劳勇敢的民族品质

中华民族勤劳勇敢的民族品质植根于丰富的优秀传统文化之中，在几千年的发展中渗透蔓延至整个民族的思想道德、风俗习惯以及生活方式中，通过优秀传统文化的代代传承，绵延不断地发扬着勤劳勇敢的民族品质。

文化是一个国家、一个民族的灵魂，延续着国家和民族的精神血脉。中华文化历史悠久，源远流长，历经五千年绵延发展，形成了博大精深、富有特色的思想体系，为世界贡献了独特的思想智慧。在五千年的中华民族历史发展进程中，无论自然条件多么艰难，中华先民们通过自己的勤奋劳动，不屈不挠、不断进取，创造出丰富绚烂的物质文明和精神文明成果。生生不息的中华民族发展历程中，总是伴随着广大劳动人民在具体劳动过程中所展现的尊重劳动、崇尚劳动、热爱劳动的优秀品质。热爱劳动、讴歌劳动的劳动文化历来都是中华优秀传统文化中的一个重要内容，成为代代相传赓续不绝的传统价值理念。

党的二十大强调"两个结合"，坚定历史自信，文化自信，坚持古为今用、推陈出新。① 勤劳勇敢的民族品质早已深深融入中国人民的血脉之中，成为日用而不觉的共同价值理念。在人类历史发展的长河中，中华民族历经磨难而浴火重生、久经考验而屹立不倒，以自己的勤劳和智慧创造了源远流长的民族历史，孕育了深厚底蕴的民族文化，为民族精神提供了强大支撑和充足动力。弘扬和培育"勤劳勇敢"的民族精神，使全体人民始终保持昂扬向上的精神状态，艰苦奋斗、勇于攀登，克服各种难以想象的艰难险阻，才能使人们的主观能动性和创造性得以充分发挥，顽强拼搏、锐意创新，为全面建设小康社会提供强大的精神动力和思想保证。

进入 21 世纪，随着对劳动的进一步认识，劳动教育必然要有进一步的发展。随着社会分工越来越细，生产与技术、知识与价值、信息与文化等等要素之间的相互影响越来越复杂，劳动教育也因此越来越趋于复杂化。传统的脑力劳动与体力劳动的区分在现代化建设中越来越模糊化，一个现代化的劳动者往往既是科技工作者也是生产制造者，劳动教育也就既要重视劳动知识和劳动技能的学习，也要注重对劳动态度、劳动观念的培养。

新时代的劳动教育在注重"两个结合"中，在中华优秀传统文化创新性发展、创造性转化中，传承并发扬勤劳勇敢的民族品质，在中国式现代化的新征程中塑造新时代的劳动精神。

第二节　劳动创造人本身

马克思主义强调劳动创造人本身的历史唯物主义思想，强调劳动对于人类社会文明发展的重要意义。劳动不仅创造了生存发展所需要的物质生产资料，而且创造了生存发展所需要的社会交互关系，是实现人的自由而全面发展的根本途径。

---

① 《高举中国特色社会主义伟大旗帜　为全面建设社会主义现代化国家而团结奋斗》，人民出版社 2022 年版，第 18 页。

一 劳动创造了生存发展所需要的物质生产资料

"劳动首先是人和自然之间的过程，是人以自身的活动来中介、调整和控制人和自然之间的物质变换的过程。"① 作为自然人的存在本身就是自然存在的一部分，人类不可能凭空产生物质用以交换，只能通过身体运动获取自然界的物质。人通过劳动这一中介与自然之间产生的物质交换过程，即人的劳动过程生产出物质生活自身。恩格斯指出，劳动在人们的日常生活中所占据的根本性地位及其所发挥的基础性作用，"历史破天荒第一次被置于它的真正基础上；一个很明显的而以前完全被人忽略的事实，即人们首先必须吃、喝、住、穿。"② 创造出满足自己日常生活所需要的物质资料是劳动的第一要事，即生产出吃、穿、住、用、行所需的物质资料，在此基础上，人才有条件从事有关政治、宗教和哲学等领域的社会活动。马克思主义将劳动生产视为人类历史发展的出发点以及社会生活的立足点。

劳动是每个人每天都要进行的活动，劳动是创造人类生活生产所需的物质资料和精神产品的唯一途径。无论是原始社会或是未来将要实现的共产主义社会，每个社会成员都必须进行劳动。在人类的自然历史和社会历史形成发展过程中，首先是有满足人们生存的物质生活所需的活动，马克思明确指出："第一个历史活动就是生产满足这些需要的资料，即生产物质生活本身。"③

人类为了满足自己的生存和发展，必须通过劳动作为中介去利用自然和改造自然，通过人与自然的劳动交换生产出满足人类社会延续发展所需要的物质资料。人通过自己的劳动将自身物化作用于某一具体对象，如同马克思本人所论述："人靠自然界生活。"④ 为了占有生活所需的自然物质，人类必须借助其身体各个部位将其运用于其身外的自然物质获得劳动产

---

① 《马克思恩格斯选集》（第 2 卷），人民出版社 2012 年版，第 169 页。
② 《马克思恩格斯选集》（第 3 卷），人民出版社 2012 年版，第 723 页。
③ 《马克思恩格斯选集》（第 1 卷），人民出版社 2012 年版，第 158 页。
④ 《1844 年经济学哲学手稿》，人民出版社 2018 年版，第 52 页。

品。在劳动中完成人与自然的物质交换，劳动成为人类满足自身生存发展必需的根本渠道。在讨论劳动在人类社会发展中发挥的作用时，劳动的本质问题需要超越特定的社会现象去分析。马克思完全抛开了社会的表面现象去思考劳动的内在属性。无论社会形式如何变化，社会发展到何种阶段，劳动都是不以社会形式为转移的人类生存的现实条件，亦是人类未来满足自身生存生活需求去占有自然物质的必要条件，这一点是不会改变的。总的来说，劳动是人类生活得以接续发展的必然性要求。

一般来说，自然物质是通过人的劳动加工成为人生存发展的物质条件，而非是自发性地满足人的现实需要。人通过独有的主观能动性去利用自然、改造自然，若非如此，人自身的需要就得不到满足，人就会缺失赖以为生的物质条件。马克思将劳动视为"一个社会摆脱自然力量的统治"的开端，创造性活动将构建一个适合人类生存发展的对象世界。

二　劳动创造了生存发展所需要的社会交互关系

人从自然界进化而来。如果就其生物机能来说，可以看作是人的自然演变进程，比如直立行走、灵活的四肢、发达的头脑等等，都是在人更好地适应自然和改造自然过程中演变发展而来的。但是人之所以为人，并不在于生物特征上与动物的细微区别，最根本的还是在于人所独有的社会性特征。在一定的社会关系中，人的社会属性不断增加，而社会关系的建立则有赖于人的劳动。

劳动创造满足人类生存所需仅仅是人类发展的首要前提，在物质生产基本满足人的生活水平后，则会不断滋生出新的需求，由此生成人与人之间的更广大的社会关系，推动人类不断地进行更加复杂的社会分工。劳动完成了从生物意义上的人到社会意义上的人这一历史重大演变，不断促进人类形成更加紧密的社会关系，不断构建和发展人类社会的多样性和丰富性。在社会生活中，劳动作为人的社会性存在方式，必然与他人内在地相连，并且根据劳动的需要通过社会分工得以实现。人们通过物质生产结成一定的生产关系的过程构建和发展着人类社会，"生产关系总合起来就构成所谓社会关系，构成所谓社会"。①

生产劳动在人的社会关系网络构建中承担着最为关键的桥梁中介作用，是人与人交互关系的现实载体。"人的本质不是单个人所固有的抽象物，在其现实性上，它是一切社会关系的总和。"② 通过物质生产劳动这一中介，作为自然人才能形成现实的社会交互关系，从一个个孤立的个体通过物质生产劳动编织出了一张张经纬交互的立体的社会交互网。社会交互网并非强制性地将人囊括于其中，而是嵌入于人的物质生产劳动过程所行程的生产关系之中。且马克思指出劳动在民族发展过程中所起的重要作用："任何一个民族，如果停止劳动，不用说一年，就是几个星期，也要灭亡，这是每一个小孩子都知道的。"③ 人们通过物质生产劳动获取自身发展所必需的必需品、建立各样的社会交互关系。在人类社会的生存和发展中，劳动的重要意义就在于其发挥着关键的不可替代的作用。

资本主义生产方式提高了社会生产力水平，推动了社会分工的发展，也由此推动了人与人、人与自然的联系的多样性和丰富性。马克思指出："资本主义生产方式的特点，恰恰在于它把各种不同的劳动，因而也把脑力劳动和体力劳动，或者说，把以脑力劳动为主或者以体力劳动为主的各种劳动分离开来，分配给不同的人。"④ 不可否认的是，社会分工的细化会使得社会构造形式更加复杂，从客观上要求加强人与人之间的沟通交流，人际交互过程增加，因此要求形成和发展更加复杂的人际关系。脑力劳动和体力劳动之间只是人们身体机能的分工占比不同，但追本溯源其二者的本质仍是生产活动，都是增强生物人的社会性属性的必要举措。"可以断定，消灭那种强制性的旧式分工，必将为实现新的历史条件下的劳动变换提供可能，而劳动变换必然会造就个人实践活动的丰富性和完整性。"⑤ 新的劳动分工的生成将由新的更加复杂细致的社会分工来决定。总体来说，无论劳动分工如何变化，

---

① 《马克思恩格斯选集》（第1卷），人民出版社2012年版，第340页。
② 《马克思恩格斯选集》（第1卷），人民出版社2012年版，第135页。
③ 《马克思恩格斯文集》（第10卷），人民出版社2009年版，第289页。
④ 《马克思恩格斯文集》（第8卷），人民出版社2009年版，第418页。
⑤ 康渝生：《马克思主义哲学的人学致思理路》，社会科学文献出版社2004年版，第198页。

人与人之间的联系交流需要会越来越密切多样，尽管可能会以更加多样化的表现形式，例如说现代社会中看起来人与人的现实物理空间距离在疏远，但通过网络媒体更加紧密地联系形成一个无间隙的社会整体。

就人与社会的关系而言，一方面，劳动产生了人与人之间交互的社会关系。人类的劳动实践必须在社会当中，也只能在具体的社会关系和社会形态基础上实现和发展。马克思主义肯定劳动是伴随着现实的人在具体的社会关系中创造出有价值的物质产品和精神财富的自觉活动，而非是孤立的人与抽象的自然事物之间的单线互动。可以说，社会关系不是天然形成的，而是在人类的实际劳动实践中不断地形成发展的。人不可能脱离社会而孤立地存在，一个与社会分离的人，或者说与社会隔离的社会，只可能存在于人的思想虚构中，不具备现实可能性。另一方面，劳动不断地提高人的社会性，劳动的发展极大地丰富了人们的社会交往关系。费希特认为，人注定是过社会生活的；他应该过社会；如果他与世隔绝，离群索居，他就不是一个完整的、完善的人。① 马克思更加注重人的社会性特征，强调人的本质"不是人的胡子、血液、抽象的肉体的本性，而是人的社会特质"。② 纯粹自然的状态中是不存在任何劳动形式的，必须是现实的人处在一定的社会关系中，通过生产劳动这一方式，人与人之间的联系才不断地变得更加紧密。

三 劳动是实现人的自由而全面发展的根本途径

马克思指出："劳动的对象是人的类生活的对象化。"③ 马克思从人的对象性活动的角度来考察劳动过程，认为劳动的目的就是要使自然界的事物接受人的改造的过程，也是人本身的自我生成和发展的过程。缺少了劳动对象，人类的社会生活就无以继续；缺少了对象性的活动，人类对于自身社会价值难以预估，也就无法肯定自己的本质力量。可以发现，劳动的过程也就是一个人自我实现的过程，就好比你需要在镜子的帮助下才能更

---

① ［德］费希特：《论学者的使命人的使命》，梁志学、沈真译，商务印书馆 1984 年版，第 18 页。

② 《马克思恩格斯全集》（第 1 卷），人民出版社 1956 年版，第 270 页。

③ 《马克思恩格斯文集》（第 1 卷），人民出版社 2009 年版，第 163 页。

清晰地认识你自己，"我们的生产同样是反映我们本质的镜子"。① 更进一步地说，劳动不仅仅是人类获得物质生活条件的物质前提，更重要的是通过劳动去创造和发现人生价值，从而确认自己在社会当中的作用，并且在劳动当中增强审美鉴赏能力和道德判断能力。人们通过劳动不断地塑造和形成自己，在劳动过程中不断地丰富发展着人本身。

在《政治经济学批判（1857—1858 年手稿）》中，马克思从人与人和人与自然的关系的角度，将人类社会的发展分为三个阶段：人的相互依赖阶段、以物的依赖为基础的人的独立阶段、人的全面发展和自由个性阶段。② 这样的划分依据注重劳动在人类社会发展中的作用。在第一阶段和第二阶段中，人类劳动还只是一种手段，人们可以通过这种手段谋生，以获得满足生存需要所必需的物质利益。人的劳动对象和劳动产品，包括劳动本身，都是作为人的外在物质力量起作用，人也必然受到这样的物质力量外在必然性的控制。马克思和恩格斯在考察人类社会发展的历史进程中，尤其是从个体手工业到机器大工业的这一段历史时期，衡量人类社会进步的评价要素并不是指向人自身的发展，而是指向人在劳动能力方面得到的发展。更明确地说，人类社会的进步体现在发展人类的生产劳动能力，体现在科技的进步和物质财富总量的快速增加。当时工业大生产使得社会分工精细化，导致人的劳动能力只能是片面发展，其结果是人类劳动能力整体性快速发展的同时单个的人的劳动能力却在逐渐丧失，由此使得当时的有识之士对劳动力的全面发展问题给予了极大的关注。脑力劳动和体力劳动相分离，以及物质力量和精神力量单个地片面地发展，都会影响和阻碍人的全面发展。而"当一切专门发展一旦停止，个人对普遍性的要求以及全面发展的趋势就开始显露出来"，③ 因此，只有通过提高个人的综合能力（包括劳动综合能力），才能使个人能够与人类社会的发展同步，在推动社会创造出更多劳动财富的同时能够实现自身的社会价值，为实现人的自由而全面的共产主义发展目标提供条件。马克思曾在《资本论》

---

① 《马克思恩格斯全集》（第 42 卷），人民出版社 1979 年版，第 37 页。
② 《马克思恩格斯文集》（第 8 卷），人民出版社 2009 年版，第 52 页。
③ 《马克思恩格斯选集》（第 1 卷），人民教育出版社 2012 年版，第 249 页。

中，明确阐述未来教育是与生产劳动相结合的为人的全面发展服务的教育，在这里生产劳动在教育中的地位被提到了更高的高度，"未来教育对所有已满一定年龄的儿童来说，就是生产劳动同智育和体育相结合，它不仅是提高社会生产的一种方法，而且是造就全面发展的人的唯一办法。"① 在马克思所构想的有关未来社会中，生产力水平已经达到高度发达的水平，劳动不再是人的异化力量而是人的本质力量的体现，劳动教育成为人的自由而全面发展的重要内容。

从人类社会发展的必然性来说，劳动的发展演变过程是沿着从"异化劳动"到"自由劳动"的总体道路前行。即使异化劳动在资本主义社会作为主导，但其绝对不是一个最终的永恒的历史结果，必将随着资本主义的灭亡而消除。异化劳动是私有制的产物，是对自由自觉活动的压抑，而实现共产主义首先要实现自由劳动，两者之间有着深刻的不可分割的密切联系。"共产主义是对私有财产即人的自我异化的积极的扬弃，因而使通过人并且为了人而对人的本质的真正占有。"② 共产主义"是以每一个个人的全面而自由的发展为基本原则的社会形式"，③ "在那里，每个人的自由发展是一切人的自由发展的条件"。④ 但这种自由绝不是抽象的、想象的、脱离于人的具体实践活动之外的概念式的"绝对自由"。马克思所描绘的未来社会中，生产劳动是全面发展的人满足自己精神愉悦的一种方式。马克思指出，"生产劳动给每一个人提供全面发展和表现自己的全部能力即体能和智能的机会，这样，生产劳动就不再是奴役人的手段，而成了解放人的手段，因此，生产劳动就从一种负担变成一种快乐。"⑤ 在未来的共产主义社会中，人的解放首先是人们从异化劳动中解放出来，异化劳动不再是劳动的现实表现，其本质将得到还原——劳动将成为人们生活中的第一需要。全体社会成员根据个体发展需要而进行自由选择，社会的全面发展将以人的自由而全面的发展作为前提基础和现实考量。

---

① 《资本论》（第 1 卷），人民出版社 2004 年版，第 556—557 页。
② 《马克思恩格斯文集》（第 1 卷），人民出版社 2009 年版，第 185 页。
③ 《马克思恩格斯文集》（第 5 卷），人民出版社 2009 年版，第 683 页。
④ 《马克思恩格斯文集》（第 2 卷），人民出版社 2009 年版，第 53 页。
⑤ 《马克思恩格斯选集》（第 3 卷），人民出版社 2012 年版，第 681 页。

古典经济学家将劳动规定在物质生产和财富创造的框架当中，但是马克思揭示了其本质是人的自由而全面发展的第一需要，深刻揭示了人在劳动中创造和发展自己，实现自身的发展本质，最终实现人的解放。在马克思看来，人通过劳动，来"作用于他身外的自然并改变自己时，也就同时改变他自身的自然。他使自身的自然中蕴藏着的潜力发挥出来，并且使这种力的活动受他自己控制"。① 劳动不仅通过人的对象性活动构建了人化自然，及在人与人之间的社会交往中创造了社会交互关系，更重要的是在这个过程中创造和发展人本身。

第三节　大力弘扬马克思主义劳动观

对劳动的认识既是一种历史观，也是一种价值观。劳动总是人的劳动。没有人的劳动，人类就不会从自然界中独立出来；没有人的劳动，今天的人就无法过上如此丰富的物质和精神世界的生活。人类劳动的目的不仅是为了满足生存需要，更进一步是为了在利用自然、改造自然的过程中获得人的自由，在追求自由的过程中获得物质丰富的幸福，从而进一步领略精神充裕的满足。人类通过劳动改造自然，获得满足感、幸福感和尊严感，拥有丰富的精神世界。新时期劳动教育的直接目的是帮助学生树立马克思主义劳动价值，培养新时代发展的高质量人才队伍，但究其根本是追求人的自由而全面的发展。马克思主义强调，人应该是能够得到全面发展的，每一个人都应该有条件去实现自己的未来，这样的条件应该通过劳动来实现。从这个意义上说，劳动及劳动教育不仅是推进教育强国的重要环节，也是人类占有人的本质的根本途径。

一　价值引领：发挥马克思主义劳动观的价值向导

习近平总书记多次强调，要通过辛勤劳动、诚实劳动、创造性劳动来

---

① 《马克思恩格斯文集》（第5卷），人民出版社2009年版，第208页。

实现人生梦想、改变自己的命运；要弘扬劳动光荣、人才宝贵、创造伟大的时代新风，为中国经济社会发展汇聚巨大正能量，"以劳动托起中国梦"。① 作为新时代的劳动者，应该充分认识到劳动蕴藏的深厚价值，在劳动中时刻关注自我价值、美好人生理想和社会发展需要协调一致。对马克思主义劳动观的认识，关联着社会的和谐稳定发展，关系着国家的兴旺繁荣和民族的希望延续。

新时代要弘扬埋头苦干精神，做辛勤劳动的践行者。劳动是伟大的，但同时也是艰辛的。从人类发展史的维度，引导学生对劳动持有尊重之心、崇尚之感、自觉本性，阐释"人民创造历史，劳动开创未来"的真谛，让学生确信劳动是"整个人类生活的第一个基本条件"②，鄙视辛勤劳动是可耻的。全社会都要以辛勤劳动为荣、以好逸恶劳为耻。③ 在倡导辛勤劳动的社会风气的同时，劳动教育还需要让全社会树立职业平等观，各类行业、各个岗位、各项工种，仅仅只是在存在方式以及分工安排上有所不同，并无高低贵贱之分、等级身份之别。无论是体力劳动者还是脑力劳动者都需要得到应有的尊重。广大劳动者要做到孜孜不倦地学习、勤勤勉勉地做事，只有艰苦奋斗、勤于劳动，才能书写出属于劳动人民自己的人生华章。

新时代要遵循社会主义核心价值观，做诚实劳动的示范者。诚实是做人之本，是一个人立足社会的必要品质，能否做到诚信做人和诚实劳动，反映了以道德为支撑法律的社会保障在社会信用体系的适用程度。诚实劳动要求广大学生不驰于空想、不好大喜功、不投机取巧、不好高骛远，而是通过运用自己的全部身体机能、创新思维、心理素质和道德品质，以获取展现自身劳动技能和劳动水平的机会。投机取巧、不劳而获是伴随着市场经济发展所产生的弊端，是不可取的行为。新时代劳动者的劳动教育就应当大力宣扬：一切都要通过自己的双手、诚实劳动、合法手段来获取。

① 《在庆祝"五一"国际劳动节暨表彰全国劳动模范和先进工作者大会上的讲话》，人民出版社 2015 年版，第 14 页。

② 《马克思恩格斯选集》（第 3 卷），人民出版社 2012 年版，第 988 页。

③ 《在庆祝"五一"国际劳动节暨表彰全国劳动模范和先进工作者大会上的讲话》，人民出版社 2015 年版，第 5 页。

人世间的美好愿景、发展难题以及事业辉煌都只能通过诚实守信、诚信劳动来获取。[①] 诚信作为社会主义核心价值观在个人层面的要求，要将其融入社会生活的各个方面、各个领域，让诚信在整个社会蔚然成风，每个人都以诚信做人和诚实做事作为处世之道，以诚实劳动和合法劳动作为立身之本。民无信而不立，诚信问题是每位劳动者都应坚守的底线问题，诚信作为学生走向社会的通行证，应将守法诚信作为个人安身立命的首位，始终秉持着诚信为先、诚信为美、诚信为荣的理念，让诚实劳动成为价值判断的标准、道德品行的准则和行动操守的条例。

新时代要突破思维禁锢牢笼，做创造性劳动的引领者。创新创造是当前世界各国占据主动地位的关键要素。辛勤劳动、诚实劳动属于传统劳动，而创造性劳动是新时代背景下对劳动者的更高水平的素质要求。辛勤劳动、诚实劳动是劳动者的底色，而创造性劳动才是劳动者的代表作，生产方式的变革、社会生活的进步及异化劳动的解放，皆来自创造性劳动。一切劳动中都孕育着创新，一切创新都会在劳动的胎胞中诞生。创新离不开劳动，一旦离开劳动，所有的创新都会成为无根之木、无源之水。劳动也离不开创新，一旦离开创新，所有的劳动都将沦落成为机械劳动，没有灵魂和动力，也无法继续向前推进。在当前经济全球化浪潮中，全球科技创新进入新发展阶段，在新一轮科技革命和产业变革中，我国的关键核心技术还面临着"卡脖子"的难题，时代呼唤创新，国家急需创新。这一时期的劳动"更具创新性，呼唤个体意识、理解、批判性思维、想象力等脑力要素的参与"[②]，创新能力和开放思维成为新时代劳动者所具备的强有力竞争核心素养，须养成开放性思维，突破传统思维的禁锢，具有开拓创新、勤于实践的劳动品格，在劳动中不断研发新产品、提炼新理论、发展新工艺、提高劳动效率，为发挥出自身的社会价值、奋进新时代、实现中华民族伟大复兴而奋斗。

---

① 《在庆祝"五一"国际劳动节暨表彰全国劳动模范和先进工作者大会上的讲话》，人民出版社 2015 年版，第 4 页。

② 张家军、吕寒雪：《人工智能时代的劳动教育变革：缘起、挑战与出路》，《中国教育学刊》2022 年第 6 期。

二 体系构建：做好马克思主义劳动观的内容衔接

2018 年，习近平总书记在全国教育大会上强调："要构建德智体美劳全面培养的教育体系，形成更高水平的人才培养体系。"[①] 针对培养什么样的人、怎样培养人、为谁培养人这一根本问题，确定了人才培养体系的目标，划分了劳动教育的领域边界，也对青少年的劳动教育体系建构做好战略部署和提出具体要求。

劳动教育要体现教育纵向过程的递进性和连贯性。遵循人的身心发展规律，贯通好大、中、小学的劳动体系构建逻辑，呈现出劳动教育的层次性和育人性。在不同的年龄阶段，受生理发展的影响，学生的学习习惯存在着巨大的差异，大体上完成了从强制性到自觉性、从机械完成到创新实现、从被迫服从到自觉规划的转变。与此同时，学生在成长过程中，其认知水平和身心发展会经历一个螺旋上升的辩证发展过程。因此，教育目标、教育内容和教育方法也应该展现出应有的关联性和递进性，不同时期，侧重点应有所不同，完成好序列承接和合理整合的工作。《国家中长期教育改革和发展规划纲要（2010—2020 年）》明确要求，要树立系统培养观念，做到"瞻前顾后"，大中小学一体化教育需要完成目标一致性、内容一体化，在全面发展教育理念的培养目标中，不仅要做到同一教育层次中教育内容间的横向有机衔接、相互融通，还需要做到在同一教育内容体系中的循序渐进、内在契合。即每一阶段的教学内容向上延伸到上一阶段或向下拓展到下一阶段的教学内容，使得每个阶段的教学内容环环相扣，形成完整的教育闭环，从而确保教育目标的一致性和教育内容的衔接性，设计出符合教育对象身心发展阶段的教育课程，劳动教育教材所涉及的内容应做到由浅入深、层层递进，不能直接给一个小学生设定"体面劳动"、实现人的自由而全面发展等长远目标，而是要教导其从身边的小事做起，帮父母分担家务活、在学校保持好学校的清洁；相反，也不能对着

---

① 《坚持中国特色社会主义教育发展道路 培养德智体美劳全面发展的社会主义建设者和接班人》，《人民日报》2018 年 9 月 11 日第 1 版。

一个大学生说，要学会打扫卫生等基础性的劳动实践等。劳动教育的课时安排也应该随着教育层次的升级而逐步增多，让学生在具体的劳动实践过程中体会劳动过程的艰辛以及劳动成果的来之不易。劳动教育过程中的操作性实践活动也应该做到逐级递增，遵循学生身心发展规律，培养其创造性思维、践行创新性实践等活动。

劳动教育需要家庭、学校、社会三方齐抓共管，实现家庭、学校和社会劳动教育的有机结合。马克思在论述人与环境之间的关系时强调，"人创造环境，同样环境也创造人。"① 在每位社会成员成长成才的过程中，家庭、学校、社会三者在劳动教育中占据着主阵地的位置，三者间不同的劳动文化特质在教育过程中发挥着不同的价值和作用。劳动教育的开展进程中，家庭、学校以及社会的协同性、持续性作用必须得到高度重视和持续关注，避免劳动教育断裂、脱节和矛盾。首先要发挥好家庭教育在劳动教育当中的基础性作用，家庭是教育的发源地，广大劳动教育对象在家庭环境中潜移默化中学会了日常性、基础性的劳动类型，要让其在家庭中养成自觉劳动的良好劳动习惯。其次要发挥好学校教育在劳动教育当中的主导性作用，学校是一个小型的社会，在学校中学习系统的劳动教育知识，明确劳动教育的意义，培养一定的专业性的劳动技能，为进入社会真正靠劳动养活自己、实现自身社会价值打好基础。最后还是需要发挥社会教育在劳动教育中的现实性作用，社会是实施劳动教育的天然平台，在具体的劳动实践中增强对职业的了解度和认同感，了解好劳动的社会责任感，在全社会宣扬尊崇劳动、热爱劳动的氛围，在社会中提升自身所掌握的劳动技能，不断开拓创新，实现自身的社会价值。整合家庭、学校、社会各界力量，凝聚合力，协同配合，发挥出家庭基础作用、学校主导作用、社会支持作用，形成家庭、学校、社会三方面劳动教育的育人格局。家庭教育更多地发挥感性教育基础作用，而学校教育将侧重点放在理论的系统深化和技能的专业提升，而社会才是家庭教育和学校教育成效的检验平台。如果家庭教育、学校教育、社会教育三者任何一方的教育作用发挥得不充分、在教育过程中出现"缺位"现象，教育的内容就会存在无法弥补的缺陷，

① 《马克思恩格斯选集》（第 1 卷），人民出版社 2012 年版，第 172—173 页。

进而可能引发负面反应的连锁效应。因此只有"推动形成家庭、学校、社会的协同育人机制，着力打造全覆盖全方位且可持续的劳动教育良好生态。"①

劳动教育需要加强与德育、智育、体育、美育之间的衔接交流，实现"五育并举"。人的全面发展需要德智体美劳五者共同发挥作用，缺一不可。做好劳动教育与其他"四育"之间的衔接工作，完成全方位、全过程的渗透融合，让劳动教育随时随地在其他"四育"中发挥作用，充分发挥以劳树德、以劳增智、以劳强体、以劳育美的综合育人功能，开启了劳动教育一体化的新进程。在劳动领域中实施劳动教育、开展劳动实践已无须多言，我们应该更多地把注意力放在劳动教育与其他"四育"的耦合作用，让劳动教育返回并融入其他"各育"当中。这一整体推进、相互融合的教育设计蓝图，也代表着劳动教育的最终目标是将劳动教育的目标有规划、分步骤地纳入实际的教育教学过程当中，实现劳动教育的"日常化"。只有与其他"各育"融通起来的劳动教育，德智体美劳等不同教育形式同向发挥合力作用，才是具有持久生命力的教育。在德育中渗透劳动价值观念和劳动行为习惯，让受教育者充分懂得"劳动最光荣、劳动最崇高、劳动最伟大、劳动最美丽"的道理，养成自觉劳动、协同劳动的劳作习惯；在智育中传递劳动知识和劳动技能，提高劳动者的专业理论知识和实际操作水平，为时代新人的培养提供知识支撑和技能支持；在体育中端正劳动态度，摒弃"下人劳力，中人劳智，上人劳人"的错误劳动观念，在体育过程中正确认识到体力劳动的重要社会地位、培养健硕的体魄；在美育中铸就劳动精神，人类按照符合自身审美情趣的规则和要求对客观外部世界进行创造性的加工和改造，同时也在这一过程中提高发现美、欣赏美、创造美的审美能力。

三 榜样示范：表彰马克思主义劳动观的先锋模范

劳动精神深刻体现出劳动人民的辛勤付出，是劳动人民在伟大劳动创

---

① 李岁月：《习近平劳动观的理论蕴含及其时代价值》，《学术探索》2022 年第 8 期。

造中的孕育提炼。劳动人民是劳动精神的实践者和创造者。如果没有劳动者的艰辛劳动，没有劳动者的创新建设，就没有劳动的付出与劳动成果的收获，也就没有劳动精神的创造和延续。劳动精神的内在价值就在于其能够激发广大劳动者的积极性和创造性，不断发挥劳动改造世界的根本力量。无论社会生活方式如何变化发展，劳动的形式以何种方式被改变，始终不存在别的东西能替代劳动的存在。劳动伴随着人类社会跨越时代，每个时代都有自己的劳动模范和时代英雄。劳动模范是广大劳动者的先进代表，是民族和国家的希望，是新时代青年的楷模和榜样。无论社会如何变迁，经济如何发展，劳动方式如何变化，大力弘扬劳动模范、劳模精神始终是全社会的主旋律。

弘扬劳模精神必须立足我国社会发展的现实状况，思考如何让劳动者拥有更多高附加值劳动，这是推动当前社会高质量发展亟待解决的重要命题。[①] 劳动模范和先进工作者、先进人物不仅自己要做好工作，而且要身体力行向全社会传播劳动精神和劳动观念。[②] 劳动模范、先进工作者和先进人物代表着当前这一时代的具体风向标，劳模精神、工匠精神是当前时代发展的重要支撑，"做坚定理想信念的模范、勤奋劳动的模范、增进团结的模范。"[③] 榜样的力量是无穷的，习近平总书记曾在多个场合强调要在全社会大力宣传优秀劳动者的具体事迹及弘扬其劳模精神、工匠精神，赞扬他们在平凡的工作岗位中通过自己的诚实劳动、辛勤付出以及创新思维，努力创造不平凡的伟大品格。充分挖掘并大力宣传劳动模范的光辉事迹，以号召全社会勤于劳动、勇于创新，向他们致敬、向他们学习、向他们看齐，做有力量、有智慧、有技术、会创新的劳动者，切实投入到社会主义现代化事业的建设过程中去。

我国广大劳动群众以劳动模范为榜样，爱岗敬业、勤奋工作，锐意进

---

① 常胜：《马克思劳动观的三重维度及其现实意蕴——兼论习近平的劳动观》，《思想政治教育研究》2020 年第 1 期。

② 《习近平在乌鲁木齐接见劳动模范和先进工作者、先进人物代表 向全国广大劳动者致以"五一"节问候》，《人民日报》2014 年 5 月 1 日第 1 版。

③ 《习近平谈治国理政》（第 1 卷），外文出版社 2018 年版，第 47 页。

取、勇于创造，不断谱写新时代的劳动者之歌。① 让尊重劳动、热爱劳动在全社会蔚然成风，需要从国家顶层设计、社会舆论氛围、个体自觉学习三方面进行。首先，需要从国家层面对劳动模范予以重视，从制度保障、物质奖励、权益维护、舆论引导等方面构建弘扬劳模精神的保障体系；其次，需要从社会层面弘扬劳模精神，让诚实劳动、勤勉劳动、创造性劳动成为全社会的风气导向，加大宣传力度、拓宽宣传渠道，通过舆论宣传实现全社会对劳动、劳动者的真正认同、真诚尊重；最后，落实到个人对劳模精神的思考和践行，身体力行、艰苦奋斗，在自己的岗位上充分发挥自身优势，自觉向劳动模范靠近。

四　实践导向：筑牢马克思主义劳动观的现实基地

"要坚持知行合一，注重在实践中学真知、悟真谛，加强磨炼、增长本领"，② 这是新时代劳动教育的重要精神。尽管劳动光荣的意识得到社会的普遍认同，但在当代社会中仍然存在着"体力劳动低下"的错误思想。为从根本上消除这种劳动偏见，须从青年学生这一辈中树立正确的劳动观念，在亲力亲为中感悟劳动不易，使得尊重劳动、职业平等的劳动观念入脑入心，才能真正在全社会形成劳动最光荣的自豪感。设计出与大学生生活、学习、专业实践息息相关的劳动教育课程，让学生在亲历劳动实践的过程中感悟到"无论是体力劳动还是脑力劳动，都值得尊重和鼓励。"③ 尽可能地让学生参与到生产劳动中去，经过"生产—分配—交换—消费"社会再分配的四环节，对劳动人民提供吃、穿、住、用、行所需条件的艰辛劳动有更深的认识和体会，感受到劳动生产所带来的愉悦感、满足感和成就感，有助于纠正重理论知识轻劳动实践的观念。中国特色社会主义伟大事业是干出来的，要靠全社会劳动人民辛勤劳动、真抓实干，开创新时代中国特色社会主义事业发展的新境界。

---

① 《在知识分子、劳动模范、青年代表座谈会上的讲话》人民出版社 2016 年版，第 7 页。

② 《在知识分子、劳动模范、青年代表座谈会上的讲话》人民出版社 2016 年版，第 12 页。

③ 《在庆祝"五一"国际劳动节暨表彰全国劳动模范和先进工作者大会上的讲话》，人民出版社 2015 年版，第 5 页。

筑牢马克思主义劳动观的现实基地，首先需要拓宽劳动教育的平台。劳动是满足人类生存所需的基本手段，向受教育者传授基础的生产生活技能是劳动教育的首要责任。劳动教育需要根据劳动形态的发展而与时俱进，培养好新时代高质量发展的知识型、技能型和创新型的劳动人才，拓展日常生活劳动平台、生产劳动平台、服务性劳动平台，协调好三者之间的关系，使家庭、学校、社会三者之间的劳动教育同行同向。日常生活劳动平台应着重以家务劳动和学校劳动为主，加强深化家校合作，引导学生树立正确的劳动意识、养成劳动习惯、提高自身的生活自理能力。生产劳动是人们通过有目的有计划的与自然界进行交换的过程，在这一阶段中，通过使用生产工具来不断提升社会生产力。只有拓宽生产劳动的平台，才能更多地引导广大受教育对象掌握基本的生产知识和技能。拓展服务性劳动平台着重引导学生通过参加各种形式的公益劳动和志愿活动，旨在培养和提升社会责任感，在为他人和社会服务中思考个人价值和社会价值之间的辩证关系，为正确价值观的树立打好实践基础，培养德智体美劳全面发展的社会主义建设者。

筑牢马克思主义劳动观的现实基地，需要变革劳动教育的方式。当前学校劳动教育不同程度地存在着同社会实际需要脱节的现实问题，这既有学校与社会不同场域存在间隙的客观原因，也有教育管理部门和教育单位在教育设计上没有认真考察社会现实的主观因素。解决这一问题，需要综合运用多种教育方式，让教育与生产劳动相结合、脑力劳动和体力劳动相结合的思想真正回归到劳动教育当中来，做到从外在强制劳动到内在自觉劳动、从被动劳动到主动劳动、从消极劳动到积极劳动。与此同时，信息化时代的到来迫切需要劳动方式的转型升级，基础性劳动更多需要向创造性劳动转换。新时代迫切要求高素质的劳动者，要求建设规模宏大、结构合理、素质优良的人才队伍，因而要求劳动教育方式进行相应的变革以契合新时代对高素质人才的要求，从而有助于我国从制造大国向制造强国转变。同时，还需要倡导学生积极参加社会公益活动，深化其对劳动、劳动者以及劳动价值等观念的认识，领悟劳动对他人和社会的贡献，自觉尊重他人的劳动及成果，从而更好地弘扬劳动精神，为社会和谐稳定的发展提供助力。

筑牢马克思主义劳动观的现实基地，还需要营造劳动教育的氛围。环境对每个人的成长都至关重要，努力营造大学生劳动教育的氛围，对劳动教育事业的发展举足轻重。网络时代的劳动教育形式丰富多样，"线下+线上"的互动模式已经渗透到社会生活的方方面面，推动着劳动教育日常化、常态化、生活化。学校是学生日常生活的主要场所，要充分发挥劳动教育的主渠道作用。例如，在学校进行校园文化建设时，可以将讴歌辛勤劳动的标语、人物事迹考虑在内，营造热爱、尊重劳动和劳动者的文化场景。只有整个社会克服重智轻劳的错误观念以及脑力劳动优于体力劳动的偏见，才能够形成尊重劳动热爱劳动的良好社会风气。随着互联网技术的迅猛发展，网络已经成为大众传媒的主要形式，充分利用新媒体的视觉化和形象化宣传方式加强好互联网的劳动教育。网络劳动教育需要充分发挥社会舆论的正向引导作用，把握好新闻、广播、电视、网络等舆论方向，引导广大劳动者形成正确的劳动观念。例如通过创建相关的新媒体宣传站点，结合新传播技术创新劳动精神、劳模精神及工匠精神的宣传传播内容与方式，通过新颖有趣的多样化可视化的新媒体融合方式展现出来，做到图文并茂、声影结合、情理交融，从而有助于更好地宣传劳动模范先进事迹，发挥好先进人物的引领示范作用，更好地弘扬劳动精神、劳模精神及工匠精神。同时，要广泛吸引社会中的有志之士加入传播队伍中来，拓宽马克思主义劳动价值观的传播方式和辐射范围。

第四节　弘扬劳动精神推进新时代劳动教育

弘扬劳动精神充分体现了新时代重视劳动和劳动教育的时代风尚。党的二十大报告指出，"在全社会弘扬劳动精神、奋斗精神、奉献精神、创造精神、勤俭节约精神，培育时代新风新貌"。① 自党的十八大以来，劳动教育越来越得到社会的重视，劳动精神在新时代的弘扬推动下，劳动教育

---

① 《高举中国特色社会主义伟大旗帜　为全面建设社会主义现代化国家而团结奋斗》，人民出版社 2022 年版，第 44—45 页。

进入到一个新的发展阶段。尤其是 2018 年，全国教育大会提出"培养德智体美劳全面发展的社会主义建设者和接班人"，[①] 劳动教育对于培养社会主义建设者和接班人的重要性上升到一个新的高度，有力地推动了劳动教育的新时代发展。

一　新时代关于劳动的重要论述为弘扬劳动精神奠定时代条件

随着中国特色社会主义实践取得巨大成就，当代社会对 21 世纪具有许多新的特点的时代背景下关于劳动的认识进一步深化。这既是对马克思主义劳动观的理论发展，也为弘扬劳动精神、推动劳动教育的发展奠定了更好的社会文化基础条件。

自 2012 年以来，习近平总书记提出了关于劳动的一系列重要观点，形成了新时代关于劳动的重要论述，集中体现了新时代马克思主义劳动观的理论发展。其中，关于劳动是推动人类社会进步的根本力量、人世间的一切幸福都需要靠辛勤的劳动来创造和通过劳动实现人生梦想的思想是最具有代表性的观点。

劳动是推动人类社会进步的根本力量，这一观点从历史唯物主义的角度进一步深化了马克思主义对劳动的认识。2013 年，习近平在同全国劳动模范代表座谈时的讲话中提出，"人民创造历史，劳动创造未来。劳动是推动人类社会进步的根本力量。"[②] 劳动是推动人类社会进步根本力量的观点的提出意义重大，一是把人民同劳动的紧密联系更加明确地表达出来，强调广大人民通过劳动既创造历史也创造未来，更加清晰明确地表达了劳动人民是历史创造者的深刻含义；二是充分彰显了劳动在社会进步中的关键作用与深远意义。劳动才是推动人类社会进步的根本力量，有利于更加深刻地理解劳动创造价值的马克思主义基本原理；三是提出来"创造性劳动"这一概念，进一步拓展了劳动的理论含义。开创美好未来"必须依靠

---

① 《坚持中国特色社会主义教育发展道路　培育德智体美劳全面发展的社会主义建设者和接班人》，《人民日报》2018 年 9 月 11 日第 1 版。

② 《习近平谈治国理政》（第 1 卷），外文出版社 2018 年版，第 44 页。

辛勤劳动、诚实劳动、创造性劳动",① 把"创造性劳动"与"辛勤劳动""诚实劳动"并列，拓展了关于劳动分类的思想，体现了新时代由科技进步带来的对劳动的新的要求，体现了对劳动的时代特征更加深刻的认识。

人世间的一切幸福都需要靠辛勤的劳动来创造，这是从理论上进一步凸显了劳动对于形成正确社会价值观的重要意义。"人世间的一切幸福都需要靠辛勤的劳动来创造"，② 这既是对马克思主义"劳动创造人本身"的进一步阐释，也深刻地指出辛勤劳动不仅创造物质财富，而且给我们带来更加具体明确的获得感和幸福感。通过辛勤劳动来改造世界，让人类社会生活更加美好，也只有通过辛勤劳动，才能真正解决人民群众对美好生活的向往和不平衡不充分发展之间的矛盾，由此能够更加深刻地理解"劳动是财富的源泉，也是幸福的源泉"这一理论命题。③ 这也为新时代形成尊重劳动、热爱劳动的社会风尚和真正理解为何要弘扬劳动精神奠定价值观理论基础。

"无论时代条件如何变化，我们始终都要崇尚劳动、尊重劳动者，始终重视发挥工人阶级和广大劳动群众的主力军作用。"④ 这一重要论述强调，一切幸福和美好最终都是靠劳动创造出来的。这一重要论述有利于社会形成崇尚劳动、重视劳动的社会文化环境，也有利于劳动教育得到社会的充分重视，促进社会更加重视培养勤于劳动、善于劳动、热爱劳动的高素质的现代化劳动者。

通过诚实劳动实现人生梦想的思想，是对人生理想和正确价值观相结合、对如何实现中华民族伟大复兴"中国梦"的行动指南。"人世间的美好梦想，只有通过诚实劳动才能实现"。⑤ 这一重要论述指出：一方面，作为个人而言，首先就是要形成劳动实现梦想的正确理想观价值观。在党的十九大报告中，号召广大青年"要坚定理想信念，志存高远，脚踏实地，

---

① 《习近平谈治国理政》（第 1 卷），外文出版社 2018 年版，第 44 页。
② 《习近平谈治国理政》（第 1 卷），外文出版社 2018 年版，第 4 页。
③ 《习近平谈治国理政》（第 1 卷），外文出版社 2018 年版，第 46 页。
④ 《庆祝"五一"国际劳动节暨表彰全国劳动模范和先进工作者大会上的讲话》，人民出版社 2015 年版，第 3 页。
⑤ 《习近平谈治国理政》（第 1 卷），外文出版社 2018 年版，第 46 页。

勇做时代的弄潮儿，在实现中国梦的生动实践中放飞青春梦想"。① 在党的二十大报告中，提出"让青春在全面建设社会主义现代化国家的火热实践中绽放绚丽之花"②的伟大号召，要求新时代青年做到"有理想、敢担当、能吃苦、肯奋斗"，通过诚实劳动实现自己的人生梦想。另一方面，个人也要注重与社会的发展相结合，使得个人与社会发展协调一致，从而促进个人得到更好的发展。弘扬正确的劳动观，这不仅是社会发展的现实需求，也是促进个人得到更好发展的社会条件。只有"促使全体社会成员弘扬劳动精神，推动全社会热爱劳动、投身劳动、爱岗敬业"③的崇尚劳动的社会环境，才能促使每一个人形成热爱劳动的价值观，引导个人更好地实现人生理想和价值。新时代大力弘扬"劳模精神"，既是赞美劳动者艰苦奋斗、热忱奉献的高尚品质，也在阐明实现中华民族伟大复兴的"中国梦"只有依赖诚实劳动奋力苦干才能够得以实现。

二 树立新时代劳动价值观促进劳动教育发展

对劳动的理解决定着形成什么样的劳动价值观，而正确的劳动价值观对于形成正确劳动教育思想则有决定性影响。马克思主义强调劳动对于人类社会形成和发展的根本意义，马克思主义站在劳动者的立场上，肯定劳动光荣的价值观是其劳动者阶级立场的应有之义。作为马克思主义执政党，中国共产党有着光荣的劳动传统。无论是在艰苦卓绝的革命年代，还是奋发图强的建设时期，以"南泥湾精神""铁人精神"和"工业学大庆、农业学大寨"等涌现出来的可歌可泣的英雄事迹和光辉典范为代表，以不同的方式表达和阐释了"劳动最光荣"和"劳动者最伟大"的思想，激励带动着全体中国人民自力更生、艰苦奋斗，进一步丰富和发展了马克思主义的劳动价值观。

---

① 《习近平谈治国理政》（第 3 卷），外文出版社 2020 年版，第 55 页。

② 《高举中国特色社会主义伟大旗帜 为全面建设社会主义现代化国家而团结奋斗》，人民出版社 2022 年版，第 71 页。

③ 《习近平在乌鲁木齐接见劳动模范和先进工作者、先进人物代表 向全国广大劳动者致以"五一"节问候》，《人民日报》2014 年 5 月 1 日第 1 版。

党的十八大以来，在新时代这一新的历史方位，习近平总书记从当代社会主义现代化建设的实际出发，提出了一系列关于劳动的重要论述。这些重要论述对于树立新时代正确劳动价值观、促进劳动教育的发展起到了非常重要的推动作用。其中，"必须牢固树立劳动最光荣、劳动最崇高、劳动最伟大、劳动最美丽的观念"① 的重要论述，是新时代对劳动也是对劳动者的尊崇和赞美，是对中华优秀传统文化和革命文化中劳动精神的认识进一步深化，形成了新时代社会主义先进文化中劳动价值观的核心思想。

劳动最光荣，这是充分肯定劳动对于物质财富、精神文明和社会发展的贡献。"劳动光荣、创造伟大是对人类文明进步规律的重要诠释"② 时代的进步、社会的发展是劳动者通过自己的辛勤劳动建设起来的。劳动是实现主体价值、推动社会进步的唯一途径，只有劳动才能造就光荣。劳动最光荣，是对新时代广大社会主义建设者的肯定和赞美。倡导劳动最光荣，既是对马克思主义劳动者价值立场的诠释和肯定，又是在当代科技飞速发展带来的各种新型劳动形式不断出现的情况下弘扬崇尚劳动的社会风气，反对享乐主义颓废"躺平"的不良倾向，从而进一步深入推动弘扬劳动精神、培育新时代社会主义核心价值观。只有劳动最光荣的理念得到社会的普遍认同，才能够真正推动新时代劳动教育的蓬勃发展。

劳动最崇高，这是强调劳动对于社会发展的肯定意义，是对劳动者奉献社会的高尚品德的赞美。从劳动价值观的社会演变中可以看出，随着社会分工的不断细化，尽管总体上说劳动仍然能够得到社会的肯定，但是社会分工的进一步分化细化导致不同劳动类型在社会中的地位逐渐分化，不同职业的劳动得到的社会肯定程度有了很大区别。劳动没有高低贵贱之分，任何一份职业都很光荣。③ 劳动最崇高的提出，强调不同劳动类型对社会发展都有着重要意义，在价值上都是平等的。同时，劳动最崇高，也

① 《习近平谈治国理政》（第1卷），外文出版社2018年版，第46页。
② 《在庆祝"五一"国际劳动节暨表彰全国劳动模范和先进工作者大会上的讲话》，人民出版社2015年版，第4页。
③ 《在知识分子、劳动模范、青年代表座谈会上的讲话》，人民出版社2016年版，第9页。

是强调劳动者最崇高。我们始终都要崇尚劳动、尊重劳动者。① 正是广大劳动者挥洒汗水砥砺奋进，在社会主义现代化建设新征程中奋斗奉献，不断丰富和发扬着新时代劳动精神。

劳动最伟大，这是强调劳动创造价值，人民创造历史。一切人间奇迹，都是在平凡而伟大的劳动中创造出来的，凝结着劳动者的勤劳智慧。劳动最伟大，一方面是强调劳动创造社会，也创造人本身。在新时代，我们弘扬劳动精神，倡导劳动最伟大，就在于社会主义是建设者们奋勇拼搏干出来的。从这个意义上说，劳动最伟大，是对马克思主义实践第一性的生动诠释。另一方面，劳动最伟大是强调劳动者最伟大，人民最伟大。"伟大的事业需要伟大的精神，伟大的精神来自于伟大的人民"。② 劳动人民在社会主义现代化建设的伟大实践中凝练出伟大精神，不断丰富着社会主义核心价值观的深刻内涵，推动着我们形成正确的劳动观和劳动价值观，形成更加尊重劳动尊重实践的社会风尚。倡导劳动最伟大，在新时代弘扬劳动精神，充分发挥劳动精神对社会价值观的正确引导塑造，有着非常重要的意义。

劳动最美丽，这是强调劳动与美的结合，是人的本质力量对象化过程中对美好生活的有意识创造，是对马克思主义"人也按照美的规律来构造"③ 的生动诠释。劳动不仅是生产物质财富的活动，更是创造美的生活的实践活动。劳动最美丽，一方面明确了社会主义现代化建设中的劳动是满足人民对美好生活需要的劳动，应该按照美的规律来建设美丽中国；另一方面，从劳动者的角度说，劳动最美丽是对资本主义劳动异化的批判，是对社会主义劳动者的肯定与赞扬，"劳动模范是劳动群众的杰出代表，是最美的劳动者。"④ 通过劳动最美丽来倡导和实践美好生活靠自己来创造

---

① 《习近平：在同全国劳动模范代表座谈时的讲话》，《人民日报》2013 年 4 月 29 日第 2 版。

② 《在庆祝"五一"国际劳动节暨表彰全国劳动模范和先进工作者大会上的讲话》，人民出版社 2015 年版，第 4 页。

③ 《1844 年经济学哲学手稿》，人民出版社 2018 年版，第 53 页。

④ 《在知识分子、劳动模范、青年代表座谈会上的讲话》，人民出版社 2016 年版，第 8 页。

的社会主体意识。

劳动最光荣、劳动最崇高、劳动最伟大、劳动最美丽的劳动价值观，是马克思主义和中华民族优秀传统文化在劳动价值观上实现充分契合的典范，进一步丰富和发展了马克思主义的劳动价值观理论，为弘扬劳动精神推动劳动教育的发展奠定了价值观理论基础。

三 新时代劳动教育是"五育并举"的劳动教育

2018 年，习近平总书记在全国教育大会上提出"培养德智体美劳全面发展的社会主义建设者和接班人"①，首次将劳动教育提到了与德智体美并列的高度，劳动教育的重要性和育人特征随之得到了前所未有的重视。2019 年，《中共中央国务院关于深化教育教学改革全面提高义务教育质量的意见》中提出，突出德育实效、提升智育水平、强化体育锻炼、增强美育熏陶、加强劳动教育，"构建德智体美劳全面培养的教育体系""坚持全面发展，为学生终身发展奠基"，② 第一次以中央文件的形式把"五育并举"作为国家政策贯彻执行。在党的二十大报告中，明确提出了"全面贯彻党的教育方针，落实立德树人根本任务，培养德智体美劳全面发展的社会主义建设者和接班人"。③

"五育并举"是马克思主义以人的全面发展为目标的教育思想在新时代的马克思主义教育理论的创新。德智体美劳"五育并举"是一个相互联系的综合人才培养体系，尽管五个要素侧重点不同，但并不是孤立地起作用，而是辩证统一、相互促进、相辅相成的关系。在德智体美劳的全面培养教育体系中，德育是对学生学习和养成优良道德品质的教育，其对劳动教育的目的在于帮助学生形成正确的劳动理念和劳动价值观，磨炼劳动意

---

① 《坚持中国特色社会主义教育发展道路　培育德智体美劳全面发展的社会主义建设者和接班人》，《人民日报》2018 年 9 月 11 日第 1 版。

② 《中共中央国务院关于深化教育教学改革全面提高义务教育质量的意见》，《人民日报》2019 年 7 月 9 日第 1 版。

③ 《高举中国特色社会主义伟大旗帜　为全面建设社会主义现代化国家而团结奋斗》，人民出版社 2022 年版，第 34 页。

志，陶冶劳动情感；智育是向学生传递作为合格社会主义建设者所需要掌握的各方面的科学理论知识和实践认知的教育，以促进学生智力水平和能力素养的发展提高，帮助学生学习劳动知识和技能；体育是通过运动技能训练以实现健康体魄促进身体健康发展、锤炼意志品质、培养学生适应劳动需要的健康身心；美育是认识和创造美的教育活动，其目的在于促进学生树立正确的审美观，激发学生创造美的能力，帮助学生在劳动中以美的方式塑造自身形象，更好地感受劳动的魅力。

劳动教育在培养人的劳动精神和劳动技能的同时，也在促进德智体美各方面的发展，实现以劳树德、以劳增智、以劳强体、以劳育美，贯彻实现培养全面发展的劳动者这一马克思主义教育目标。

以劳树德，是指通过劳动教育和劳动实践来提高受教育者的思想道德素养，更好地培育和践行社会主义核心价值观，实现立德树人的育人根本目标。劳动教育本身具有育德属性，在相当长的时间里，劳动教育一直作为德育的部分在育人体系中发挥作用，而德育的成果往往又通过社会生产实践表现出来，因而德育与劳动教育有着密切联系。在新时代，劳动形式的多样化和劳动形态的复杂化使得劳动教育必须要站在更高的层次上来发现、分析和解决教育中的相关问题。劳动教育的新时代教育目标是要帮助受教育者形成马克思主义的正确劳动观和劳动价值观，从而树立以实现中华民族伟大复兴和实现共产主义而为之奋斗的正确理想信念，倡导受教育者把个人的前途和国家民族的发展有机结合起来，学习和掌握新时代所需要的劳动技能，通过辛勤劳动在新时代新征程中实现主体价值和社会价值的统一。

以劳增智，是指劳动教育的过程与形成知识能力的智育过程是有机结合不可截然分开的。任何一门具体学科的学习过程，总是需要脑力劳动和体力劳动相结合，在知识学习和工作实践中共同完成的。教育本身必然是对受教育者认知能力和实践能力的双重培养。智慧和能力是在劳动实践中展示出来的，智育和劳动教育必然相互渗透交织展开。在科技尤其是人工智能飞速发展的今天，简单劳动越来越多地被人工智能替代，劳动者的劳动形式和形态更加复杂多样，社会更加看重劳动者的实践能力素养，以适应未来工作多样化、智能化、复杂化的岗位要求。受教育者需要适应社会对劳动者的新要求，通过劳动教育实现知识和技能的全面协调培养，达到以劳增智的教育目标。

以劳强体，是指通过劳动教育在劳动实践中强健体魄，提高学生的身体素质，促进学生的身心健康发展。从历史上看，体育活动项目从根本上讲都来源于社会生产劳动实践，劳动和体育运动有着同根同源的关系。劳动过程是劳动主体的体力和脑力相结合的过程，新时代要求劳动者既要有健康的体魄，又要有高超的劳动技能。尽管劳动教育和体育的方向和目标有区别，但能够通过具体的活动形式来实现自己的教育目标。新时代的劳动教育，需要更多地加强劳动教育与体育的联动合作，根据不同的地域、文化和社会风俗特点，把劳动实践和体育活动有机结合起来，实现以劳强体的教育目标。

以劳育美，是指通过劳动教育来培养受教育者的审美能力，增强审美体验，实现劳育和美育的交叉融合。马克思主义强调"人也按照美的规律来构造"①，人和动物的区别在于，人的生产劳动是把自身本质力量对象化的过程，也是实现美创造美的过程。从这个意义上说，劳动教育和美育通过劳动实践实现了融合统一。新时代的劳动教育承担着以劳育美的时代重任，使受教育者在劳动实践中欣赏感受美，表达创造美，从而能够自觉抵制资本主义工业化带来的审美缺失，自觉批判消费主义、享乐主义等不良价值观，有助于树立"劳动最光荣、劳动最崇高、劳动最伟大、劳动最美丽"的正确审美观，在劳动过程中培育高尚的社会主义审美情趣，实现以劳育美的教育目标。

"五育并举"的教育思想，把劳动教育纳入到人的全面发展的培养体系中，突出显示了劳动教育不可替代的育人功能。《关于全面加强新时代大中小学生劳动教育的意见》强调指出，"要引导学生树立正确的劳动观，崇尚劳动、尊重劳动，增强对劳动人民的感情，报效国家，奉献社会"。②劳动教育与德智体美具有高度的统一性，"五育并举"形成教育合力，由

---

① 《1844 年经济学哲学手稿》，人民出版社 2018 年版，第 53 页。
② 《中共中央国务院关于全面加强新时代大中小学劳动教育的意见》，人民出版社 2020 年版，第 2 页。

此培养具有德智体美劳全面发展的社会主义现代化建设者和接班人。

习近平总书记首次提出要把劳动教育纳入党的教育方针，提出了构建德智体美劳全面育人的教育体系。"五育并举"的提出，是马克思主义教育与生产劳动相结合思想的新时代理论发展，是当代马克思主义的理论创新。

第二章　劳动教育思想的发展

　　劳动和劳动教育对于人类社会至关重要。尽管对劳动和劳动教育的认识和评价态度各有不同，但劳动教育在东西方都有着悠久的历史，形成了丰富多样的劳动教育思想，为新时代劳动教育提供了重要的理论依据。在我国延绵千年的耕读文化的传承与发扬能够有效地帮助解决新时代机器工业导致的劳动者"四体不勤，五谷不分"的现实问题，而近现代资本主义劳动教育以及空想社会主义劳动教育思想中提到设立劳作学校的思想推动了劳动教育的专业化，由此促进的实用性教育发展趋势在当代已经逐步显现，对当代教育体系的建设发展起到了良好的借鉴作用。从这个意义上说，整理和分析劳动教育的发展历史，有助于我们更好地推动当代劳动教育的发展。

第一节　我国传统劳动教育思想的历史发展

　　自先秦以来，作为中国社会生产主要方式的农业劳动促进了农耕文化的繁荣，使得劳动的重要性成为社会的广泛共识。劳动教育在国家、社会和家庭教育中占有重要地位，以"劝农桑"为主题的耕读文化、以大国工匠为底色的创造精神以及相应的各种家风家训，构筑了我国传统劳动教育的主要内容框架。立足于培养全面发展的新时代人才的教育背景，对我国传统劳动教育发展脉络的重新审视，有助于弘扬蕴含于其中的优秀传统文化和劳动精神，能够为谋划开发新发展阶段的劳动教育提供丰富的传统文化营养。

一　尊重劳动风尚的耕读文化

乡村文明是中华民族文明史的主体，村庄是这种文明的载体，耕读文明是我们的软实力①。对耕读文化的延续传承既是文化强国战略的必要之举，也是加强新时代劳动教育的行动之基。梁漱溟先生在讨论中国乡村文化时指出，中国文化的根在乡村，中国要复兴的前提是乡村文化的复苏。②我国是孕育于农耕文明的文化大国，自古以来就将劳动作为修身、齐家、治国、平天下的重要教育内容和途径。历史文献表明，在生产力发展水平低下的历史时期，我国最初的乡村教育发展并非在学堂中，而是在田野间，将农田耕种和读书识字结合起来作为一种生活方式，从事农业生产与读书生活有序并行，二者共同建构起了我国独特的耕读文化。

耕读文化一方面带动了古代农业生产的发展，另一方面提升了古代乡村居民的整体文化素养，也成为我国早期劳动教育的主要发展形态。对耕读文化的深度挖掘和创造运用是新时代劳动教育发展的文化根基和本土特色。以传统耕读文化为基础，在现代社会和传统文化的碰撞中，激活耕读文化的内在活力，符合中国式现代化教育的内在发展要求，有助于推动新时代劳动教育的创新发展。

（一）耕读文化的发展历程

耕读文化，一方面展示了中国古代人民作为安身立命的生产生活方式；另一方面酝酿了作为传统士人实现鸿鹄之志的宽广地域空间。作为我国传统劳动教育的优秀历史文化资源，耕读文化始终处于动态发展过程中，其最早可追溯至原始社会。在原始社会中的原始教育，教育形式、教学内容、教育目的都与生产劳动密不可分，通过口口相传、手把手教学的方式传授相关的劳动技能。钻木取火、渔猎放牧、手工编织、种植养殖等等与生活息息相关的教育内容与生产劳动融为一体，以此形成了原始的教

---

① 《十八大以来重要文献选编》（上），中央文献出版社 2014 年版，第 605 页。
② 梁漱溟：《乡村文化建设》，上海人民出版社 2006 年版，第 140 页。

育形态。

一般认为，严格意义上的耕读文化出现于春秋时期。当时齐国的法家代表管仲把国民划分为"士、农、工、商"四个阶层，"士"和"农"两个阶层的区分使得"读"与"耕"的对立性增强，二者作为社会阶层的象征性含义得以确立。儒家作为春秋战国时期的显学，其教育思想对当时的耕读文化发展起到了重大作用。孔子主张"学而优则仕"①，在孔子看来，"耕"与"读"代表着不同的人生方向，"耕"是为求衣食温饱而做的"小人"的选择，而"读"则是属于"君子"的追求。他提出"君子谋道不谋食，耕也馁在其中矣，学也禄在其中矣。"② 在孔子看来，君子应当把自己的事业放在首位，而非考虑生产劳动问题，如果去耕田，也经常挨饿；但是通过读书找到工作，既获得丰富了自己的见识，又掌握了安身立命之本，倒是值得提倡。君子仅需要担心自己的事业即可，并不用考虑生存问题。孔子的教育理念中体现出，如若想要充分发挥自己的聪明才智，只有通过读书入仕才能求取。孔子的这一思想，将生产劳动排除在教育活动以外。从这一角度出发，"耕"与"读"之间暂未找到平衡，二者的结合并不紧密。

孟子的劳动思想则表现出时代特征。他根据劳动专业分工的不同将劳动分为体力劳动和脑力劳动，按照劳动形态分为"劳心"和"劳力"两种，主要从事脑力劳动的"大人""君子"及从事体力劳动的"百工""小人"。在孟子凡事不必亲力躬行的思想主张下，"劳心者治人，劳力者治于人"的理论逻辑更为自洽。至此，自奴隶社会以来就已经存在的体力劳动与脑力劳动的对立找到了理论依据，为脑力劳动与体力劳动相分离提供了理论来源。

两汉时期，随着农业生产力水平的提高，农业劳动得到社会更加广泛的重视。在重农抑商的政策导向下，耕读融合的思想开始出现并逐渐扩大影响。扬雄在《法言·学行》中提出："耕道而得道，猎德而得德"③，以

①　孙健筠、杨林译注：《论语》，吉林人民出版社2005年版，第237页。
②　孙健筠、杨林译注：《论语》，吉林人民出版社2005年版，第196—197页。
③　纪国泰：《〈扬子法言〉今读》，巴蜀书社2018年版，第18页。

耕为喻、以猎作引，旨在勉励士人像农夫致力于耕种田地一般地钻研学问。三国至隋唐时期，耕读结合的生活方式往往成为隐士的选择①，如"躬耕于南阳"的诸葛亮，"晨兴理荒秽，戴月荷锄归"的陶渊明等，耕读结合的主要表现形式已经转变为"读主耕辅"，"耕"与"读"并行的社会现象已经崭露头角。隋唐以来，科考之风盛行，极大地增强了平民向上流动的信心和读书学习的动力，大量的平民想要通过"朝为田舍郎，暮登天子堂"的方式入仕。然而随着生产力的发展，受教育的读书人规模增大，而通过科举登科及第的人数有限，大量文人墨客仍旧主要生活于乡村，过着"半为儒者半为农"的闲适生活，带动了自下而上的乡村文化热潮。

宋代的经济发展得到很大提高，大量普通平民有经济条件接受教育，进而通过科举进入仕途，"耕以致富，读可荣身"的观念深入人心，耕读生活成为越来越多农民的选择和追求，耕读教育发展迅猛，逐渐成为民间生活常态。苏轼曾自称："我是识字耕田夫。"② 陆游在描述自己的读书生活时写道："颓然静对北窗灯，识字农夫有发僧。"③ 读书识字不再被百姓视为无为无用之举，反而在乡村中掀起耕读结合的社会风气，广大农民在农闲时节教导子弟读书识字。此时的耕读教育与个人的成长成才、家族的家风家训等关联密切，不仅能够使得家中子弟参加科举为官以提升个人和家族的社会地位，而且起到伦理道德规范的作用，能够明人伦，正家风。至此，耕读文化已经呈现全民化的趋势，成为乡土文化的教育底色，并衍生出宗法氏族耕读传家理念。

明末清初，耕读文化的发展已经逐渐完善，"读而废耕，饥寒交至；耕而废读，礼仪遂亡"成为明清时期对耕读关系的真实描述，也表达了普通民众对耕读并重生活的羡慕向往。④ 耕读文化在科举制度的鼎盛时期得

---

① 袁同凯、冯朝亮：《从耕读教育变迁看乡村教育的"位育"之道》，《原生态民族文化学刊》2022年第3期。

② 《苏轼诗集》（卷30），中华书局1982年版，第1581页。

③ 钱仲联校注：《剑南诗稿校注》（卷20），上海古籍出版社1985年版，第1575页。

④ 李俏、成威：《乡村振兴背景下耕读文化的活化开发与实践创新》，《宁夏社会科学》2023年第1期。

到了极大程度的发展，无论是官办社学，还是民办义学，抑或是家塾私学，都广泛宣传和提倡耕读文化的思想观念，甚至在部分乡村地区出现了"无地不设学，无人不纳教"①的乡村教育盛况，"书香门第""耕读传家"等文字内容被刻在各家大门之上，甚至作为家训写进家谱里。而后随着科举制度的废除、宗法氏族的没落以及乡绅阶层的消亡等社会变化现状，尤其是随着现代教育进入中国，传统耕读文化的广泛社会基础慢慢被颠覆，耕读传家的文教传统走向式微。

（二）耕读文化的内涵流变

耕读文化是由中国独特的农耕文化传统孕育出来，是中华传统文化所特有的文化根脉。在历史演变中随着时代的发展不断地丰富着耕读文化，而耕读教育也在经济繁荣发展和政治形式变化的过程中发生着某种程度的转变。总体上来说，耕读文化使得教育的受众面不断扩大，教育内容也在不断丰富，教育形态则经历了由耕读分离再到耕读结合，教育的功能逐渐由习得知识为主的教育向着更加注重伦理规范方面转变。

从教育形态上看，由耕读分离逐渐走向耕读结合。我国古代传统社会注重以农立本，重农抑商，社会的政治经济发展与耕读文化之间具有千丝万缕的联系。"耕"这一词的含义，从耕田耕地逐渐延伸为农业生产的一切活动，"读"也从识字读书之意，逐渐发展为道德伦理和礼义教化等广泛内容。"耕读结合"从原始社会的农业生产的知识技能传授，而后随着生产力提高社会分工多样化的出现，"劳力"与"劳心"相分离的思想影响着广大农民群众，逐渐发展形成"万般皆下品，唯有读书高"的社会风气。随着科举考试制度的逐渐发展完善，社会各个阶层的流动性逐渐增强，社会结构的多样性丰富性得到增强，原本由世家大族把持的文化教育也逐渐扩展至田野乡村，影响着越来越多的广大乡绅地主甚至官宦阶层选择"半耕半读"的生活方式，耕读结合成为广大乡村地区的普遍现象。"耕"与"读"具有教育对象同一性、教育目标一致性、教育方式契合性等特征，推动着耕读教育这一兼顾经济文

---

① 袁同凯、冯朝亮：《从耕读教育变迁看乡村教育的"位育"之道》，《原生态民族文化学刊》2022 年第 3 期。

化发展和精神文明传承的文化模式纵深发展。

从教育功能上看，由生产生活方式走向道德伦理规范。耕读文化发展初期所起到的教育作用更多地在劳动知识技能传承与发展等方面，社会经济水平的提高和教育的发展推动了耕读文化的进一步丰富和发展。一方面，耕读结合成为一些乡宦士人养家糊口的生产手段；另一方面也自觉不自觉地通过他们把耕读文化慢慢演变成为社会传统伦理道德养成的文化基础。耕读文化逐渐形成了以儒家"三纲五常"为道德规范的伦理教育传统，更加注重乡民的礼教熏陶和儒家君子人格的培育，教化乡民重道德守礼法，劳动教育在这个过程中逐渐退居其次，只是作为财富积累的手段发挥经济基础的作用了。

从教育对象上看，受教育权的社会阶级结构壁垒被科举制度的建立打破，使得"有教无类"的儒家教育理想逐渐变为现实，受教育者人群逐渐扩大。在社会阶级化的影响下，农民和其他劳动者往往被视为从事卑贱事务的群体，被视为粗鄙之人；而教育这类活动则是由统治阶级所享有的文化特权。隋唐以后，社会经济发展使得分工越来越细，社会对受教育者的需求越来越多，人才选拔的方式相应地发生了很大变化，科举入仕确定并推广发展开来，农民阶级向上流动的可能性增大，教育不再为世家大族等统治阶级的专属，教育对象辐射至整个社会民众，整个社会受教育者的数量不断增多，学校的数量也相应地得到增加，文化教育氛围也更为浓厚。在这样的社会背景下，耕读文化得到进一步的传承发扬。

（三）耕读文化的现代功能

2021 年颁布的《加强和改进涉农高校耕读教育工作方案》指出，"涉农高校加强耕读教育要以扎根'三农'为关键，要强化学生耕读文化学习，增强学生爱国爱民之情怀，又要把教育教学与农业生产实际相结合。"[①] 耕读教育随着时代演进和历史发展在今天被赋予了新的内涵，把马克思主义教育与生产劳动相结合的思想与耕读文化结合起来，推动着中华优秀传统文

---

① 《教育部关于印发〈加强和改进涉农高校耕读教育工作方案〉的通知》，《中华人民共和国教育部公报》2021 年第 11 期。

化在新时代的创造性转化、创新性发展。

在耕读文化融入劳动教育的过程中，教育场域从校园教室辐射至田野乡村。乡村实地教学实践能够让广大学生了解基本的农业常识，掌握基本的农耕技能，也能够更好地了解中国农耕文明的历史厚度和思想深度，从而在培养德智体美劳全面发展的新时代建设者的过程中，把他们培养成为热爱乡村、能够扎根于基层为新时代农村农业现代化建设服务的社会主义先进劳动者。

耕读文化有助于树立"尊重自然"的生态价值观。我国是由典型的传统农业社会发展起来的。在生产力水平较为低下的时期，农业生产一直遵循"天时地利人和"的劳作规律。我国古代先民在很早就有了与自然和谐相处的生态保护意识，在生产劳动过程中始终遵循"日出而作，日落而息"的耕种习惯，"春耕夏耘，秋收冬藏"的播种规律以及"不违农时，谷不可胜食也"的劳作价值观等。我国古代劳动人民通过观察天体运行，找出时令、天气、土地等方面的变化规律，总结出来二十四节气以进行科学的农业耕种活动，朴素地认识到人的生产活动与自然界之间的辩证关系，形成了朴素的人与自然相协调的生态价值观。时至今日，这些认识和思想观念仍然在我国的农业生产和生态环境保护中发挥着重要作用。

耕读文化蕴涵着"知行合一"的朴素劳动教育观。古代劳动者在具体的农业播种、施肥、收割等生产过程中，对农时、农事和农务有着丰富的经验积累和认识，并积极地把学、问、思、辨等融入农业生产过程中，倡导"纸上得来终觉浅，绝知此事要躬行"，在具体的农业生产中提升科学认知水平；另一方面也培养了身体力行、知行并进的优良作风，既能在一定程度上锻炼其筋骨，磨练其意志，也能够对当前的劳动教育思想提供可操作性的借鉴。

耕读文化培养出"艰苦奋斗"的人生进取观。乡村的耕读生活是艰辛的，古书中记载："山川奇秀，土狭人贫，读且耕者十家而五六"①。在土狭人贫的农村，耕读人家达到了这么高的比例，这既说明了精神文化生活的吸引力，即使是在没有学校的乡村地区，也依旧保持对精神文化的渴

---

① 胡寅：《斐然集》，岳麓书社 2009 年版，第 410 页。

望；也说明了耕读是艰苦生活的磨炼而非惬意诗化的浪漫田园生活。在绵延漫长的传统文化发展洪流中，不畏艰苦、顽强奋斗的精神品质已经成为中华民族的内在精神品质，在每一位中华儿女的踔厉奋进过程中发挥出强大的支撑作用。

二 体现劳动智慧创造的工匠精神

"不惰者，众善之师也。在长期实践中，我们培养形成了执着专注、精益求精、一丝不苟、追求卓越的工匠精神。"[①] 工匠精神并非西方文明的舶来品，而是我国人民在千百年来的生产实践过程中形成的独具民族特性的文化基因，是中华民族智慧的价值体现。

工匠精神一词源于"工匠"，工匠又被称为百工，主要指手工业从事者。古代纺织、铸造、工艺品以及建筑等方面的伟大成就都折射出劳动人民的智慧创造，是中华民族工匠精神的光辉典范。典型的如鲁班所制造能够飞天三日的精细木工器械巧夺天工；李冰父子设计建造的都江堰水利工程极大地改善了成都平原的水利状况；马钧改造的利用水力驱动运转的龙骨水车今天还在为农业灌溉提供便利；李春设计修建的赵州桥千年之后仍然发挥着作用，这些都是古代中国劳动者所创造的奇迹。时至今日，"中国制造"正在创造一个又一个现代奇迹：港珠澳大桥、塔克拉玛干沙漠公路、贵州"天眼"等世界级工程的建成，无一不展现出中华民族源远流长的智慧创造凝结形成的工匠精神。

墨子强调，"凡天下群百工，轮车鞲、匏、陶冶、梓匠，使各从事其所能。"[②] 在墨子的时代，生产力已经有了极大的发展，社会生产活动已经形成了复杂的分工。墨子充分肯定了社会分工对于社会发展的重要作用，对劳动生产及分工的大力推崇说明了墨子对劳动及劳动教育的重视程度。墨家学派是先秦时期最为重视劳动和劳动教育的学派，墨子对劳动实践及

---

① 《在全国劳动模范和先进工作者表彰大会上的讲话》，人民出版社 2020 年版，第 4 页。

② 孙诒让：《墨家闲诂》，中华书局 2001 年版，第 163—164 页。

其教育的大力弘扬是春秋战国时期墨家学派与其他学派相区分的显著标志。墨子不仅自己亲身从事生产活动，还要求其弟子勤于生产，积极参加农业生产劳动，学会并掌握一定的生产技能和技术。他创立的墨家学派不仅在农业实践方面取得了许多重要成就，而且还在科学技术发明创造方面建树颇丰，达到了当时科学技术的高峰。墨家在长期的生产劳动过程中积累了大量的农业、手工业经验，并且在这一过程中既注重理论知识、又注重修炼品德，切实地做到了寓教于"事"，不仅掌握了愈发精湛的各项工艺技术，还在其中得到了品行修养，可以说是中国古代工匠精神和创造精神的开端，也为劳动教育提供了优秀范例。

（一）工匠精神的基本内涵

执着专注是古代工匠职业生涯的真实写照。闻道有先后，术业有专攻，古代大多数工匠沿袭父子相传、师徒相传的职业传承传统，他们一生往往只专注于一种职业，用尽毕生时间去精进自己的技艺。从相关文献可以发现，部分手工业生产已经形成专业化流程，有部分家族还会专门从事某种工艺生产，并且只在家族内部进行传承。国家出现后，手工业生产逐渐分化，一部分成为官府手工业中的"百工"，另一部分成为民间手工业者。无论在官府手工业还是民间手工业中，子承父业、职业世袭的现象从先秦至清代一直都是比较普遍的现象，如江西景德镇瓷器生产，成为景德镇众多大小家族的第一职业选择。

古代工匠们专注于自身的工作岗位，不断磨炼技艺，在劳动的过程中精雕细琢和创新创造，在生产的各个环节严格要求，最终目的是生产出高质量的产品，以实现自身的社会价值和个人价值。一项技艺的精进离不开一代代传承者的苦心钻研，每一位能称得上工匠的手艺人，一定是在日复一日的练习中不断感悟，提高自身的技术水平。这种专注磨炼技艺的作风在今天依然可贵的，新时代的劳动者仍然需要脚踏实地吃苦耐劳以磨炼技艺，秉持执着专注的工作作风，在新时代条件下致力于新产品、新工艺的研究创造，推动中国产业的现代化转型升级发展。

精益求精是工匠对工艺品制作的极致追求。我国传统工匠精神中的"精益求精"是从考古发现的精美器物中提炼出来的。据考古发现，我国的制陶、制玉的工艺水平在史前就已经达到了相当高的工艺水平了①，《诗经》云："如切如磋，如琢如磨。"② 切割、打磨、雕刻、琢磨，每一个步骤都需要认真仔细地完成。朱熹也指出，"治玉石者，既琢之而复磨之，治之已精，而益求其精也"③，由此，产生了"精益求精"这一词，不仅用于工匠的具体工作，还引发出其对为学、修身等方面所发挥的作用，赋予其高尚道德品质的色彩，从而成为劳动者所追求的美德。这是对工匠制作工艺品的要求转而上升到对君子人格培养的要求的描述，是工匠精神扩展成为社会人文精神的一个典型。

一件工艺品的精细程度不仅表现了制作它的工匠水平，也是这一时代工匠们智慧的集中体现。正是各个行业的能工巧匠孜孜不倦地进行创新创造，在追求突破和渴望革新中提升产品的质，找准产品的神。优秀的工匠能够坚持理想追求，对待职业怀有敬畏之心，对于产品制造的每一个环节都精巧构思，赋予产品以灵魂和活力。也正是因为工匠们的崇高职业使命感推动他们不断总结过往的技术实践经验，思考技术和工艺的突破之道，才能得到青出于蓝而胜于蓝的产品，精益求精这一工匠精神的内涵才如此意蕴深远。

一丝不苟展现了古代工匠的工作态度。我国古代无数的精美工艺品，均为古代工匠智慧的结晶，也是他们追求极致的展现。工匠制物往往须得按照严苛的技术标准和挑剔的审美标准，专注于每件产品通过何种方式达到至善至美的地步，通过一道道烦琐的工艺赋予产品以生命力。现代机器工业的发展，对于细节和精密度有了更高的标准和更严格的要求，差之毫厘，谬以千里。对于精确度的把握，是长期工艺实践和训练的重点，旨在使得工匠掌握习惯性能力。而能够被称之为"工匠"的劳动者，除了必要的熟练技艺和丰富的制作经验外，还需要具备良好的心理素质、心无旁骛的工作态度以及坦然自若的制造心态，最重要的是不缺乏失败后从头再来

---

① 梅其君、韩赫明、陈凡：《中国传统工匠精神：基本内涵、文化特征与本质》，《科学技术哲学研究》2022 年第 6 期。

② 《大学中庸选译：（汉马对照）》，谈笑译，广西师范大学出版社 2016 年版，第 40 页。

③ 《四书章句集注》，中华书局 1983 年版，第 53 页。

的勇气。一个高水平工匠必然具有这些优良品质，这也是他们能够制作高质量劳动产品的必备素质。新时代劳动者也应该培养自己一丝不苟的工作作风，在劳动中弘扬爱岗敬业的工匠精神。

追求卓越是从古至今工匠们的理想目标。对于技艺和作品精益求精的追求并非工匠们的最终目的，娴熟的技巧和一丝不苟的工作态度，是他们对于自身人生道路追求上的必备技能，他们希望能够通过自己所掌握的技巧领悟到"道"的真谛，在自己的职业发展过程中实现人生意义上的卓越。《庄子》以庖丁解牛的寓言故事阐述了古代匠人的技巧所能达到的至高境界，正是因为"臣之所好者，道也，进乎技矣"。[①] 在对职业技术的极致追求过程中，理解人生之道，从"游于艺"的状态，达到"心合于道"的境界。追求卓越不仅是表现一种严肃认真的职业态度，更应该是劳动者发展自身的奋斗目标。新时代的劳动者更需要不断增强创新意识、培养创新思维，展现锐意创新的勇气、敢为人先的锐气、蓬勃向上的朝气。[②] 从业者要不断严格要求自己，不断追求突破和革新，向着更好、更高、更精努力，只有厚植创新创造的沃土，才能更好地推动各个产业的转型升级。

（二）工匠精神的时代价值

体现工匠精神的劳动人民的智慧创造表现出爱岗敬业的基本素养。"敬业"是社会主义核心价值观对于个人层面的要求，敬业是从业者对于职业的认同和热爱而产生的一种全身心投入的职业精神面貌，而爱岗则是要求每位从业者发自肺腑地肯定自己的职业选择。早在春秋时期，孔子就主张"执事敬""事思敬""修己以敬"。[③] 此外，《论语》中还提到了"知之者不如好之者，好之者不如乐之者，"对于职业选择，兴趣爱好是最优选，也是最能够激发人类工作热情、乐于奉献的境界。爱岗敬业是工匠们最为基础的共同特征，能够被称为工匠的首要要求则是干一行、爱一行，没有发自内心地热爱自己的工作，无法做到十年如一日的实践；没有

---

① 陈永注解：《庄子素解》，中山大学出版社 2017 年版，第 48 页。

② 《在全国劳动模范和先进工作者表彰大会上的讲话》，人民出版社 2020 年版，第 8 页。

③ 徐耀强：《论"工匠精神"》，《红旗文稿》2017 年第 10 期。

长时间在同一岗位进行钻研和思索，就不会有技艺高超的工艺水平。爱岗敬业要求每位从业者做到情感上热爱工作，理性上明确职业价值，态度上谦逊谨慎。只有打好敬业之基，才能在日后的工作岗位上熠熠生辉。

体现工匠精神的劳动人民的智慧创造表现为德艺兼修的人生追求。立德为先，是我国工匠们不约而同认定的职业标准，历代工匠对徒弟的德性教育十分重视，比起精美的技巧的教育教学，徒弟的品德修养更为重要。中国工匠强调以"以德为先""德艺兼求"的工匠精神，其教育目的及过程如若达到这种境界，一位劳动者想要被称为"工匠"，光有高明的技术和多年的从业经验还不够，这只是形成了基本职业素养。工匠精神是劳动者需要涵养的一种内在品质，表现为对劳动制作技术不断磨炼以臻于完美的现实追求。在对劳动产品质量提出高标准严要求的同时，也是对自己的德行提出了更为严格的要求。始终以追求高超的技艺和坚守匠心为终身己任，以精益求精的技术作为自己在行业的专业能力支撑，亦需要以社会主义核心价值观的指引和追求作为自己个人的品德实践。

体现工匠精神的劳动人民的智慧创造闪烁着守正创新的时代光辉。传承与创新是一代代工匠人的职责与担当，从老一辈工匠中接过技术传承的接力棒，并在新时代对技术发展提出了更高要求时，予以创新创造，书写新的篇章，使得工匠精神得以延续和发展，是中华优秀传统文化的沉淀和结晶，不断砥砺新时代工匠奋勇前行。"无论时代如何发展，我们都要激发守正创新、奋勇向前的民族智慧"。[①] 守正创新是新时代工匠应有的职业追求，守正就是要坚守本身所拥有的技术核心优势和匠人匠心品质；创新则是要顺应时代要求、瞄准消费者需求、改善和提高工艺水平、追求产品尽善尽美。创新亦是工匠精神的理论源泉，在科学技术快速发展和社会进步的交织影响下，只有每一位工匠坚守初心、守正创新，才能不为浮躁社会风气所吞噬，专注于尽善尽美、具有独特价值的产品制作，为中国式现代化发展前进做好准备。

[①] 《习近平在纪念中国人民志愿军抗美援朝出国作战 70 周年大会上的讲话》，《人民日报》2020 年 10 月 24 日第 2 版。

（三）以工匠精神促进新时代劳动教育

工匠精神在新时代主要体现在对中华优秀传统文化的传承与弘扬当中。工匠精神在继承优秀传统文化的基础上，又在新时代有了新的发展内涵。新时代加强大学生工匠精神的培育，需要将这些新的内容融入劳动教育当中，促进新时代劳动教育的内容丰富发展。

一是要注重对受教育者爱岗敬业精神素养的培育。倡导爱岗敬业，本质上是倡导热爱生活奉献社会的精神。著名教育家陶行知认为，生活即教育，真正的教育是回归到日常生活中，去感受体验、获取发展的力量。每一个岗位、每一项工作都是推动社会进步的齿轮，在各项工作的有序运转过程中、在各个岗位的工作人员的接续奋斗中，才能推动全体社会的可持续发展。在新时代的劳动教育中，受教育者的培养需要从点滴小事中做起，通过理论和实践相结合，培养受教育者爱岗敬业的传统风尚。

二是要注重受教育者精益求精精神素养的培养。传统工匠对工艺品的精细雕琢，追求细节的精益求精的精神，在今天依然是值得学习的可贵品质。新一轮科技革命不仅带来了社会的高速发展，在加快社会生活节奏的同时也带来了浮躁心理，精益求精的精神品质既倡导追求细节还体现了摒弃浮躁的沉稳心态。新时代的劳动者应当以精益求精的精神品质来端正学习态度，潜心磨炼，在新时代发展中培育和弘扬工匠精神。

三是要注重受教育者专注创新精神素养的培育。工匠精神的传承弘扬还要倡导专注创新。专注是要求工匠们在日复一日的劳动过程中执着于发现问题、分析问题并解决问题；而创新则是在最初所传承的工艺结构水平的基础上不断进行调整升级，达到技术上的提升和工艺产品的完善，打造出精美实用的工艺品。新时代专注创新精神的培育是对受教育者实际操作能力和创新创造能力两个方面的提升。

三 提升劳动素养的家风家训

家是最小国，国是千万家。我国古代家庭都非常重视家风家教，并以之规训和教育后人。家风家训彰显了每个家族的道德伦理规范，不仅仅是家族长期发展过程中的精神支柱，也逐渐成了当时社会风气的重要组成部分。在家风家训中寻找劳动教育的材料和因素，通过"旧瓶装新酒"的形式再现家庭劳动教育的生命力和影响力。诸葛亮的《诫子书》、颜之推的《颜氏家训》及曾国藩的《曾国藩家书》等，都是我国家风家训的代表著作，是中华民族传统美德的积淀，体现了中华民族的价值追求。

（一）倡导亲历生产劳动

"耕读传家"的劳动教育传统是中国传统社会延续下来的劳动教育传统，农业生产为家庭、社会和国家提供生活所需的物质资料，因此在大部分家庭的观念中，体力劳动与脑力劳动的地位相当，很多优秀的家风家训中都记录了相关内容。具有代表性的包括颜之推的《颜氏家训》、朱柏庐的《朱子家训》和曾国藩的《曾国藩家书》等，都有详细的劳动教育内容。

颜之推出生于仕宦之家，十分重视子女的自立教育。他主张每个人都应当学会一项技能，使其成为自己自立自强之本，提出了"人生在世，会当有业"[①] 的观点。针对当时的贵族子弟仰仗门第而不学无术、不劳而获的现象，颜之推深感痛心，并主张对士大夫教育改革，提倡实学教育，只有这样才能做到"触地而安"[②]，才能够有安身立命之术。颜之推还十分重视农业生产。他主张"夫食为民天，民非食不生矣。三日不粒，父子不能相存。"[③] 鼓励家族子弟参与劳动实践，认为没有实际接触过农业生产生活，不了解农务的士大夫也无法对其他民生事务提出有效意见，出现"为官不明吏道"的现象，都是他们过于悠闲的生活致使的。在这种朴实的重农思想中，表达了要培养家族子弟热爱劳动、尊重劳动的勤勉品质这一教育思想。

曾国藩主张延续寒门子弟的耕读家风传统，无论家庭子女日后靠什么为生，都必须要掌握一定的劳动技能，能够做到自食其力。他要求男子亲

---

① 《颜氏家训》，辽宁教育出版社 2001 年版，第 18 页。
② 《颜氏家训》，辽宁教育出版社 2001 年版，第 19 页。
③ 《颜氏家训》，辽宁教育出版社 2001 年版，第 35 页。

自去田园里种菜、亲历播种、施肥、收获的过程；女子则需要学着端茶、制作衣服鞋帽等，并掌握基本的纺织技能，不能因其为富贵人家，就不从事劳动。曾国藩甚至还亲自验收孩子们的劳动成果。这种言传身教的教育方法、开明的教育思想及务实的教育理念，对于当前弘扬家风家训中的劳动教育思想仍然具有十分重要的教育意义。

新时代劳动教育要求家庭劳动教育日常化以整合劳动教育的途径和资源。这既是对中华优秀传统家风家训的时代传承，也能在潜移默化提升劳动者的劳动水平的过程中，实现优秀家风家训的延续和发扬。

（二）注重修炼道德品行

家风家训作为一种无声的力量，对个人成长成才起着潜移默化、深远持久的影响。在优秀家风家训的熏陶下，将教育内容以润物细无声的方式渗透到日常中去，在生活点滴中磨炼个人道德品性和素养提升。

诸葛亮在《诫子书》中提到"夫君子之行，静以修身，俭以养德"[1]，诸葛亮传授子孙以君子之道，通过节俭生活、辛勤劳动来陶冶情操、培养德行。生活上保持简朴，对于做官的思想上不追求功名利禄，自觉抵制外界种种诱惑，只有真正做到淡泊名利、简朴生活才能彰显自己良好的道德品质，保持心情平静沉着，达到内心的平和，方能有所作为。

宋朝司马光秉持勤俭节约之风，并以此家训严厉约束家人，在《训俭示康》中告诫其子"由俭入奢易，由奢入俭难"[2]，人人都应当保持勤俭的优良作风，在生活中需要仔细制定财务计划，做到节俭奉公、廉洁从政，坚决抵制奢侈骄靡之风，奢侈是败家丧身、招惹祸端的根源。司马光还强调对子孙的诚信教育，在《家范》中以曾子杀猪的故事举例，启迪父母在教育的过程中需要深刻践行诚信，不能撒谎哄骗，不然就会对孩子的教育效果大打折扣，甚至起到反面作用。

曾国藩也提及厉行节俭，"无论大家小家、士农工商，勤苦俭约，未

---

[1] 姜兵、魏雪峰、韩霞：《中国传统文化读本》，电子科技大学出版社 2017 年版，第 32 页。

[2] 夏家善主编，王宗志、王微注释：《温公家范》，天津古籍出版社 2016 年版，第 33 页。

有不兴，骄奢倦怠，未有不败。"① 在他看来，养成勤俭的行为习惯不仅仅关乎个人的成长成才，还与家族的延续与兴旺息息相关。骄奢和懒惰是家门走向衰落的根本原因，后辈年轻人要养成勤俭节约的好习惯，凡是能走着到达的地方，就不要坐轿骑马。从日常生活中的细小事情来进行规范教育可见曾国藩将勤劳节俭的观点贯穿于家风教育的始终。

良好道德品行的修养，既是个人精神财富的积累过程、也是和谐社会氛围的营造基础。传统家风家训在个体的世界观、人生观、价值观形成过程中发挥了不可忽视的作用，良好的道德品行，不仅是个人在未来职业生涯中的通行证，亦是其人生高度的衡量标尺。

（三）严格约束行为规范

古人云，国有国法，家有家规。家风家训的根本目的就是要求所有家庭成员必须做到相应的行为规范和道德准则。对个人和群体行为习惯的约束和规范在一定程度上也是对家族道德品德的反映和再现。

南宋陆游在《放翁家训》中写道："训以宽厚恭谨，勿令与浮薄者游处"②，用为人需要宽厚恭谨的道理去规训家族后人，对其加以约束管教，不让他们与轻浮浅薄的人交往。这一思想与"孟母三迁""近朱者赤近墨者黑"等内容含义相同，均传达出对良好教育环境的重视。此外，还指出要让孩童熟读儒学经典，并以此融入子孙的教育过程，在潜移默化中养成宽容、厚道、恭谨、谨慎的品行。如此，才不会因在家族后人的家庭教育中没有发挥出应有的教育效果而深感遗憾和自责。

《朱子家训》开篇即言："黎明即起，洒扫庭除，要内外整洁。既昏便息，关锁门户，必亲自检点。"③ 朱柏庐以程朱理学为家训蓝本，在论述为人处世时，要求家庭成员规律作息、追求个人卫生、善于料理家务，积极参与生产生活劳动。这与《礼记·内则》多次强调养成早起习惯是一致的，是中华民族秉承勤劳优良传统的理论真言。《朱子家训》中最著名的

---

① 唐兆梅、成晓军：《曾国藩家训》，重庆出版社 2006 年版，第 175 页。
② 徐爽：《中华家风箴言录》，齐鲁书社 2020 年版，第 158 页。
③ 包东坡：《中国历代名人家精华》，安徽文艺出版社 2000 年版，第 329 页。

一句话就是："一粥一饭，当思来之不易；半丝半缕，恒念物力维艰。"①谆谆教诲子女要认识到劳动人民的辛勤以及劳动产品的来之不易，要养成崇尚节俭、珍惜劳动成果的优良品行。

除此之外，《朱子家训》中还对子女的其他方面的德育教育提出要求，从日常中去感悟自身行为规范之道，如"人有喜庆，不可生妒忌心；人有祸患，不可生喜幸心"②，教育子女要心存善意，切勿以他人之幸与不幸引起心中涟漪，与"勿以恶小而为之，勿以善小而不为"的寓意有异曲同工之妙。朱柏庐提倡以生活的、体验式的方式，去践行、感悟道德知识的深刻内涵，以达到自我行为规范的现实效果。

中国古代传统重视家风家训教育。在家风家训的熏陶下，个体的人格塑造、行为习惯养成、道德品行修养等在幼年、青少年时期受到的影响在整个人生过程中更加突出。因此，在家风家训的传承过程中，巧妙又自然地融入劳动教育，自然而然地体现了知行合一的教育要求，对个人未来的思想品德修养和个人发展选择也发挥出导向作用。

第二节　近现代西方资本主义劳动教育思想的历史发展

西方劳动教育思想最早可以追溯到古希腊时期。早期西方劳动教育是直接为生产实践服务的教育，其主要的教育目的是为维持人的生存生活所需进行知识技能培养。诗人赫西俄德论述到"敦促不中用的人也动起手"、"富人在加紧耕耘和栽种"③，主张所有人无论能力大小、贫穷富裕，都要亲自参与劳动过程，从劳动中获得赞美和荣誉。随着古希腊生产力水平的不断提高，对劳动的认识不断深化。在苏格拉底看来，从事农业劳动是城邦公民和士兵培养和塑造良好品格的最好方式。在农业劳动训练过程中，

---

① 朱柏庐：《治家格言》，河南人民出版社 2009 年版，第 1 页。
② 翟博：《中国家训经典》，海南出版社 2002 年版，第 631 页。
③ 吴雅凌：《劳作于时日笺释》，华夏出版社 2014 年版，第 47 页。

公民拥有了土地，保卫城邦就成为每个公民的应尽职责和义务，保卫城邦不受侵犯也就是在保卫自己的土地和财产。苏格拉底虽然重视劳动，但其并不主张所有人都亲历劳动过程。在《理想国》中，柏拉图将城邦的成员分为三类，管理者、士兵和劳动者，这三类人有着显著的等级差别，"人们虽然一土所生，彼此都是兄弟，但老天在铸造他们的时候，在有些人身上加入了黄金……在农民以及其他技工上加入了铁和铜。"① 针对不同等级的城邦成员，进行不同的教育，教育的阶级性特征明显。

宗教改革时期，马丁·路德主张在教育中加入劳动的因素，男童每天在学校应学习 1 至 2 小时，其余时间则在家庭中学习手艺或其他喜爱做的工作，使学习和工作结合起来。女童每天在校应学习 1 小时，其余时间在家庭中劳作。在这样的安排下，课程学习内容与手工劳动分离，劳动实践与学习内容明显脱节。这一思想是那一时期社会特征的反映，既有当时社会分工的明显烙印，也带有明显的局限性和机械性。

西方工业革命的到来，使得西方资本主义劳动思想及教育的发展进程加快，整体朝向系统性和连续性发展。此时的劳动教育与当时经济、政治、科技水平等内容密切联系，劳动教育也呈现出阶级性、生产性、育人性、教育形式多元化等多种特征。劳动教育内容从主要服务于手工业和机器大工业生产，逐步发展到兼顾生产性与育人性。

一　设立劳作学校

随着社会的发展，工业革命和大机器生产的时代已经到来，劳动所创造的物质财富和社会财富引起了当时的哲学家们的关注、重视和思考。此时除了生产过程中的劳动教育外，出现了新的劳动教育形态，即学校的劳动教育逐渐展露出来。学校开设相关的劳动教育课程，反映出人们对劳动教育的认识进入到更深层次。

英国教育思想家洛克在其《贫穷儿童劳动学校计划》一书中，第一次提到"劳动学校"，要求领取救济金家庭的子女进入到劳动学校进行学习，

① ［古希腊］柏拉图：《理想国》，郭斌和等译，商务印书馆 1986 年版，第 128 页。

学习的是较为初级的职业技术教育，学成之后从事纺纱等手工劳动。附近的工匠也能够从学校中招收合适的学徒。所有的儿童在劳动学校进行一定的生产劳动实践，用以支付自己在学校生活的日常开销。① 在洛克看来，参加劳动及劳动教育"不但能从练习增进我们的技巧，而且也能促进我们的健康"②，劳动及劳动教育能增加熟练度以及提升身体素质，从而获得精神上的满足。尽管洛克提出的劳动学校计划在当时没有广泛实施，但劳动学校及系统的劳动教育逐渐发展起来。其社会效应在于，一方面能够救济贫困家庭的子女，同时在他们当中普及初级的职业技术教育，传授理论知识和宗教道德；另一方面，传授这些少年儿童日常生活所需的一些基本技能以及进入社会之后维持自身生存发展所需的生产技能。洛克针对绅士和劳动人民两类群体所提倡的两种不同的教育模式，是基于不同家庭情况而提出的具体劳动教育实践。尽管有其局限性，但仍具有很强的现实针对性，也有助于儿童在实际的生活环境中培养劳动技能、养成自觉劳动的观念，同时也为以后的劳动生涯奠定了一定的技术基础。

英国经济学家贝勒斯也是学校劳动教育的先行者，他在 1695 年发表了《关于创办一所一切有用的手工业和农业的劳动学院的建议》，提出要创办适合贫困儿童的工业学校，贫困家庭的儿童要自食其力摆脱贫困现状，过上丰衣足食的生活，这样才能更好地创造财富。贫困儿童工业学校的教学目的是为资产阶级的资本增殖而服务。③

兰克尔对于美国的教育与生产实际相分离的社会现状强烈不满。他尖锐地指出，"美国学校培养的技术人员并无实际的技能"④，认为在这样的教学情况下，学生是无法掌握生产制造的技能，并不能为社会财富的生产贡献任何有用的价值。兰克尔在 1876 年创办了麻省理工学院附属的"机械工艺学校"，并在学校中实施手工教育，培养学生的生产技能，在一定

① 戴本博、张法琨：《外国教育史（中）》，人民教育出版社 1990 年版，第 86—90 页。

② ［英］洛克：《教育漫话》，傅任敢译，人民教育出版社 1985 年版，第 201 页。

③ 杨汉麟：《外国教育实验史》，人民教育出版社 2005 年版，第 428 页。

④ 日本世界教育史研究会编：《六国技术教育史》，李永连等译，教育科学出版社 1984 年版，第 281 页。

程度上改善教育与生产分离的现实状况。

伍德沃德于1879年6月创办了华盛顿大学附属的手工教育学校。学校开设了两部分教学课程，一部分为数学、科学、历史等基础文化科学内容；另一部分为木工、刨工、制模工、金工、锻工、焊接工等基本技能训练课程。[①] 学校课程设置的目的在于让学生学习生产中需要用到的基础知识理论及相应的基本劳动技能，而不是直接进行职业性专门化的生产技术培训。手工教育学校的教育模式不同于一般的中等学校，强调基础知识学习和动手技能相结合，极大地提高了学生的动手能力。多项手工劳动教育的基础学习，有效提升了学生的整体劳动素养，也为学生今后的职业选择提供了帮助，受到了当时社会的普遍欢迎。

在1895年至1919年担任慕尼黑市教育局局长期间，凯兴斯泰纳对该市的国民学校和补习学校进行了改革，大力提倡公民教育，主张将国民教育学校转变为劳作教育学校。[②] 通过在劳作学校中开设手工课，把工业化生产发展所需要的基础知识和基本技术引入学校，做好学生与职业技术工人之间的教育衔接工作，以满足德国工业生产对于高级熟练技术工人的需求。在他的倡议下，全德国教师大会于1912年首次通过决议，将手工课作为国民学校的一门独立科目。1919年8月，德意志共和国的新宪法明确规定小学的必修课必须包括公民课和劳作课，劳作课成为官方课程。这是第一次以官方政策的形式将劳动教育正式引入西方中小学的正式课程，开启了现代劳动教育的先河。

二 接受职业熏陶

在工业革命的发展推动下，机器大工业生产成为时代发展趋势，由此带来的社会影响就是越来越多的学校劳动教育开始与生产、职业、社会紧密联系起来。儿童在学校所受到的劳动教育与未来所从事的职业黏度越来

---

① 徐辉：《从生产性到育人性：西方劳动教育思想的历史演变及启示》，《教育科学》2020年第5期。

② 《凯兴斯泰纳教育论著选》，郑惠卿译，人民教育出版社2003年版，第7页。

越强，职业教育在西方的劳动教育中占据了重要的地位。

德可罗利主张，学校教育应当与学生的未来社会职业保持一致，"如果教育可以组织儿童参与各种成人职业，那用来单纯教学的时间就可以大大减少。被忽视的人类知识的基本技术，才是文明国家所要求课程的关键"①。德可罗利重点研究如何搭建一座连接儿童的学习兴趣和未来所从事职业之间的教育桥梁，形成一个各个年龄段持续受到与职业教育相联系的劳动教育。

在杜威看来，劳动是人们日常生活的第一需要，只有通过劳动充分保障了生活的物质条件，每个人才有可能拥有有价值的人生。杜威的劳动教育思想以经验教育为核心，也就是说，要从儿童的实际生活经验出发，一切教学活动都应该"从做中学"。劳动作为生产和生活的主要形式之一，是获得生活生产经验的重要途径。学校的课程应该以儿童的主动作业为中心，同时再补充以与各种作业相平行的理智活动。杜威希望把他的"从做中学"这一思想贯彻到教育教学当中，鼓励学生参与劳动实践时在心态上完成从被动到主动的转变。他认为传统的课堂理论灌输教育使得学生缺乏实践经验，要想培养出合格的社会所需劳动人才，应当把主动权还给学生，使其在生活生产劳动的具体过程中感悟体验成就感和喜悦，这样才会发自内心地接受教育内容。② 教育者还应当为劳动教育的实践开展准备好适宜的劳动环境，满足学生对劳动环境的时空和物资等准备要求，激发其实际动手操作能力，提升其实践水平，力图在主客体的交互过程中实现良好教育效果。

杜威还从实用主义经验论出发，论述了其职业教育思想。他认为，所谓适当的职业，不过是说一个人的能力倾向得到适当运用，工作时能以最小的摩擦，得到最大的满足。③ 在现代科学技术和工业发展的时代，需要重视职业教育，"通过作业进行的训练，是唯一适当的职业训练"④。通过

---

① 洪丕熙：《德可罗利的教育学说及其影响》，《外国教育资料》1983年第5期。

② ［美］约翰·杜威：《民主主义与教育》，陶志琼译，中国轻工业出版社2014年版，第197页。

③ 戴本博、单中惠：《外国教育通史》（第5卷），山东教育出版社1993年版，第314页。

④ 戴本博、单中惠：《外国教育通史》（第5卷），山东教育出版社1993年版，第315页。

作业对儿童进行间接的职业训练，根据的是儿童目前的需要、经验与兴趣，指向未来可能要从事的职业。

凯兴斯泰纳认为劳动教育的目的就是为国家培养有用的公民，通过学校的教育让学生掌握具有从事某种工作或者某种职业的能力，"对于儿童将来职业的准备，则可留为国民学校的基本任务"①，这样的教育理念是把职业预备教育看作是劳动教育的中心任务。成为对社会有用的人是学校教育的目标，而对国家有用就是能够掌握劳动技能、从事某种工作。学校所实施的劳动教育需要充分培养发展公民的能力，使其具备国家所需要的熟练工作技能，培养对劳动和工作的兴趣习惯。

三 兼顾育人成效

19世纪末20世纪初，各种教育思想兴起，并且逐步催生出批评旧教育、主张新教育的教育改革运动。这一时期的教育思想逐渐将重点从社会需要转向到受教育者本人身上，主张遵循儿童身心发展规律来进行劳动教育，劳动教育的目的是满足个人发展需要。人必须要经过劳作，接受劳动教育，并且熟练地掌握各类实用的工业和农业技能的教育，才能获取更多劳动经验、技能和知识，通过劳动来维持自己生存生活，才能再进一步实现自身的人生价值。这样的劳动教育思想已经从社会需要转向到社会和个人共同需要的角度来开展，表现出劳动者的主体地位和个人意识的觉醒。

卢梭在《爱弥儿》一书中论述了劳动的双重价值：对于国家来说，劳动能够创造社会分工和社会价值，为国家带来物质财富和精神文明，每一位公民都需要通过劳动来为国家奉献，这是他们的责任和义务；对于个人来说，应该要熟练掌握一项技能以养活自己，这样的生活才是符合人性的。在教导爱弥儿参与田间劳作的同时，要求爱弥儿尊重他人的劳动成果，不要去动邻家的园地，从另一个角度来说，也能使得自己的劳动成果

---

① ［德］凯兴斯泰纳：《劳作学校要义》，刘均译，商务印书馆1935年版，第19页。

得到保障。① 卢梭主张"劳动是社会中人不可逃避的责任"②，处在社会生活中的每一个人，都需要通过劳动去承担其该承担的社会责任，这也是每个人融入社会生活的重要途径。

新庄孤儿院是裴斯泰洛齐第一次进行教育与生产劳动相结合的实践场地。③ 裴斯泰洛齐主张学生既要兼顾生产劳动，也要加强理论学习。孩童们生产劳动的目的是将物品进行售卖从而获取经费以支撑学校的发展。在教育内容上，男女生的劳动技能也有所偏向，男生主要学习农业、牧草等，而女生注重学习缝纫、园艺等。裴斯泰洛齐还为儿童开办了农场、纺纱厂等劳动教育的场所，培养孩子们成为辛勤劳动、强壮能干的劳动者。

裴斯泰洛齐在斯坦茨孤儿院中继续进行教育与生产劳动相结合的贫民教育实验。他逐渐认识到教育和劳动的统一性，试图寻找二者之间的内在联系。在教育实验的逐步发展过程中，裴斯泰洛齐发现，劳动与教育相结合的过程能够充分激发人的潜能，使其得到和谐而全面的发展，成为一名合格的公民。与此同时，更加深刻的是，他把教育与生产劳动相结合放在教育心理化的基本原则下来进行，他深信这必将在培养全面发展的个性中发挥真正的作用。④

1837 年，福禄贝尔创办了"幼童活动学校"，3 年后又将其更名为"幼儿园"。这是一个学前教育学校。自此，福禄贝尔在幼儿教育上花费了大量的时间和精力，坚持以幼儿的全面和谐发展作为教育目的，为儿童设计了系列活动课程，其中包含了众多的劳动活动。在儿童的课程设计中融入编织、耕种、缝纫等简单的体力劳动，在某种程度上说，这些教育活动暗含着自我服务和为集体服务的意识，更好地引导幼儿认识到个人与社会的相互关系，在提升劳动能力和身体素质的同时，也获得了劳动知识和劳动情感。⑤

---

① ［法］卢梭：《爱弥儿》（上卷），李平沤译，商务印书馆 2017 年版，第 117 页。
② ［法］卢梭：《爱弥儿》（上卷），李平沤译，第 289 页。
③ 杨汉麟、袁传明：《裴斯泰洛齐画传》，山东教育出版社 2018 年版，第 34 页。
④ 杨汉麟、袁传明：《裴斯泰洛齐画传》，第 76 页。
⑤ 于冬青主编：《中外学前教育史》，东北师范大学出版社 2013 年版，第 175 页。

第三节 社会主义劳动教育思想的历史发展

社会主义劳动教育思想的发展经过了漫长的历史过程，从空想社会主义者对资本主义劳动的批判开始探索，经过苏联社会主义制度下生产与教育相结合的劳动教育思想实践，再到现今中国共产党领导下的新时代劳动教育，都是社会主义劳动教育发展历程的生动映照。

空想社会主义思想在资本主义生产力水平不断提升过程中得到了发展。空想社会主义者批判资本主义社会的阶级分化与残酷剥削，并且逐渐认识到广大劳苦大众的劳动生产在社会进步过程中所发挥的巨大作用。在这样的历史背景下，部分空想社会主义者开始从劳动者主体地位觉醒的角度倡导开展劳动教育，劳动教育的价值得到更多的重视，从理论和实践上得到了进一步的探索和实践。这对马克思主义劳动观的萌芽与发展提供了直接借鉴蓝本，在以马克思主义为指导思想的社会主义国家劳动教育实践过程中发挥了重要的参考作用。

本节内容主要涉及空想社会主义劳动教育思想和苏联劳动教育理论与实践，中国共产党领导下的劳动教育将放在下一章节论述。

一 空想社会主义劳动教育思想

以莫尔和康帕内拉为代表的早期空想社会主义者在社会主义思想史中较为系统地提出来劳动教育问题，社会主义劳动教育思想开始萌芽。让·梅叶、摩莱里和马布利等人的劳动教育思想丰富和发展了社会主义劳动教育思想，并在十九世纪法国圣西门、沙利·傅立叶和英国罗伯特·欧文三大空想社会主义者劳动教育思想的推动下，逐渐成熟并达到了空想社会主义劳动教育思想的顶峰。

（一）空想社会主义劳动教育思想的萌芽时期

托马斯·莫尔是较早地提出教育应该在生产劳动中开展的空想社会主

义思想家。在《乌托邦》一书中，他描述说，"乌托邦人不分男女都以务农为业"①。在莫尔所描绘的乌托邦中，凡是年龄、体力适于劳动的公民都需要劳动，整个乌托邦准许豁免劳动的不超过 500 人。② 由于人人必须参加生产劳动，这种普遍劳动可以展现给乌托邦人一种劳动光荣的观念。莫尔提倡人人学习一门专业技能，"每人除我所说的都要务农外，还得自己各学一项专门手艺"③，如果有人愿意多学一种，也可以获得允许。学会两种手艺之后，个人可根据自己的意愿和国家的需要，选择其中一种。在手工业方面，一般都是家庭代际相传，但如果有人对自家所传承以外的职业感兴趣的话，"他可以寄养到他所喜欢的那种行业的人家"④。在这里已经可以看出，莫尔的劳动教育已经融合了劳动理论教学与劳动实践教育，并且逐渐呈现出家庭、学校和社会相互呼应、相互配合的雏形。

适度劳动是莫尔所主张的主要观点，他认为适度劳动可以使得劳动能够满足人们日常生活所需，且不会感到过分操劳。大家都干自己的本行，劳动既辛苦但又有度，不至于从清晨到深夜工作不停，累得如牛马一般。⑤在莫尔看来，每个人工作六小时已经足够生产出整个城邦生活所需的全部的必需品，"创造人们全部日用必需品的劳动者远比你所想象的人数要少"⑥。但是人人必须接受劳动教育⑦。同时，在乌托邦真正有尊严或说有荣誉感的工作是学术研究。"乌托邦宪法规定：在公共需要不受损害的范围内，所有公民应该除了从事体力劳动，还有尽可能充裕的时间用于精神上的自由与开拓"⑧。除从事普遍劳动外，公民不需要被迫从事其他多余的劳动，而是尽可能地将时间运用在自我精神领域的满足上，以追求自身的人生价值。乌托邦思想中已经有了初步的物质富足精神富有的社会观和充

---

① ［英］莫尔：《乌托邦》，戴镏龄译，商务印书馆 1959 年版，第 55—56 页。
② 华东师范大学教育系、杭州大学教育系：《西方古代教育论著选》，人民教育出版社 1985 年版，第 248 页。
③ ［英］莫尔：《乌托邦》，商务印书馆 1959 年版，第 56 页。
④ ［英］莫尔：《乌托邦》，第 56 页。
⑤ ［英］莫尔：《乌托邦》，第 56 页。
⑥ ［英］莫尔：《乌托邦》，第 57 页。
⑦ 华东师范大学教育系、杭州大学教育系：《西方古代教育论著选》，第 248 页。
⑧ ［英］莫尔：《乌托邦》，第 60 页。

满人本主义色彩的劳动观。

除此之外，莫尔尝试消除体力劳动和脑力劳动之间的对立差别。在莫尔幻想的乌托邦中，有些人"可以豁免（劳动），以便认真进行各科学术的研究"①。体力劳动和脑力劳动之间的对立被二者之间的相互转换而替代，只存在有工种之分，并无阶级之别。乌托邦允许合适的公民专门从事脑力劳动，并为其免除体力劳动，但如果并不能完全胜任这份工作的话，那将调回去从事体力劳动。这种试图消灭体力劳动和脑力劳动二者之间对立，即提倡体力劳动与脑力劳动相结合的初步设想。这是莫尔劳动教育思想中最为宝贵的地方之一。

康帕内拉强烈谴责现存社会，指出现存社会鄙视辛勤劳作的工匠，反而尊崇"寄生"于奴仆、完全不懂任何手艺、不劳而获的贵族阶级，指出"这样的社会就好像一所培养罪恶的学校，培养出那样多的懒汉和恶棍，以致使国家濒于灭亡"②。因此，康帕内拉主张废除私有制，让社会统筹组织社会生产活动和进行产品分配。在这样的社会制度下，每个人都必须参加劳动。太阳城实行普遍的义务劳动，劳动教育贯穿公民的一生的教育活动。《太阳城》对此做了详细的描述。儿童满7岁后，就会被送去作坊当学徒，了解和学习如何成为面包师、木匠、铁匠等，并在学习的过程中逐渐明确自己的志向，明确自己未来的职业方向。到了8岁，除了在学校课程上学习科学文化知识，还需要进行劳动实践。当接受了中高等教育后，会在不同的手工业部门任职，并有专门的师傅来指导工作。劳动教育与学生未来的职业教育紧密结合在一起，将其在学校学习到的知识应用到对应的生产活动中去。这里已经有了终身教育思想的萌芽。

太阳城对于公民的劳动内容和劳动时间都有明确的规定和分工。每人每天所从事的劳动时间不超过4小时，而具体的劳动内容分工则需要参考公民的爱好和特长。太阳城公民的劳动意识非常强烈，无论分配到什么工作，每个人都能将其看作成一项光荣的任务去完成，全体公民都会愉快地

---

① ［英］莫尔：《乌托邦》，戴镏龄译，商务印书馆1959年版，第58—59页。
② ［意］康帕内拉：《太阳城》，陈大维等译，商务印书馆1980年版，第12页。

完成自己的工作。① 哪怕是身体有缺陷的人，康帕内拉也为他们安排了能完成的义务劳动工作，例如：跛子可以充当看守员，瞎子可以梳羊毛、装被褥和枕头，力求每个人能在从事劳动的过程中，感受到劳动带来的成就感，体悟到自身的个人价值和社会价值。

康帕内拉还论证了劳动、健康和美之间的关系。他主张只有从事劳动，在劳作过程中保持健康的身体，才能真正地展现美。康帕内拉认为太阳城的公民不存在丑陋的人，由于人人每天自觉参与义务劳动，所以大家的身体发育情况良好，呈现健康状态，整个社会公民的精神面貌都呈现出朝气蓬勃的姿态，并且在劳动过程中既能服务自己也能服务他人，受人尊敬的成就感使得公民们容光焕发。康帕内拉将劳动和身体健康作为审美的标准，并以此抨击了贵族阶级腐朽落后的审美观。

（二）空想社会主义劳动教育思想的发展时期

这一时期的主要代表有让·梅叶、摩莱里和马布利，其共同的劳动教育思想是人人参与劳动，社会财富共同享有。在让·梅叶看来，未来的理想社会是人人劳动财产公有的社会，人人都应该参加对社会有益的劳动，这是共享社会财富的前提和基础。而且在这样的理想社会中，基于"流汗是道德之源"的思想原则，将劳动表现出众的人视为具有完美品德的人。

摩莱里主张平等劳动、平等享受。平等的劳动是平等享受的前提，基于此，才能彻底消灭剥削行为和社会寄生现象，"每个公民都要根据自己的力量、才能和年龄促进公益的增长，据此按分配法规定每个人的义务"②。劳动是人的自然本性需求，懒惰行为是由于私有制造成的，私有制通过法律、经济、政治等手段使得"合法"占有他人的劳动成果成为可能，人们对于这种情况的不满与愤恨逐渐会演化为对劳动的厌恶，最终形成懒惰的行为习惯。

每个人都要根据自己的实际情况参与义务劳动，这一点也在法律法规上做出了相关规定，人人必然参与社会劳动，必然地从他人那获取所需，

---

① ［意］康帕内拉：《太阳城》，陈大维等译，商务印书馆 1980 年版，第 31 页。
② ［法］摩莱里：《自然法典》，李平沤译，商务印书馆 2011 年版，第 106 页。

也必然地为他人提供供给，这是社会有效运转的前提和基础。"所有公民，只要无残疾，从 20 岁起到 25 岁止，都应当毫无例外地从事农业。"① 但由于每个人的才能禀赋不相同，可以灵活地根据社会的整体规划和个人的具体情况而选择自己乐于并擅长的职业形式，这里已经初步具有了"各尽所能"的雏形。需要强调的一点是，每个人只要尽自己所能对社会作出了应有的贡献，社会就会反馈其所想要的一切合理的权益，贡献不分差别，因为整个社会就是服务自我和服务他人的有机整体。也许在劳动者自己看来，这一点贡献微不足道，但对于需要的人来说，却是举足轻重的存在。除了自愿留在农业部门的技师和领导者以外，年满 26 岁的公民都要转入手工业部门。"在每个城市里，这批被指定从事农业的青年，……在规定的服务期满以后，可以离开，重操旧业，或者如其能力许可的话，可以继续从事农业。"② 年满 40 岁以后，公民们可以自由地选择自己所喜欢的职业或者是别的其他事情，前提是不能离开劳动。"每个公民到四十岁时，可不必有固定职业，成为自由工人，这就是说，他不脱离劳动，但只从事自己所选择的劳动，……他有权随意支配自己的休息时间。"③ 如果说年轻时期的劳动是必须劳动的话，那么中年以后的劳动则是有选择性的志愿劳动，劳动从义务强制性向主动选择性转变，与劳动是人们的现实需要这一观点是一致的。

在劳动与教育的关系上，摩莱里主张教育与劳动尽早结合起来。"他们要努力教导自己的学生学会节制和顺从，用温和的劝说和轻微的责备来防止任何不和、任性和沾染恶习。"④ 针对父母的家庭教育，也进行了相关规定，要求父母从小培养儿童的品行，切勿溺爱。儿童成长到一定年龄后，就需要统一送到保育院，由整个社会进行抚养和教育。儿童从 5 岁起就要接受劳动教育，到 10 岁就要开始学习各行各业的技术教育基础知识和常识性知识，例如认识国家、了解法律、孝敬长辈、顺从父母等等。在进行理论教育的同时，也要进行简单有趣的劳动游戏，让儿童通过游戏进行

① ［法］摩莱里：《自然法典》，李平沤译，商务印书馆 2011 年版，第 107 页。
② ［法］摩莱里：《自然法典》，李平沤译，第 111 页。
③ ［法］摩莱里：《自然法典》，李平沤译，第 115 页。
④ ［法］摩莱里：《自然法典》，李平沤译，第 125—127 页。

劳动教育。在成长到一定年龄就离开保育院进入作坊，开始学习适合每个人职业发展方向的简单知识。在这一过程的描述中，摩莱里提出了脑力劳动要高于体力劳动的思想："献身于科学和艺术的人的敏锐性、洞察力、灵巧、技艺和天才要高于体力劳动者。"①

马布利以激烈的言辞尖锐地批判了资本主义私有制，指出私有制是人类一切不幸的起源，主张建立一个"平等共和国"。这个共和国是以自由、平等和劳动为基础，实行社会财富由全社会成员共有的制度。人们普遍奉行劳动光荣的道德观念，甚至还进行劳动竞赛以展示公民的劳动积极性，在全体公民看来，劳动积极性的调动是公民尊崇的美德。全体公民还需要通过劳动苦练苦修，在劳动中降低需求，因为"需求越少，幸福越多"。②

（三）空想社会主义劳动教育思想的顶峰时期

法国的圣西门、沙利·傅立叶和英国的罗伯特·欧文是19世纪时期空想社会主义者的代表人物，这一时期空想社会主义者的劳动教育思想发展到了顶峰。

在圣西门的实业制度理论中，劳动是占据着核心地位的概念，他强调"必须赋予劳动的观念以它可能有的最广泛的含义"③。社会上所有关于科学、美术、工农业相关的活动都是劳动，劳动创造了社会发展所需的所有物质财富和精神文明，"最重要的劳动的目的，应当是改进我们的精神福利和物质福利"④。同时，圣西门强调劳动与美德的密切联系。在圣西门看来，"劳动是一切美德的源泉"⑤，劳动作为养成美德的前提和来源，通过劳动才能培养美德。因此圣西门反对游手好闲。

傅立叶充分吸收了前人的思想，根据自己的生活经验，提出建立一个以"法郎吉"为组成单位的"和谐社会"的构想。"法郎吉"一词来源于

---

① ［法］摩莱里：《自然法典》，李平沤译，商务印书馆2011年版，第128页。
② ［法］马布利：《马布利选集》，何清新译，商务印书馆2009年版，第115—162页。
③ ［法］圣西门：《圣西门选集》（第3卷），董果良等译，商务印书馆2017年版，第110页。
④ ［法］圣西门：《圣西门选集》（第2卷），董果良等译，第292页。
⑤ ［法］圣西门：《圣西门选集》（第3卷），董果良等译，第110页。

希腊语，意为"队伍"，表明这是一个和谐制度下的严密组织，是工农业结合和城乡结合的新型组织。在这里，教育特别是劳动教育和儿童教育得到了普遍重视，傅立叶主张协作教育，目的旨在把人的全部精力都用在生产劳动上，以实现体力和智力的全面发展，在其所提倡的和谐制度中教育不仅培养劳动习惯，还承担着培养社会情感的教育功能。

傅立叶在自己生活经验基础上，设计出未来的"和谐社会"方案。在这种由"法郎吉"所组成的和谐社会里，人人都具有劳动权，人人都应该参与到劳动之中。社会对儿童实行免费的社会公共教育，社会公共教育以工读结合的方式进行，由社会来负担儿童的抚养和教育费用。傅立叶从儿童的兴趣爱好出发，根据儿童所观察、了解、探索、模仿的一切去分析其未来可能从事的劳动方向。他将儿童的爱好解读为"摹拟或爱摹仿的癖性"[①]，需要在婴幼儿时期就逐步发展孩童劳动的天赋，生产劳动需要逐步加强训练，从基础到高阶，从手工业基础劳动到机器化现代化创新劳动，在劳动实践中碰壁，激发儿童的自觉学习意识，主动学习相关科学文化知识。

傅立叶大力推动教育事业的发展。教育促进人们能够掌握劳动生产和人的自身发展相关的科学文化知识和艺术审美能力，着力于解决体力与智力不相协调的教育矛盾。从新一代劳动者的全面发展出发，傅立叶推崇协作教育，其目的在于实现体育、智育齐发展，将劳动者的全部精力都落在生产劳动上，甚至娱乐时间、娱乐活动均与劳作相关。通过协作教育，把劳动杂糅在人的日常生活当中，与学习、科学、艺术、娱乐、休息等内容发生化学反应，力图实现人的身心全面发展。

傅立叶高度评价了劳动与教育在未来社会的意义，把劳动视为一种有吸引力的事情，劳动会带来幸福和愉悦，"新的社会制度，保证参加生产者中的不甚富裕的人以充分的幸福，使他们永远热烈地喜爱自己的劳动。"[②] 让所有生产者根据自己的喜好选择想要从事的工作，每次的劳动时

---

① ［法］傅立叶：《傅立叶选集》（第 2 卷），庞龙等译，商务印刷馆 1981 年版，第 19 页。

② ［法］傅立叶：《傅立叶选集》（第 3 卷），汪耀三等译，商务印书馆 1982 年版，第 205 页。

间短暂，甚至能够在一天内轮换七、八种不同的工作岗位，劳动始终与科学、休闲结合在一起的，生产劳动从一种强迫性的苦差事变成了一种乐趣。

罗伯特·欧文是19世纪英国杰出的空想社会主义实践家，是西方教育史上第一个创立学前教育机构的教育理论家和实践者。欧文主张建立国家的教育制度，通过教育立法来提升教育的普及程度。欧文十分重视教育在社会发展进步和个人成长成才中发挥的润物无声的作用，在欧文看来，幼儿教育对于培养良好的行为习惯是非常重要的，希望幼儿能够摆脱环境的影响，接受好的教育，健康成长。欧文创办了世界上第一所免费的幼儿学校，学校仅面向2-5岁的孩子招生，这所学校的学生除了每天必要的3小时学习外，其余时间可全部由学生自己支配，自由玩耍。在课堂上，从不讲授儿童理解不了的课程知识，教学内容中涵盖了儿童成长所需的德智体美劳各方面内容，倡导对儿童进行全面培养，通过各类充满趣味性的活动，充分激发儿童的创造力和想象力。

欧文于1816年建立了英国第一所公社学校"性格陶冶馆"，包括了幼儿学校、儿童日校、少年和成人夜校，开设了具有实践性质的教育课程。成人夜校几乎是为工厂工人创办的。工人白天做工，晚上学习相关的专业技能知识。他认为，"生产财富、教育人们获得真正知识"① 是一切公民迈入理性社会的敲门砖及未来生活的任务线。

欧文延续了新拉纳克学校的教育模式，建立了新和谐村公社学校，把教育与生产劳动结合起来是新和谐村公社学校的主基调。根据这样的教学原则，学校在劳动教育中根据学生的年龄阶段和个性特征进行劳动分工，劳动形式包括手工劳动、家庭劳动和园区劳动等。欧文还对学校教育中的学习时间和劳动时间进行了明确的规划，以穿插式的课程安排帮助学生更好地理解理论知识与生产劳动之间的密切联系，把知识和应用结合起来进行教育，做到学以致用。

---

① ［英］欧文：《欧文选集》 （第2卷），柯象峰等译，商务印刷馆1981年版，第30页。

二　苏联劳动教育思想的理论与实践

马克思主义劳动观充分吸收了空想社会主义劳动教育思想中的科学思想。在此基础上，苏联进一步发展了"教育与生产劳动相结合"的马克思主义劳动教育观，在长期的理论探索和实践中形成了丰富成果。

（一）发展综合技术教育

马克思在《资本论》等著作中多次谈到综合技术教育。苏联成立之后，在列宁的强调下，综合技术教育成为国民教育的重要环节。综合技术教育的实施是列宁劳动教育思想中的重点工程，他特别强调"我们一定要立刻尽可能地实施综合技术教育"①。

实施普通理论教育与综合技术教育，对儿童个人的成长、社会和谐发展和国家综合实力的提升都具有正面影响。列宁主张在学校设立相关劳动课程，对于综合技术教育教学的目标、内容等提出了具体而又明确的要求②。学生所学习的应该是基础的初级知识，如现代基础科学等，过早学习专业化的内容并不利于学生接受普通的理论知识，还会阻碍其基本道德修养的形成，与培养全面发展的劳动者的教育理念背道而驰。对于成年人来说，综合技术教育也是必不可少的一大环节，以便于参与社会生产的成年人能够根据现实实际所面临的困境来对症下药，其劳动技术提升的成果显著，能够更熟练地在自己的岗位上进行劳作。综合技术教育在规划设计上还要求对广大劳动者开展文化教育，对其文化素质提出了更高层次的要求，社会发展需要达到一定程度的文化水平，以保证社会一切成员全面发展他们的体力和智力。

克鲁普斯卡娅是苏联著名教育家，是苏联早期教育部门的主要负责人之一。克鲁普斯卡娅从马克思主义教育观和苏联急需发展工业的现实出

---

① 《列宁论国民教育》，人民出版社 1958 年版，第 417 页。
② 列宁关于综合技术教育的思想集中体现在克鲁普斯卡娅的相关文献中，参见《克鲁普斯卡娅教育文选》，人民教育出版社 1959 年版。

发，强调劳动教育需要具有综合技术教育的性质。综合技术教育的目的是培养全面发展的一代新人，这些人既是能够胜任工业技术生产的劳动者，又是工业生产的真正主人。这就需要他们从青年时期就开始了解整个社会的生产状况，研究分析所有的生产部门，充分熟悉劳动的全过程，以便于充分汲取理论知识，将其与社会大生产相结合。①综合技术教育要引导学生学习高新技术，通过各种各类的途径培养青少年对综合技术的兴趣。

马卡连柯强调机器大生产背景下科学知识和技术的重要性，在综合技术教育的实施过程中需要教育引导学生掌握工农业生产所需的知识和技能手段。他倡导学生要直接参加到具体的生产过程中，以便于更加有效地了解和熟悉掌握生产的各个要素环节和流程，以便于实现自我管理、自我服务。在高尔基工学团当中，马卡连柯带领学员们组建木工厂、面包房、农场等，通过生产劳动实现自我服务和社会主义国家建设，把儿童培养成热爱理想、热爱生活、热爱劳动的社会主义建设新人。

伊凡·安德烈耶维奇·凯洛夫是苏联教育学的重要代表，他主编的《教育学》对我国产生过很大影响。结合苏联社会主义建设的实际需要，凯洛夫非常重视劳动教育，他的劳动教育思想随着《教育学》这本著作作为教材广泛使用而广为人知。凯洛夫大力弘扬马克思主义劳动观。他认为，青年教育的主要任务是"准备让他们为社会主义祖国谋幸福而从事光荣的、有组织的和有益的劳动。"②凯洛夫对于劳动教育的认识在其教育思想中曾发生过一定的转变。在最开始的《教育学》版本中教育的基本任务为：体育、智育、综合技术教育、德育和美育，并未将劳动教育纳入其中。而在后面的版本中将劳动教育放在与这五个方面相等的地位。劳动教育主要包括综合技术教育、劳动教育和共产主义道德教育等三个方面的内容，主要目的是要培养青年学生树立正确的劳动观、习得扎实的劳动知识技能和端正其自身的劳动态度。凯洛夫认为，"在苏维埃人身上应当培养起来的重要品质之一是共产主义劳动态度"③，在劳动教育中坚定学生的意

---

① ［苏联］克鲁普斯卡娅：《克鲁普斯卡娅教育文选》，人民教育出版社1959年版，第747页。

② ［苏联］凯洛夫：《教育学》，沈颖等译，人民教育出版社1953年版，第302页。

③ ［苏联］凯洛夫等：《教育学》，人民教育出版社1957年版，第286页。

志力，自觉尊重劳动，发自内心热爱劳动，并且对劳动实行创造性的转化，有助于整个社会生产力水平的提高和生产效率的提升。

（二）教育与生产相结合

列宁高度赞扬"教育与生产劳动相结合"的马克思主义劳动观，强调没有教育和生产劳动相结合培养出来的社会主义劳动者，未来社会的理想是不能想象的。[①] 在列宁看来，苏联共产主义的建设发展离不开广大劳动者的辛苦付出。列宁明确指出："我们必须记住，我们应当高度紧张地从事每天的劳动，否则我们就必然灭亡。"[②] 劳动生产率是衡量新生的社会主义制度是否取得胜利最重要的标准。在经济遭到严重破坏的国家，拯救劳动者就能拯救生产力，拯救劳动者就能恢复经济拯救国家，拯救劳动者就能拯救一切，而对劳动者进行教育培养就是重要途径。因此在十月革命后不久，苏联共产党就将"教育与生产劳动相结合"的思想写入党纲，成为苏联教育的指导纲领。

十月革命后，列宁开始将劳动教育的理论思考逐步付诸实践。1919 年俄共（布）第八次代表大会通过的党纲中就明确提出，使教学和社会生产劳动紧密结合起来。[③] 列宁认为采取生产劳动与教育相互结合的教育模式对青少年的培养和教育十分重要，只有采取这一方式，新一代劳动者才能以最快的速度适应生产力发展的要求，以此为基础不断转变生产方式，实现整个社会的现代化变革。

克鲁普斯卡娅撰写了《国民教育和民主主义》一书，论证教育与生产劳动相结合的原理以及综合技术教育。[④] 强调学校教育不仅仅是理论知识的教育，还涉及劳动实践的教学，组织学生参与生产劳动，树立劳动改造社会的观念。儿童需要接受系统的劳动教育，社会主义国家的建设需要掌握社会劳动技能的全面发展的劳动者。学校教育应该"让儿童从小参加一

---

① 《列宁全集》（第 2 卷），人民出版社 2013 年版，第 463—464 页。
② 《列宁全集》（第 42 卷），人民出版社 2017 年版，第 204 页。
③ 《列宁全集》（第 36 卷），人民出版社 2017 年版，第 87 页。
④ 李明德、金锵：《教育名著评介（外国卷）》，福建教育出版社 1992 年版，第 287 页。

定的劳动"，在学校的劳动教育过程中掌握生活生产所必需的劳动本领。根据学生的年龄特点和接受程度而设定了一年级到十年级的劳动教育内容，旨在逐步培养学生的劳动技能。克鲁普斯卡娅提出，"从读书学校向劳动学校过渡是历史性的要求"①，主张家庭和学校在教育过程中互通有无，学生在小时候就开始要参与劳动实践，从小培养儿童自觉劳动的行为习惯，保证劳动教育的衔接性和连贯性，掌握一定的劳动技能，使其明白"不劳动者不得食"的真理。

克鲁普斯卡娅还主张在学校培养儿童的集体主义精神。在她看来，"儿童的个性只有在集体中才能得到最充分、最全面的发展"②。学校教育应将集体教育放在更加突出的位置，安排好儿童的集体生活，以培养其集体责任感和自豪感。她还强调参与社会公益活动是集体主义精神和社会责任感培养的重要方法。大力组织学生参与社会公益活动：整理图书馆、种植庄稼、打扫公共场所的卫生等。

马卡连柯呼吁在劳动教育中实现正确道德观念的培养与树立。③ 在劳动教育中呼吁脑力劳动与手脚并用相结合，不仅能够使得体力得到锻炼，还能激发人的创造活力。劳动教育可以在知识的传授过程中帮助受教育者得到个人情操的陶冶，实现人的全面发展，推动劳动与其他教育相互结合，激发内在潜力，充分发挥劳动的教育功能。马卡连柯还呼吁家长要参与到儿童的劳动教育过程中来，家庭劳动教育要及时开始，为学校的劳动教育打好基础，"在教育自己的儿童的工作中父母永远不要忘记劳动的原则"④。

集体劳动是劳动的主要形式，利用集体来教育学员。马卡连柯认为集体劳动是社会主义社会学校教育的价值指向，在集体劳动实践中唤醒儿童的集体主义精神，使得儿童的行为纪律化、规律化。"公社社员的教育，不是用某种宣传或者教训的方法来达成，而只有从集体本身的生活、工作

---

① 《克鲁普斯卡娅教育文选》，卫嘉译，人民教育出版社 1959 年版，第 307 页。
② 《克鲁普斯卡娅教育文选》，第 307 页。
③ 《马卡连柯全集》（第 4 卷），耿济安等译，人民教育出版社 1957 年版，第 445 页。
④ 《马卡连柯全集》（第 4 卷），耿济安等译，第 445 页。

和志向来达成。"① 他还认为"集体不仅是教育的客体，而且也是教育的主体"②，即集体劳动既是劳动教育的途径，也是劳动教育的手段，在劳动中形成集体协作意识也是劳动教育的目的。当集体中的个人劳动通过生产实践转化为社会财富时，集体劳动教育的效果也能在此时达到最高峰，感受到集体的力量，体验到作为集体成员的成就感。

苏霍姆林斯基强调，"劳动不只是铲子和犁，而且是一种思维"③。劳动教育应当贡献出社会的全部资源来激发孩子的劳动热情，在劳动成果中感悟自己拥有克服困难的勇气和力量。劳动教育的目标价值朝着社会公德方向发展，让道德修养在儿童心里埋下一颗种子，在潜移默化中生根发芽。劳动的任务量分配也要根据学生的实际情况和身心发展规律而考虑，使得各种学习任务和实践能够交替进行，体力劳动等系列简单劳动从来都不是全社会追求的目标，而仅仅是劳动教育的开端，只有多种教育要素相结合在生产中形成的创造性劳动才具有推动社会发生根本性变革的力量和意义。

在《帕夫雷什中学》中，苏霍姆林斯基还提出自我服务、榜样示范、适量复习和集体劳作这四类劳动教育的主要方法。④ 自我服务法是鼓励学生自己为自己创造适宜的劳动环境，为自己的劳动教育实践提供便利。榜样示范法需要为学生找到敬仰的榜样模范，在潜移默化中激励学生参与劳动实践过程。在家庭中，父母就是最合适的劳动教育模范，每位家长需要给学生树立好榜样；在学校中，教师的一言一行都可能对学生的行为习惯和生活方式产生巨大影响，所以更应该注重自己的言行举止；在社会中，每个人都是独立的个体，每位劳动者的自主性和独立性得到了最大程度的发挥，大家所关注的对象和领域有所不同，在营造具有共性的劳动模范榜

---

① 李明德、金锵：《教育名著评介（外国卷）》，福建教育出版社 1992 年版，第 417 页。

② ［苏联］马卡连柯：《论共产主义教育》，刘长松等译，人民教育出版社 1954 年版，第 193 页。

③ ［苏联］Б. А. 苏霍姆林斯基：《怎样培养真正的人》，蔡汀译，教育科学出版社 1992 年版，第 146 页。

④ 孙孔懿：《苏霍姆林斯基教育学说》，人民教育出版社 2018 年版，第 302 页。

样外，伙伴朋友给予的示范性压力能最直接激励其自觉参与劳动，每个人身上都蕴藏着"能使他在为社会谋福利的劳动中给他带来创造的欢乐的那条'含金的矿脉'"①。适量复习法是为了刺激自身的身体机能以便更熟练地掌握劳动技能，更深层次地感悟劳动情感，切不可把劳动任务集中在某一时间段去完成，而是需要定期地、适当地复习。

在集体劳作中，每位学生各司其职，将自己所掌握的理论运用到实际当中，协作劳动中与他人相互交流、互相合作，有助于自我教育的完成和集体精神的凝练。②

---

① ［苏联］B. A. 苏霍姆林斯基：《给教师的建议》，杜殿坤译，教育科学出版社 1984年版，第 503 页。

② 单中惠：《西方教育思想史》，山西人民出版社 1996 年版，第 858 页。

第三章　中国共产党领导下的劳动教育

中国共产党成立以来，劳动教育在党的领导下经历了洗礼、沉淀和新发展。劳动教育作为培养全面发展的人的重要组成部分，对于提升受教育者整体的劳动素质和能力、培养高水平人才队伍、促进社会的整体发展具有重要的理论价值和现实指引。党领导下的劳动教育历经百年不断探索发展理论体系，汇集精神力量，为中国式现代化教育发展提供了深厚的历史底蕴和实践经验。在追求高质量发展的当下，劳动教育应该具有全新的表象特征和创新的理论方法。

第一节　萌芽起步阶段：新民主主义革命时期的劳动教育

中国共产党成立初期，工作的重心是革命斗争，对于劳动教育没有明确的纲领性表述，也没有形成系统的理论体系。然而在实际探索过程中，劳动教育已经涉及广大劳动者要兼顾生产劳动和理论知识学习的思想，开启了贯彻落实理论联系实际、以理论引领指导实践的马克思主义教育发展路线。

一　保障劳工受教育权

在建党之初，教育活动主要是围绕提高工农的读书识字能力和提高其政治觉悟开展，以充分保障劳工在学习中逐渐树立劳工神圣的观念，唤醒工农阶级的革命意识，为壮大革命队伍而服务。

在 1921 年中国共产党第一次全国代表大会上，通过了《关于中国共产党任务的第一个决议》，其中要求建立劳工补习学校或者是劳工组织讲习所。尽管没有明确具体的教育纲领，但是依旧传达了党要为广大劳动者提供接受教育机会的会议精神。同年，毛泽东和何叔衡创办了湖南自修大学，明确了学校的教育特质是"本大学学友为破除文弱之习惯"①，力求智力和体力均衡发展，打破以往知识分子文弱无法自理的刻板印象，使得知识分子跟劳动群众之间的差距尽可能缩小。这一要求旨在改变知识分子和劳工阶级相互割裂的社会习俗，提倡脑力劳动与体力劳动均衡发展，结合理论学习和劳作生产来弥补阶级之间的间隙，契合了教育与生产相结合的马克思主义教育思想。

1922 年，《劳动法案大纲》中对劳动者的劳动时间进行了相应规定，男女劳工以及童工受教育的权利也同一法案中得到保障。同年 5 月通过的《关于教育运动的议决案》，号召争取无产者的子女也能享受普遍义务教育的权利，在教育中启蒙青年工人的阶级斗争意识，以普遍地启发一般青年工人的阶级觉悟和争斗能力，为无产阶级革命提供人才储备。同年 10 月，《劳动教育建议案》的发布是全国教育联合会为了不断争取劳动人民的受教育权而取得的实际成果。

1932 年 5 月，在湘鄂省苏维埃政府训令中，明确要求"教育与工业生活农业生活结合"②，规定在实践中传播教育与生产劳动相结合的马克思主义教育思想，同时还强调，在生产满足生活所需要的物质条件以外，还要逐步提升劳动人民的受教育水平。1934 年，苏维埃文化教育的总方针"四个在于"都与劳动者密切相关，以期通过文化教育使劳苦大众感受到文化所带来的精神满足。与此同时，从教育方针的战略高度联系劳动开展文化教育，充分彰显了苏维埃政府对于文化和劳动教育的重视程度。同年 4 月，湘鄂省苏维埃政府在小学课程中对教育与生产相结合作出了明确规定，要

---

① 陈远晖：《中国现代教育史》，人民教育出版社 1979 年版，第 66 页。
② 李蔺田、王萍：《中国职业技术教育史》，高等教育出版社 1994 年版，第 226 页。

求各所小学每周都要开展生产劳动实践活动，引导小学的课程科目与生产劳动、政治斗争相结合，有计划地组织开展各类园艺、手工艺、土地耕种等生产活动。将教育与劳动相结合的总方针融入小学课程实施之中，劳动教育从小学开始，这也为之后的劳动教育奠定了纲领基础。

1937年，陕甘宁边区政府要求文化教育要与劳动结合开展。同年，中国共产党在延安创办第一所真正意义上的大学——陕北公学，在学校实行"三三制"，即三个月的学校理论学习时间，加上社会生产岗位上动手操作三个月进行查漏补缺，再回到学校加深三个月的理论教育。将教育与劳动相联系、理论与实际相结合以规范的制度方式第一次用于党领导下的大学教育的实践。中国工业合作协会帮助抗大学生、陕北公学学生以及延安居民等成立工业生产合作社，从事被服、鞋袜、食品等生产，亲历体验边区生产劳作。

中国共产党通过创办学校、发布劳动教育提案等措施促进教育与生产相结合，以规范教学制度来保证劳工受教育的权利，为当时的革命斗争和生产输送了大批骨干力量。这些举措还为如何在中国广大地域上实施教育与生产相结合的马克思主义教育思想进行了有益的探索，积累了丰富的经验，在一定程度上奠定了未来学校劳动教育的基础。

二 开展工农阶级教育

中国共产党在开展教育与生产相结合的劳动教育过程当中，既为当时的劳动生产服务，也具有为阶级斗争做准备的政治觉醒色彩。在教育过程中党始终高举劳动光荣、劳工万岁的旗帜，培养广大劳动者认识到自己才是社会主人的主人翁意识。

1939年，毛泽东同志为抗大生产运动题词"一面学习，一面生产，克服困难，敌人丧胆"[1]，并且在《中共中央军事委员会关于整顿抗大问题的指示》中，提及抗大的两大教育原则：其一，明确将教育学生要深入到基层的实际工作中去，坚决反对轻视工作经验的想法和行为。其二，接近工

---

[1] 转引自《叶剑英选集》，人民出版社1996年版，第397页。

农，了解工农的真实需要，为工农做好服务工作，坚决反对鄙视工农群众的意识。[①] 延安的青年学生们，在进行革命理论的学习过程，也在积极开发荒地、开展大生产运动，这种先锋模范作用被当时各地青年纷纷学习，在全国掀起了劳动教育的热浪。

1940 年通过的《边区教育宗旨和实施原则（草案）》格外注重劳动教育教学，首先从娃娃抓起，大力倡导集体劳动，在集体劳动中培养自觉劳动的习惯，掌握劳动技能，以培育和形成集体主义精神。边区教育的一个重要环节就是劳动教育，目的就是让边区的青少年在集体劳动过程中，一方面能通过劳动生产强身健体，提高身体素质，另一方面能在集体劳动中培养其集体主义精神和组织协商能力。[②] 1941 年 2 月，陕甘宁边区发布的《陕甘宁边区小学规程》规定，边区小学需要将劳动教育纳入课程教学当中，将劳动教育揉进其他学科的理论传授和实践教学过程当中，倡导在其他学科的教学过程中融入劳动元素，潜移默化地进行劳动教育。1941年，中共中央颁布的《关于延安干部学校的决定》中规定，学用一致是带有职业性质的学校的教学原则，课程设置需要同职业偏向、教学实践联系在一起，尽可能地多安排校外实习活动，将所学的理论知识与实践有机结合。[③] 1942 年 10 月，《晋冀鲁豫边区小学暂行规程》对各个年级的劳作课程教学课时做了规定，其中低年级美术与劳作课每周 150 个学时，中年级每周 100 个学时，高年级每周 100 个学时。

中国共产党领导下的教育以马克思主义教育原则为依据，结合当时的革命现实状况，对劳动教育的教学内容和课程等进行规划设置，有效地提高了边区政府和根据地广大劳动人民的整体素质。

---

① 章锁江、郭永松、邵五甲：《教育必须与生产劳动相结合——学习毛泽东教育思想的实践与思考》，《中国高教研究》1993 年第 6 期。

② 张志强、郝琦：《延安时期劳动育人的有效性及经验启示》，《理论月刊》2021 年第 3 期。

③ 罗生全、杨柳：《中国劳动教育发展 100 年》《西南大学学报（社会科学版）》2021 年第 4 期。

三 组织群众生产运动

新民主主义时期的劳动教育不仅放在学校的课堂教学过程中，还充分体现在群众生产运动上。广大群众实行生产运动，开发出万亩荒地，种植粮食，保证了边区政府在这一时期的生产生活所需。

毛泽东多次强调组织开展群众性生产运动。在1943年10月1日关于《开展根据地的减租、生产和拥政爱民运动》的指示中，要求"各级党政军机关学校一切领导人员都须学会领导群众生产的一全套本领"①，强调了生产劳动的基础性地位，明确了生产劳动的作用，强调要与群众打成一片，赢得人民群众的真心拥护。1944年的《文化工作中的统一战线》提出，开展农民的文化教育时需要采取灵活的方式方法，考虑到农民以农业生产为主的实际情况，在教育内容上要与群众的劳动生活相结合，在教学时间上根据具体实际要做出相应的调整。

1945年，毛泽东在《论联合政府》中提出："中国应当建立自己的民族的、科学的、人民大众的新文化和新教育"②。新文化和新教育旨在为工农劳苦大众服务，满足劳动人民的文化需要和精神需求，因此新文化和新教育的教育对象是人民大众，教学方式是与生产劳动相关联。这一思想充分地展现在中国共产党直接领导下的边区政府和各抗日根据地的教育实践活动中。

边区政府和根据地组织各级各类学校全体师生积极参与生产劳动实践，学校教师不仅需要亲历生产劳动实践，还需要担负起教育劳动人民子女的育人责任。在当时各中小学组织的生产劳动实践活动中，全体师生感悟劳动人民的真实生活，在具体的生产环境中得到教育成长。

---

① 《毛泽东选集》（第3卷），人民出版社1991年版，第911页。

② 王铁：《中国教育方针的研究——新民主主义教育方针的理论与实践》，教育科学出版社1982年版，第123页。

第二节　探索发展阶段：社会主义建设
时期的劳动教育

新中国成立初期，各行各业百废待兴。在新中国成立后三年的国民经济恢复时期，教育方针和相应的教育政策与当时大力推行的经济恢复发展政策密切相关，教育要与生产劳动相结合、要为国民经济服务的指导思想在这一阶段的劳动教育中占据着重要地位。

一　为经济生产建设服务

社会主义建设时期的劳动教育贯彻"为生产建设服务"的教育方针，需要团结和动员一切劳动者，激发出广大群众参与生产和社会主义建设的积极性，推动各个行业经济建设快速恢复发展。

中华人民共和国成立前夕，"爱劳动"就在《中国人民政治协商会议共同纲领》中被列为中国公民的五项公德之一。这一时期，国家逐步对学校开展普通的课程教育、劳动技术教育及在职者的业余教育等方面进行谋划，加强知识普及教育和劳动技术教育，逐步提高劳动者素质，注重劳动技术教育，为生产建设、恢复经济培养专业所需人才，加强劳动者的业余教育和在职干部培训，以适应当前国家建设的现实需要。[1] 1949 年 12 月，第一次全国教育工作会议针对学生如何参与劳动的问题进行了讨论，并在总结报告要点中明确表述学生应当自己参加劳动生产[2]，强调教育要坚持为工农、生产建设服务，要让学生在具体的生产劳动场景中体验劳动过程，提倡教育应当在田野上、在工厂内、在生产活动、群众活动中等进行，以期实现更好的教育效果。

---

[1]　何东昌：《中华人民共和国重要教育文献（1949—1975）》，海南出版社 1998 年版，第 1 页。

[2]　何东昌：《中华人民共和国重要教育文献（1949—1975）》，第 9 页。

1950 年，基于当时中国的具体国情，《当前教育建设的方针》提出"为工农服务，为生产建设服务"的教育方针。① 各级政府根据此方针开办了各种类型的学校，广泛吸纳工农入学，使工农子女在教育上享受到应有的权利，由此培养出一大批工农出身的干部。教育部还颁布了《高等学校暂行规程》，规定高等学校的人才培养宗旨是②：坚持理论与实际一致的教育方法，培养具有高级文化水平、掌握现代科学和技术的、全心全意为人民服务的高级建设人才。

1951 年，政务院颁发《关于改革学制的决定》，其中提出各级各类学校应提倡实施教育与生产劳动相结合。③ 同年 3 月，第一次全国中等教育会议贯彻马克思主义经典作家有关人的全面发展培养的基本主张，要求教育要致力于均衡身体素质和智力发展，密切教育教学与生产劳动之间的关系，并联系国家当前工农业生产的实际水平，以理论学习的最新成就引领生产力的发展。④ 同年 5 月，还颁布《关于 1950 年全国教育工作总结和 1951 年全国教育工作的方针和任务的报告》，继续贯彻教育为国家经济建设服务，扩大各类建设的人才队伍，促进恢复国民经济的指导思想。⑤

1952 年，《小学暂行规程（草案）》要求所创办的小学应该"以广泛吸收工农子女入学并便于其参加家庭劳动"⑥。这一要求旨在解决工农子女的入学问题，并且要求在一定程度上通过分担家务的方式参与到家庭劳动中。但是在这个草案中，劳动教育并没有被正式列入教学计划。同年 10 月，教育部发布《关于工业、农业、财经性质中等技术学校教学计划的指示》，规定了各类技术学校学生生产实习的任务，要求把课堂教学中所获得的理论知识运用于生产实践过程。这样做的原因是在生产实习过程中不仅能够巩固学习的知识，还能够补充课堂教学中未涉及的理论知识与实践

---

① 何东昌：《中华人民共和国重要教育文献（1949—1975）》，海南出版社 1998 年版，第 17 页。

② 何东昌：《中华人民共和国重要教育文献（1949—1975）》，第 45 页。

③ 孙家学、耿艳丽、邵珠平：《新时代高校劳动教育通论》，高等教育出版社 2021 年版。

④ 何东昌：《中华人民共和国重要教育文献（1949—1975）》，第 86 页。

⑤ 何东昌：《中华人民共和国重要教育文献（1949—1975）》，第 93 页。

⑥ 吴履平：《20 世纪中国中小学课程标准·教学大纲汇编：课程（教学）计划卷》，人民教育出版社 2001 年版，第 197—200 页。

技能。由此可以让学生在实际生产过程中积累相关工作经验，掌握具体工作实操的相关专业技能。① 《人民日报》也对此发表社论，要求"引导农村高小毕业生参加农业生产"②，在解决毕业生就业问题的同时为农村发展输送人才，建设家乡。

1953 年 12 月，在《组织高小毕业生参加农业劳动》的文件中明确表示③，将多数高小毕业生留在农村，解决其就业问题，既是党和人民政府的重要任务，也是广大农民的殷切期盼。1954 年 1 月，《关于目前全国中学教育的基本情况与今后的方针任务》明确指出④，学校教育存在着严重脱离现实生活生产实际的现实问题，应当对劳动教育予以加强和重视，切实改善教育与生产相脱离的状况。文件要求，劳动者要通过在具体的劳动实践中深刻感悟劳动的不易，明白劳动产品来之不易，为思想政治教育的课本内容进行补充，培养青少年尊重劳动、热爱劳动、致敬广大劳动者的意识。

1955 年，教育部颁布文件指出⑤，只有通过在学校中加强劳动教育，才能真正动员中小学生从事生产劳动，这是让学生参与到生产劳动过程中的根本之策。文件对过去一年中课外劳动教育如参观工厂、农场、农业生产合作社的教育成效给予肯定，也提出需加强在课堂教学中融入劳动教育内容，不仅仅要教授基本的劳动知识，还应当传授劳动观点和劳动习惯等抽象性、概念性的内容，最重要的是在工农业生产当中注重综合技术水平的提升，使学生在理论和实践上懂得一些工农业生产的基础知识，在全社会营造劳动光荣的氛围。1956 年 5 月，《关于普通学校实施基本生产技术教育的指示（草案）》表明，教育工作必须为社会主义建设事业服务，培养具有科学文化理论知识同现代生产基本技能兼具的高素质劳动者，以学生的全面发展作为人才培养目标，为了实现这一目标，必须实施基本生产技术教育，这不仅有助于普通教育教学的质量提升，亦对学生的全面发展

---

① 何东昌：《中华人民共和国重要教育文献（1949—1975）》，海南出版社 1998 年版，第 170 页。

② 王卫国：《建国以来教育同生产劳动相结合法规文献汇编》，教育科学出版社 1995 年版，第 261—262 页。

③ 何东昌：《中华人民共和国重要教育文献（1949—1975）》，第 268 页。

④ 何东昌：《中华人民共和国重要教育文献（1949—1975）》，第 279 页。

⑤ 何东昌：《中华人民共和国重要教育文献（1949—1975）》，第 450 页。

的培育有积极作用。① 在国务院召开的全国文化教育工作会议上，要求针对学生的不同学段，逐步组织、开展基础的生产技能教育工作。

1956 年 7 月，教育部发布相关通知，要求在 1956—1957 学年度中的教育教学要严格遵循理论结合实际、教学结合生产的原则，在物理、化学、生物等科目上加强相关学科属性的教学实验。② 1957 年，刘少奇在全国范围内调查了中小学升学难的问题，发现家庭经济压力是主要原因之一，供养子女上学对于大部分家庭来说负担很重，于是提出勤工助学，通过课外劳动用自己的双手去赚取自己学习生活所需费用，他将勤工助学看作解决学生学习费用困难和普及教育的一个重要途径③。党中央大力支持勤工助学，并且国家多个部门出台相关文件予以肯定这一方式，认可劳动教育作为社会主义建设的重要作用，这时的劳动教育已经被赋予了实用技术化的色彩。

1957 年 3 月，毕业生的升学问题成为当时亟待解决的现实问题，中共中央宣传部发布《关于加强中小学毕业生劳动生产教育的通知》，强调毕业生难以升学的问题，迅速引起了各级政府的高度重视，"今年不仅有大批高小、初中毕业生不能得到升学，甚至高中毕业生亦有一部分不能升学"④。学校的数量发展过快，不能升学的大批毕业生的就业问题亟待解决，此时的劳动教育担负起这一重要职责，加强学校劳动教育以解决毕业生无法升学的问题。6 月，教育部颁布了《关于 1957—1958 学年度中学教学计划的通知》和《在农村小学五、六年级增设农业常识和农业常识教学要点的通知》，提出我国是农业大国，只有解决好粮食问题，才能养活全国几亿人口，所有的中小学生尤其是农村学校的学生，应该接受农业基础知识的课程内容。《通知》要求在中学增设基础的农业生产知识课程，在小学增设一些农业常识课程。⑤ 当时的劳动教育的主要内容与第一产业的

① 何东昌：《中华人民共和国重要教育文献（1949—1975）》，海南出版社 1998 年版，第 629 页。

② 何东昌：《中华人民共和国重要教育文献（1949—1975）》，第 662 页。

③ 何东昌：《中华人民共和国重要教育文献（1949—1975）》，第 676 页。

④ 何东昌：《中华人民共和国重要教育文献（1949—1975）》，第 736 页。

⑤ 何东昌：《中华人民共和国重要教育文献（1949—1975）》，第 764—766 页。

生产知识和基本技能密切相关。

1958年，全国各地的教育改革均围绕着教育与生产相结合这一主题积极推进。在这一年的4月和6月，教育部连续召开了两次教育工作会议，围绕着新中国成立以来的教育工作、教育方针以及教育改革相关的问题进行了讨论部署。6月，教育部部长在全国教育工作会议上发言强调，当前的教育改革仍要围绕教育与生产劳动相结合这一主题①。同年8月，提出我们的教育需要打破过往几千年的教育传统②，从学习和劳动两方面出发，在学习的过程中劳动，在劳动当中领悟学习的真谛，坚持为无产阶级政治服务，既进行了理论课程内容的学习，也实现了生产劳动的实践，满足广大劳动人民群众的物质资料和精神文明两个方面的需要，"来消灭脑力劳动和体力劳动之间的差别"③。9月，中共中央、国务院关于教育工作的指示中再一次强调教育工作的任务和方针，即为无产阶级政治服务和教育同生产相结合。

1978年4月，邓小平在全国教育工作会议上强调④，教育事业必须同国民经济发展的要求相适应，要认真研究在新的社会条件下如何贯彻教育与生产相结合的方针，要求在教育与生产劳动相结合的内容上、方法上不断有新的发展，要使教育事业的计划成为国民经济计划的一个重要组成部分，以为社会主义建设培养合格的人才。邓小平强调"马克思、恩格斯、列宁和毛泽东同志都非常重视教育与生产劳动相结合"⑤，同时以"面向世界、面向未来、面向现代化"的开阔视野，立足中国经济社会和教育事业发展的实际情况，提出有关开展劳教结合以适应国家社会主义现代化建设战略需要的相关指导意见。他要求深化改革教育，提升教育质量，教育与生产劳动相接的内容和方法也有待创新；要根据学生未来可能从事的职业来安排其即参与劳动；要根据国家发展需要，有目的、有计划地培养社会

---

① 何东昌：《中华人民共和国重要教育文献（1949—1975）》，海南出版社1998年版，第836页。

② 何东昌：《中华人民共和国重要教育文献（1949—1975）》，第857页。

③ 何东昌：《中华人民共和国重要教育文献（1949—1975）》，第857页。

④ 《邓小平文选》（第2卷），人民出版社1994年版，第107—108页。

⑤ 《邓小平文选》（第2卷），第107页。

主义建设的劳动者；对各级各类的学校比例也要进行合理的设置，扩大农业学校、技工学校在全国学校数量中的占比；为服务四个现代化建设的需要，重新调整或规划当前劳动教育教学计划安排。与此同时，理论界掀起了一场关于真理标准问题的讨论，教育部也修订了《全日制中小学暂行工作条例》，对中小学生的课程内容和课时安排进行了调整，重新强调了学生参与生产劳动的课时和课程内容的新变化和新规定。①

1993 年 2 月，《中国教育改革和发展纲要》明确表述："教育必须为社会主义现代化建设服务，必须与生产劳动相结合，自觉地服从和服务于经济建设这个中心，促进社会的全面进步"②，这一纲要对劳动教育提出了明确要求③，强调要加强劳动观点和劳动技能的教育，要求各级各类学校都要把劳动教育列入教学计划，逐步做到制度化系列化，同时呼吁社会各方要为劳动教育提供相应的资源、场所和条件，优化育人环境，为培养全面发展的青少年保驾护航。而作为基础的家庭教育，家长应全力配合好学校的教育教学计划，让学生在家庭中接受劳动教育的熏陶，自觉进行日常性的劳动。

这一时期的劳动教育与工农业生产相结合、与人民群众相结合，劳动及劳动教育为经济生产建设而服务，符合这一时期经济发展和教育改革的现实需要，促进了国民经济的快速恢复与发展繁荣，为社会主义建设奠定了经济基础和人才储备。

二　规定教育教学劳作课时

1950 年 7 月，徐特立在《论国民公德》中提出④，爱祖国、爱人民、爱劳动、爱科学、爱护公共财物为中华人民共和国全体国民的公德，提出

---

①　徐海娇、柳海民：《历史之轨与时代之鉴：我国劳动教育研究的回顾与省思》，《教育科学研究》2018 年第 4 期。

②　何东昌：《中华人民共和国重要教育文献（1991—1997）》，第 3467 页。

③　何东昌：《中华人民共和国重要教育文献（1991—1997）》，第 3467—3473 页。

④　何东昌：《中华人民共和国重要教育文献（1949—1975）》，第 33 页。

"劳动创造世界和创造人类是普遍真理"[①]，要求把劳动看作高尚的、光荣的，这可以看作是新中国劳动教育的开端。为保证劳动教育能够在学校教育中切实实行，教育部在多份文件中确定具体的劳动课时，使得学生从理论和实践两方面掌握相应的生产基础知识，培养其作为社会主义建设者和接班人的动手操作能力。

1950 年 8 月，教育部颁发关于中学暂行教学计划及校历的草案，要求学生的生产劳动、文娱活动和社会服务等实践活动需要配合好语文数学等正课的教学内容，根据正课的教学进度进程有步骤有计划地开展，以达成培养人的目标。[②]《小学课程暂行标准（初稿）》要求在"四·二制"小学中开设每周 1 学时的劳作课程，让儿童在劳动生产中获得工农业生产的基础知识和技能。时任教育部副部长钱俊瑞在《改革旧教育，建设新教育》报告中强调，教育教学需要与经济生产有机组合，各级各类学校的教学过程中需要加大科学技术教育在课程教学中的占比，以此来改革旧的教育制度，进而建设好新的教育制度。[③]

1954 年 2 月，在《关于颁发小学"四二制"教学计划（修订草案）的通知》中，对课外劳动的具体活动项目进行了明确表述，例如栽种植物、制作教学用具、喂养动物等。[④] 在课外劳动的学习过程中，要求联系课堂教学知识内容，进行简易的劳动实操学习，锻炼学生的动手能力。当时的高小毕业生和初中毕业生升学难的问题与忽视劳动教育的倾向密切相关。中共中央将目光放在了以生产劳动作为毕业生升学难问题的解决方法。[⑤]

为纠正轻视体力劳动的错误思想，中共中央宣传部出台《关于高小和初中毕业生从事劳动生产的宣传提纲》，批评了轻视体力劳动和体力劳动

---

① 何东昌：《中华人民共和国重要教育文献（1949—1975）》，海南出版社 1998 年版，第 36 页。

② 何东昌：《中华人民共和国重要教育文献（1949—1975）》，第 50 页。

③ 刘向兵、谢颜：《劳动教育在党的教育方针变化中的历史演变与现实启迪》，《中国人民大学教育学刊》2021 年第 3 期。

④ 何东昌：《中华人民共和国重要教育文献（1949—1975）》，第 291 页。

⑤ 何东昌：《中华人民共和国重要教育文献（1949—1975）》，第 330 页。

者的看法，要求把劳动看成光荣的事业。这一提纲分析了体力劳动与脑力劳动之间的正确关系①，认为体力劳动相较于脑力劳动更偏向于基础性劳动，而创造性劳动则大多隶属于脑力劳动，基础性劳动是创造性劳动的前提，体力劳动为脑力劳动提供基础经验和创造素材，脑力劳动需要在体力劳动中寻找和迸发灵感，促进其自身的发展，脑力劳动也需要体力劳动的支撑和配合，培养社会主义全面发展的接班人需要加强体力劳动。

1954 年 4 月，在中央人民政府政务院颁布的《关于改进和发展中学教育的指示》中指出，学校劳动教育实践中，进行体力劳动并非主要目的，关键是配合好课堂教学内容，"适当组织学生作一些力所能及的有教育意义的体力劳动。"② 在具体的体力劳动的实践过程中，能够更真切地体会劳动教育的深刻内涵和深远意义。1954 年 9 月通过的《中华人民共和国宪法》是我国第一部社会主义的宪法，宪法专门强调了劳动 "是中华人民共和国一切有劳动能力的公民的光荣的事情。"③ 充分肯定和高度赞扬劳动所发挥的基础性作用，无论是从事哪一行业的劳动者都同样值得尊重，支持公民进行创造性创新性的生产劳动以促进科技兴国。

1955 年 9 月，教育部对小学的课外教学内容作出具体规定，要求小学课外活动不得干扰、阻碍正课教学的教育计划，而应该充分配合正课教育教学的内容和时间，作为正课的补充与完善。课外活动要对课堂教学起到支撑作用，不断巩固和加强学校课堂教育教学的育人成效，并在课外活动的设计中融入德智体美和综合技术等方面的教育内容，为培养全面发展的人才提供全方位的教育内容。④ 可以看出，这一规定是要求学生在课外活动中巩固课堂所学知识的基础上，促使他们掌握基本的生产技术以获得自身的全面发展。并在《小学教学计划》和《关于执行〈小学教学计划〉的指示》中明确要求开始实施综合技术教育、劳动教育和体育等课程，更

---

① 中共中央宣传部：《关于高小和初中毕业生从事劳动生产宣传提纲》，《人民教育》1954 年第 6 期。
② 何东昌：《中华人民共和国重要教育文献（1949—1975）》，第 306 页。
③ 《建国以来重要文献选编》（第 5 册），中央文献出版社 1993 年版，第 248 页。
④ 何东昌：《中华人民共和国重要教育文献（1949—1975）》，第 509 页。

加契合培养全面发展的人的教育方针。① 10 月，中共中央在对广东省委《关于在初中增加农业课程问题的报告》的批示中强调，当前的中小学教育延续着旧社会教育中与生产相分离的不良风气，学生有关劳动生产相关的知识几乎为空白，缺乏对生产劳动的基础认知。② 针对这一问题，配合好课堂教学的正课内容，融入具体生产劳动的相关理论知识和实践经验，丰富课堂内容，在课外教学活动中予以实践，以培养学生形成正确劳动观点、储备相关劳动知识和掌握一定劳动技能。

1956 年教育部制发《1956—1957 学年度中学授课时数表》对学校生产技术教育的课时安排、内容安排做出了相关规定。③ 随后颁布的《关于普通学校实施基本生产技术教育的指示（草案）》中，指出普通教育中存在着教育和生产劳动脱节的问题，直接影响到学生的全面发展，强调生产技术教育的基本内容和任务是使学生了解一切现代生产过程的基本原理，同时使他们获得简单的生产工具的技能。④

1958 年中共中央、国务院发布了《关于教育工作的指示》，指示总结了建国九年来我国教育工作在党的领导下取得的巨大成绩，特别提到了"扫盲运动和业余的文化技术教育有了很大的发展""在学校中开始普遍地实行了勤工俭学"⑤，强调了党的教育工作方针是"教育为无产阶级的政治服务，教育与生产劳动结合"⑥，还要求学校必须把生产劳动列为正式课程，每个学生必须依照规定参加一定时间的劳动。这一指示的一个重大影响是提出了"今后的方向，是学校办工厂和农场，工厂和农业合作社办学校"⑦。这一指示精神在教育部颁布的《1958—1959 学年度中学教学计划》中得到了体现，对初中及以上的年级开设生产劳动课程和课时提出具体明确的要求，劳动教育在学校的教学计划中占据比重加大，教育与劳动的关

---

① 何东昌：《中华人民共和国重要教育文献（1949—1975）》，第 507—509 页。
② 《建国以来重要文献选编》（第 7 册），第 281 页。
③ 何东昌：《中华人民共和国重要教育文献（1949—1975）》，第 586 页。
④ 何东昌：《中华人民共和国重要教育文献（1949—1975）》，第 629 页。
⑤ 何东昌：《中华人民共和国重要教育文献（1949—1975）》，第 858—861 页。
⑥ 何东昌：《中华人民共和国重要教育文献（1949—1975）》，第 859 页。
⑦ 何东昌：《中华人民共和国重要教育文献（1949—1975）》，第 859 页。

系有了更进一步的关联。同年 12 月，中共中央批转了教育部党组《关于教育问题的几个建议》，强调要继续贯彻落实与生产相结合的教育方针，还对劳动教育的内容设计和课时安排等内容进行了调整和优化，要求让所有的知识分子都参与到生产劳动实践中去，为社会主义建设培养有觉悟有文化的劳动者。①

1959 年 4 月，《人民日报》发出社论《把教学、生产劳动、科学研究结合起来》，提出党的教育方针"是要培养学生成为有社会主义觉悟的有文化的劳动者"，倡导教学、生产劳动和科学研究三方面内容相结合，以教学为中心围绕教学进行生产劳动和科学研究②，这对学校学生的劳动素质和劳动技能的教育培养提出了更高的标准和更严的要求。遵循具体问题具体分析的方法论，各个学校、各类学科、各个班级可以根据具体的情况采用不同的方法来贯彻落实这一教育原则，把学生培养成德智体全面发展的社会主义建设者。同年，国务院《关于全日制学校的教学、劳动和生活安排的规定》，要求高等学校的劳动教育必须安排 2-3 个月的生产劳动时间，安排在学生假期中的劳动实践时间低于 2 周，对生产劳动的形式、条件和方法提出了具体要求③。

1994 年 7 月，国家教委印发了《实行新工时制对全日制小学、初级中学课程（教学）计划进行调整的意见》和《实行新工时制对高中教学计划进行调整的意见》，提出为了适应国务院颁布的新工时制的要求，对高中、初中和小学的课程计划和教学计划进行调整，在减少周课时总量的同时不调减思想政治类课程和劳动技术类课程的总量。针对小学三至六年级、初中各年级的劳动教育课程规定了具体的教学课时；于高中各年级开设了劳动技术课，对学生进行劳动理论课程教育，还另外设置了社会实践活动课，让学生在学校的课程设置中切实践行劳动理论。将社会实践纳入高中必修课程内容和课时，将其作为劳动技术课的教学内容，并且在课程教授

---

①　何东昌：《中华人民共和国重要教育文献（1949—1975）》，第 867—868 页。
②　何东昌：《中华人民共和国重要教育文献（1949—1975）》，第 892 页。
③　何东昌：《中华人民共和国重要教育文献（1949—1975）》，第 903—905 页。

过程中兼顾了理论灌输同劳动实践两方面。①

总体来说，国家对劳动劳作课程的重视程度不断加大，通过各种文件和制度统筹规划小学、中学、大学的教学课时规划，践行知行合一的教育原则，不断调整完善课程计划，使得劳动教育在具体的教育教学中发挥出应有的地位和作用。

三　开设劳动技术实践课程

开设劳动技术课程作为这一时期劳动教育的重要内容之一，贯彻落实到这一时期的多项教育计划方案当中，旨在协调学生的逻辑思维能力和动手实操能力，为提高劳动者的综合素质做好课程准备。

1981 年 4 月，教育部颁发中学教育计划试行草案，明确指出要开设劳动技术课程，"使学生既能动脑，又能动手，手脑并用，全面发展"，② 劳动技术课程的开设目的是协调学生的逻辑思维和实际动手操作能力，促使其实现自身的协调发展。同年 6 月，中国共产党第十一届六中全会通过了《关于建党以来党的若干历史问题的决议》，明确提出要纠正长期存在的那种轻视科学文化教育和知识分子的错误观念，加强思想政治教育，以马克思主义的世界观和价值观感染和引领人，培养全面发展的社会主义建设者，以知识分子与工人农民相结合、脑力劳动与体力劳动相结合的教育方针。③

1982 年，教育部颁发了《关于普通中学开设劳动技术教育课的试行意见》，对在中学开设劳动技术教育课进行了说明④，指出在普通中学的教学阶段，劳动技术教育占据着重要地位，阐述了劳动技术教育课程的存在价

① 国家教育委员会：《实行新工时制对全日制小学、初级中学课程（教学）计划进行调整的意见》，《课程·教材·教法》1994 年第 9 期；国家教育委员会：《实行新工时制对高中教学计划进行调整的意见》，《课程·教材·教法》1994 年第 9 期。

② 何东昌：《中华人民共和国重要教育文献（1949—1975）》，海南出版社 1998 年版，第 1927 页。

③ 何东昌：《中华人民共和国重要教育文献（1949—1975）》，第 1952 页。

④ 教育部：《关于普通中学开设劳动技术教育课的试行意见》，《课程·教材·教法》1983 年第 1 期。

值、现实意义和教学原则，针对城市中学、农村中学开设劳动技术教育课的不同特点进行了具体部署，对劳动技术教育课程的具体课时、时间、组织、教材、大纲和师资安排等方面都做出了明确要求，尤其是对劳动技术教育的成绩考核作了非常细致的规定，要求建立学生的劳动教育档案，成绩划定优、良、及格、不及格四个等级，明确说明劳动态度不好的学生不能参评三好学生。① 这是新中国成立以来，首次将劳动教育课程的相关内容纳入学生的成绩评定考核标准与要求当中，表明教育部门已经充分认识到学生的劳动表现在其成长成才过程中所发挥的重要作用。

1987 年 3 月，《全日制普通中学劳动技术课教学大纲（试行稿）》对劳动技术课程的教学目的做了明确的规定，涉及劳动观念的形成、劳动态度的端正、劳动技能的培养等主要内容已逐渐完善，引导学生发自肺腑地热爱劳动及劳动人民，在教学与实践中初步掌握生产劳动或者通用的职业技术的知识和技能。② 1989 年 1 月，《关于进一步发展中小学勤工俭学若干问题的意见》指出，中小学组织学生参与勤工助学的根本目标在于育人，而非生产，应当将劳动教育当作主要任务，勤工助学的主要内容需要严格按照教育教学的计划进行，将勤工俭学的落脚点放在教育教学方面。③

1994 年，时任中共中央总书记江泽民指出，应当加强劳动教育，使生产劳动成为一门必修课，了解工人农民辛勤劳动的过程，预防产生忽视劳动、疏远劳动人民的倾向。④ 同年颁布的《关于进一步加强和改进学校德育工作的若干意见》指出，教育与生产劳动相结合是坚持社会主义教育方向的一项基本措施，各级各类学校都要把组织学生适当参加一定的物质生产劳动作为一门必修课列入教学计划，高中及高等中学必须组织学生参与社会调查、生产劳动、军政训练等社会实践活动当中。⑤

2004 年，我国劳动教育从中小学到大学生都在强调参与社会实践的重

---

① 何东昌：《中华人民共和国重要教育文献（1949—1975）》，海南出版社 1998 年版，第 2046 页。

② 何东昌：《中华人民共和国重要教育文献（1949—1975）》，第 2588 页。

③ 何东昌：《中华人民共和国重要教育文献（1949—1975）》，第 2827 页。

④ 《江泽民：在全国教育工作会议上的讲话》，《中国民族教育》1994 年第 4 期。

⑤ 《新的里程碑：全国教育工作会议文件汇编》，教育科学出版社 1994 年版，第 94 页。

要性，《中小学守则》与《中小学日常行为规范（修订）》强调要在社会实践当中培养中小学生热爱劳动的情感与态度。[1] 大学生思想政治教育需要积极探寻社会实践与专业理论、社会服务等相关的内容，在具体的社会实践中感悟劳动的艰辛与不易，劳动教育实践孕育思想政治理论教育。[2] 积极推进大中小学学生参与社会实践，培养正确的劳动观念及掌握相应的劳动技能，以助推其实现自身的健康成长及全面发展。

新中国成立以来，随着劳动技术实践课程的开设与发展，劳动教育在学生的综合教育过程中所占的比例越来越大，既体现了教育界对劳动教育的认识越来越深入，也展示了德智体美劳全面发展的历史演变过程。

四 强化劳动者的素质教育

1957 年，毛泽东同志在《关于正确处理人民内部矛盾的问题》中明确提出，我们的教育方针，应该使受教育者在德育、智育、体育几方面都得到发展，成为有社会主义觉悟的有文化的劳动者。[3] 文中号召广大青年和全体人民用自己的双手创造一个富强的国家，通过劳动实现理想，"社会主义制度的建立给我们开辟了一条到达理想境界的道路，而理想境界的实现还要靠我们的辛勤劳动"。

1960 年 6 月，时任国务院文教办主任林枫同志在全国教育和文化、卫生、体育、新闻方面社会主义建设单位和先进工作者大会上做报告，要求文化教育工作在继承马克思主义劳动观的基础上，致力于让劳动人民学习理论知识、知识分子掌握劳动技能，契合消灭体力劳动和脑力劳动间的差别的倾向。教育的目的是培养既能从事脑力劳动又能从事体力劳动的、又具有现代科学知识和共产主义思想的劳动者，这是建设社会主义向共产主义过渡所必需的[4]。1961 年 6 月，《中共中央关于举办"抗大"式政治学

---

① 王洪晶、曲铁华：《中国共产党百年劳动教育政策：历程、经验与展望》，《中国教育学刊》2021 年第 8 期。
② 《十六大以来重要文献选编（中）》，中央文献出版社 2006 年版，第 183 页。
③ 《毛泽东文集》（第 7 卷），人民出版社 1999 年版，第 226 页。
④ 何东昌：《中华人民共和国重要教育文献（1949—1975）》，第 994 页。

校训练一批革命的知识青年派到农村工作的指示》指出，革命知识青年要
到农村去做好思想政治、文化教育相关工作，充分同农民结合起来，培养
农民群众的思想道德素质和科学文化修养，否则就很难在乡村中建设社会
主义。① 因此必须有计划、有目的地为农村发展输送大批青年知识分子，
推动乡村社会主义现代化的进程。

1963 年 3 月，中共中央印发《全日制中学暂行工作条例（草案）》，对
全日制中学实施生产劳动教育做了要求，提出要学生参与生产劳动，目的在
于培养其正确的劳动观念，向劳动模范学习良好的劳动习惯，克服鄙视体力
劳动的错误择业倾向，亲身经历劳动生产的整套流程，学习更加专业、更加
对口的劳动技能和生产知识，扩大自身的知识领域，致力于向全能劳动者发
展。② 劳动教育逐渐体现出政治色彩，劳动教育既是教育教学，也是思想政
治灌输。同年 6 月，教育部关于中小学开设农业生产知识（常识）课的通知
提及："绝大部分中小学生将要在农村参加生产劳动。"③ 要求中小学生要亲
历农业生产过程，牢记农业生产常识，体会农业生产不易。

1964 年 8 月，刘少奇同志主张在农村创办半农半读的学校，在工厂创
办半工半读的学校，并且强调要把这两种制度当作正规的劳动制度和教育
制度。④ 一方面能够满足工农业生产要求，另一方面通过提升广大劳动者
的文化素质水平，既能满足生产劳动的需要，也能实现教育的目的，长此
以往，能够逐步消灭脑力劳动和体力劳动之间的差别。10 月颁布了《高等
教育部关于高等学校校办工厂生产纳入国家计划的试行意见》，建议将高
等学校的校办工厂所生产的各项产品的生产计划纳入国家计划中，切实实
施教育教学与劳动生产相结合，解决生产过程中的供应、生产、分配、销
售等各环节的问题，既有助于培养合格的新型劳动者，也能生产出满足社
会发展建设所需的劳动产品。⑤

---

① 何东昌：《中华人民共和国重要教育文献（1949—1975）》，第 1038 页。
② 郑程月、王帅：《建国 70 年我国劳动教育的演进脉络、时代内涵与实践路径》，《当代
教育科学》2019 年第 5 期。
③ 何东昌：《中华人民共和国重要教育文献（1949—1975）》，第 1182 页。
④ 何东昌：《中华人民共和国重要教育文献（1949—1975）》，第 1296 页。
⑤ 何东昌：《中华人民共和国重要教育文献（1949—1975）》，第 1324 页。

1965 年，针对当时的学校教育，毛泽东同志提出了批评，认为学校教育脱离生活实际情况会导致一系列问题、引发一系列麻烦，学生在学校接受教育的过程中，对生活生产的基本常识一无所知，身体素质也得不到保障，对于学生的培养来说是非常不利的，甚至可以说是百害而无一利的。"现在这种教育制度，……身体也搞坏了，真是害死人。"① 紧接着提出改革学制，安排高中毕业生到农村、工厂、商店等去做点实际工作。7 月，农业部主持召开了全国中等和高等农业教育会议，旨在按照步骤和计划好现有的农业院校的半工半读学制的教学改革。11 月，《刘少奇：办好半工半读学校》："把学校办在农村，招收城市学生，在那里既可以劳动，又可以读书。毕业了就在当地分配工作。这样，他们既会农业劳动，又有文化、技术。农民欢迎，他们也安心……"② 半工半读学校制度将教育与生产的教育方针落到实处，对之后的职业技术学校的发展也提供了实践范本。

1984 年 9 月，中央宣传部、教育部《关于高等学校学生参加生产劳动的若干规定》提出，学生参与生产劳动，是为了接触工农群众、接触社会，在这一过程中，体会劳动人民的辛勤，在潜移默化中端正劳动态度，自觉纠正轻视体力劳动及劳动者的想法，让劳动光荣、劳动平等的观念种子在心里生根发芽，经过生产劳动的灌溉，在践行生产理论的过程中逐步加深对劳动及劳动者的热爱与敬仰，在生产劳动实践中有针对性地培养和提升实际工作能力。③ 与此同时，文件提出要贯彻落实理论联系实际的方法论，切实提升工作水平和职业技能。

1985 年 5 月，中共中央颁发《关于教育体制改革的决定》，这是在党的十二届三中全会关于经济体制改革后在教育领域的一个重大决策。文件强调教育必须为社会主义建设服务，社会主义建设必须依靠教育。④ 文件对我国教育的历史经验进行了总结，对"面向现代化、面向世界、面向未来"培养各个方面的劳动者的教育任务提出了明确要求，指出从教育体制入手进行改革的必要性，强调加强基础教育、大力发展职业技术教育、改

---

① 何东昌：《中华人民共和国重要教育文献（1949—1975）》，第 1383 页。
② 何东昌：《中华人民共和国重要教育文献（1949—1975）》，第 1370 页。
③ 何东昌：《中华人民共和国重要教育文献（1949—1975）》，第 2212 页。
④ 何东昌：《中华人民共和国重要教育文献（1949—1975）》，第 2286 页。

革高等教育等一系列方案，以培养社会主义现代化建设的有理想、有道德、有文化、有纪律的"四有青年"。①

《义务教育法》的颁布和贯彻执行是我国普及基础教育的标志。1986年，第六届全国人民代表大会第四次会议上李鹏做了《关于中华人民共和国义务教育法（草案）的说明》，其中指出，义务教育必须贯彻党的教育方针，"在中小学教育中，应当贯彻德、智、体、美全面发展的方针，适当进行劳动教育，使青少年儿童受到较为全面的基础教育"②。从中可以看出，劳动教育还只是对德智体美起到辅助作用，还只是作为德育的一个内容发挥教育作用。不过也有资料显示，当时国家教委副主任彭珮云提及要"把劳动教育作为德智体美劳五育全面发展的一个有机组成部分。"③把劳动教育放在德育、智育、体育、美育相同的位置，相互融合，相互支撑，形成有机整体，让青少年受到全面的教育熏陶。

1990 年 4 月，国家教委印发《关于进一步加强中小学德育工作的几点意见》，德育工作中涵盖了部分劳动教育的内容，此时的劳育工作仍没有上升到同德育工作同等重要的高度。④ 1995 年 2 月，国家教育委员会发布了关于中学德育大纲的正式通知，以文件形式对初高中学段的劳动教育的内涵与目标做出了界定。具体来看，这一大纲注重在教育过程中不仅要安排学生进行体力锻炼，更要有道德情操的陶冶。这体现出教育界对德育与劳动教育的辩证关系形成了深入认识。⑤ 同年颁布的《中国普通高等学校德育大纲》中，仍旧将劳动教育归为德育教育的重要组成部分，德育教育的主方向始终由马克思主义指导思想掌舵，包含培养劳动观念、端正劳动态度、热爱劳动人民等相关内容。此外，还指出需要把劳动教育、社会实践需要在教育计划中占有一席之地，借助社会各方力量，为学校劳动教育

---

① 何东昌：《中华人民共和国重要教育文献（1949—1975）》，第 2285—2289 页。

② 何东昌：《中华人民共和国重要教育文献（1949—1975）》，第 2409 页。

③ 李珂、曲霞：《1949 年以来劳动教育在党的教育方针中的历史演变与省思》，《教育学报》2018 年第 5 期。

④ 曲铁华、张妍：《中国共产党劳动教育课程政策百年：历程、特点和展望》，《中国教育科学（中英文）》2021 年第 5 期。

⑤ 曲铁华、张妍：《中国共产党劳动教育课程政策百年：历程、特点和展望》，《中国教育科学（中英文）》2021 年第 5 期。

提供相关的社会实践场地，织牢劳动教育网，巩固劳动教育成效。①

1995 年，在第八届全国人民代表大会第三次会议上通过了《中华人民共和国教育法》，其中规定教育必须与生产劳动相结合，旨在培育全面发展的新一代高素质劳动者，为社会主义现代化建设提供人才储备。这是第一次以法律文本确定党的教育方针，教育不再是为政治任务而服务，而是为社会主义现代化建设服务。这一转变对我国教育发展产生了重大而深远的影响，尤其是以法律的形式规定教育必须与生产劳动相结合，说明国家对劳动教育的重视。②

1998 年 6 月，教育部出台《关于加强普通中学劳动技术教育管理的若干意见》，对中学劳动技术教育的组织领导体制建设做出要求，强调需要为教育教学组建好相应的师资队伍，构建好相关的教学科研部门并派专人专职负责，"学校领导要有专人负责或分管劳动技术教育"，把对劳动技术课程的开展程度、重视程度作为评估学校、领导的重要标准。③《面向 21 世纪教育振兴行动计划》表明，以劳动技能的教育与实操培养学生的劳动道德情操，促进新一代劳动者道德素质的进一步提升。④

1999 年 6 月，第三次全国教育工作会议针对"四有青年"的培养，做出了全局谋划，从基础义务教育、技术学校教育及高等学校教育等三方面展开。普及九年义务教育，总体提升劳动者的素质，职业技术教育则侧重于让劳动者掌握一技之长，在职业技术教育学校需要政府、全社会共同努力。高等学校教育贯彻科技兴国战略，重点放在学生的创新创造能力和实际操作能力两方面的培养，倡导课堂教学与社会实践相交互的教学方法，切实贯彻提高国民素质教育这一根本宗旨。⑤ 同月 13 日，中共中央、国务院指出，深化教育改革，走教育与生产实际相结合的人才培养道路，使其

---

① 安克思：《中华人民共和国现行教育政策法规文件全集》（共十卷），延边人民出版社 2001 年版，第 4814 页。
② 陈国维：《大学生劳动教育》，高等教育出版社 2020 年版，第 18—19 页。
③ 何东昌：《中华人民共和国重要教育文献（1998—2002）》，海南出版社 2003 年版，第 119—120 页。
④ 罗生全、杨柳：《中国劳动教育发展 100 年》，《西南大学学报（社会科学版）》2021 年第 4 期。
⑤ 何东昌：《中华人民共和国重要教育文献（1998—2002）》，第 293 页。

在与自然、社会打交道的过程中养成尊重劳动、热爱劳动、自觉劳动的正确态度和良好习惯。其中增加了"热爱劳动的习惯"和"艰苦奋斗的精神"等内容，把劳动教育教学成效作为人的全面发展的重要评判指标。同时也为劳动教育规划好具体的教育目标，能够在劳动教育实践中培养创新精神和提高实践能力，为人的全面发展打好基础。①

2000 年，教育部印发有关全日制高中的课程实验修订稿，规定课程设置需要包括劳动观念、劳动技能的学习、现代职业意识和就业指导，初步确定了通过劳动教育培养学生的职业意识、创业精神以及择业能力，通过综合实践活动提升广大劳动者的劳动技能和现代生活技能。2001 年 6 月，我国颁发《基础教育课程改革纲要（试行）》要求中小学的综合实践课程须包括劳动技术教育以及社会实践实习等实际动手操作内容，旨在让学生掌握一定的劳动技术知识和培养学生的实际动手操作能力。②

2002 年，党的十六大报告中强调："必须尊重劳动、尊重知识、尊重人才、尊重创造"，进一步推动社会生产力发展提升综合国力最终是靠人才，这也充分肯定劳动者在社会发展中的重要意义，"要尊重和保护一切有益于人民和社会的劳动"。劳动只有类型之分，并不存在高低贵贱之别，只要是能够满足人民群众喜闻乐见的需求、助力社会主义建设的一切劳动，都应该得到全社会的尊重，并且所有人应该自觉维护劳动成果。③

2010 年 4 月，胡锦涛在全国劳动模范和先进工作者表彰大会上的讲话强调了劳动者素质的重要性。讲话指出，当今世界各国的竞争，落脚点都会放在高素质劳动者占比的竞争，高素质劳动者在创造性劳动、高新技术产业等方面发挥着重要作用，是各国掌握话语权的底气之源。不断提高劳动者素质，是实现社会的人的全面发展的必然要求，也是国家繁荣富强的人才保障。不断提升劳动者的素质有助于在现代化激烈的国际竞争中取得优势地位，也是实现自我价值和社会价值的必要途径和必然要求，此次讲

---

① 教育部基础教育司：《新编基础教育文件汇编（1999—2003）》，北方交通大学出版社 2003 年版，第 5 页。

② 何东昌：《中华人民共和国重要教育文献（1998—2002）》，海南出版社 2003 年版，第 932 页。

③《江泽民文选》（第 3 卷），人民出版社 2006 年版，第 540 页。

话中还提出了"体面劳动"的概念。①

同年 7 月，《国家中长期教育改革和发展规划纲要（2010—2020 年）》指出，教育还不能完全适应经济发展和人民群众接受良好教育的现实要求，强调教育改革的核心任务是提高教育质量，各级各类学校要有其不同的侧重点。整个中长期的教育改革规划依旧坚持以全面发展的教育为战略主题，即使目前劳育仍旧没有放在与德育等四育的同等高度，但劳动教育的实施正逐渐规范化、系列化、制度化，并融合了新时期教育改革的思想。② 同年 9 月，胡锦涛在全国教育工作会议中再次强调劳动教育的重要性，将其上升到中央工作的战略高度，将劳动教育的成效与人的综合素质教育密切联系在一起，打好专业理论基础基地，优化专业知识框架结构，丰富社会实践经历，以劳动教育为着力点，辐射到其自身学习实践能力、创新创造能力的提升，加快转变高素质劳动者创新能力不足的现象。③

梳理这一时期的劳动教育现状可知，对劳动者的素质要求从最初的身体素质过硬、劳动技能过关，逐渐过渡到要求劳动者的创新创造能力提升，进一步体现培养高素质人才的教育目标取向。

第三节　创新发展阶段：新时代以来的劳动教育

党的十八大以来，随着中国特色社会主义进入新时代，以致力于培养担当民族复兴大任时代新人的劳动教育得到了空前重视，同德智体美一起"五育并举"。劳动教育在理论和实践上得到了快速创新发展。

一　培养担当民族复兴大任的时代新人

中华民族伟大复兴绝不是轻轻松松、敲锣打鼓就能实现的④，需要根据

---

① 《胡锦涛在 2010 年全国劳动模范和先进工作者表彰大会上的讲话》，《人民日报》2010 年 4 月 28 日第 2 版。
② 陈国维：《大学生劳动教育》，高等教育出版社 2020 年版，第 20 页。
③ 胡锦涛：《在全国教育工作会议上的讲话》，《人民日报》2010 年 9 月 9 日第 2 版。
④ 《习近平在基层代表座谈会上的讲话》，《人民日报》2020 年 9 月 20 日第 2 版。

当前社会发展的现实状况和未来需求培养能够适应时代变化的社会主义现代化建设的时代新人，以更好地应对中华民族伟大复兴征程上的风险挑战。

人世间的一切幸福都需要靠辛勤的劳动来创造，[①] 这一重要论断肯定了幸福只能通过劳动获得，美好只能通过自己的双手来造就。2013 年 4 月 28 日，习近平总书记在全国总工会机关同全国劳动模范代表座谈时，强调劳动对于创造财富和美好的重要性，强调只有诚实劳动，才能实现自身的远大理想、破解前进路上的各大难题以及达到生命的巅峰时刻。我们日常生活中所面临的难题、对未来自身发展的理想蓝图以及为之奋斗的方式方法，都需要通过劳动来完成，在每位儿童心中种下勤劳的种子，在家庭教育、学校教育和社会氛围中接受熏陶和浇灌，通过辛勤劳动端正个人的劳动态度和人生态度、诚实劳动规范个人的劳动品格和个人修养、创造性劳动激发个人的内在潜能。

同年 5 月 29 日，在北京市少年宫参加"快乐童年放飞希望"主题队日活动时，习近平总书记寄语青少年，从小树立劳动光荣的观念，通过劳动播种希望、收获果实，也通过劳动磨练意志，成长成才。在同各界优秀青年代表座谈时，习近平总书记明确指出："广大青年要牢记空谈误国、实干兴邦……用勤劳的双手、一流的业绩成就属于自己的人生精彩。"[②] 用通俗易懂的语言阐明劳动对青少年成长成才、国家发展建设的重要作用。

2014 年 4 月 4 日，习近平总书记参加首都义务植树节活动时，寄予青少年殷切嘱托：要勤学苦练长本领，德智体美全发展，在学习的过程中，正确认识到劳动对于自身德智体美发展的作用，从点滴做起，将劳动教育落地落实落细，在每一次的劳动实践中培养自觉劳动意识和习惯，与此同时，也能在劳动中强健体魄，努力成长为对党、国家和人民的有用之才。[③] 同月 30 日，习近平总书记指出：充分发挥好劳动模范的榜样示范作用，身体力行地在全社会传播辛勤劳动的社会风气和锲而不舍的劳动精神，"让勤奋做事、

---

① 《习近平谈治国理政》（第一卷），外文出版社 2018 年版，第 4 页。
② 《习近平谈治国理政》（第一卷），第 52 页。
③ 徐长发：《新时代劳动教育再发展的逻辑》，《教育研究》2018 年第 11 期。

勤勉为人、勤劳致富在全社会蔚然成风。"① 同年，国务院印发《关于深化考试招生制度改革的实践意见》将高中生的实践能力作为其综合素质的衡量标准的维度之一，并且将其社会实践的相关内容纳入个人综合素质档案，推动劳动教育在学生的综合素质提升过程中发挥好应有的作用。②

2015 年 7 月，教育部印发《关于加强中小学劳动教育的意见》明确指出，要在劳动教育中培养一批又一批高素质劳动者，在理论教育中明晰何为正确的劳动态度、良好的劳动习惯以及一系列"劳动创造美好生活、劳动造就美丽人生"的劳动真理；在劳动实践中提升自身的基础性生活技能以及专业的职业技能，也能在其中深化对劳动的理解，激发出其内在的劳动品质，自觉劳动、勇于创造，逐步从基础性劳动向创造性劳动迈进，从合格的劳动者向高素质劳动者迈进。同时还提到"充分发挥劳动综合育人功能"③ 在劳动教育中实现人的全面发展。同年修订的《中华人民共和国高等教育法》第五十六条规定："高等学校的学生在课余时间可以参加社会服务和勤工助学活动，但不得影响学业任务的完成。"④ 以法律条文的形式肯定了社会实践对教育教学的补充和支撑作用，还要求各个高等学校为学生的社会实践和勤工助学等活动提供支持和机会，对其进行正向的引导和科学的管理。

培养时代新人，提升未来新一批劳动者的劳动素养，是新时代劳动教育发展的必要之举，要将劳动教育落地、落实、落细，使广大学子经过理论熏陶、实际磨炼，真正地提升自己的综合素质，成为经得起历史、人民、实践的考验以建设新时代社会主义现代化强国的合格劳动者。

二　将劳动模范视为教育的榜样力量

榜样的力量是无穷的。大力宣扬劳动模范的光荣事迹，是为了塑造学

---

① 《习近平在乌鲁木齐接见劳动模范和先进工作者、先进人物代表向全国广大劳动者致以"五一"节问候》，《人民日报》2014 年 5 月 1 日第 1 版。

② 罗生全、杨柳：《中国劳动教育发展 100 年》，《西南大学学报（社会科学版）》2021 年第 4 期。

③ 《教育部、共青团中央、全国少工委关于加强中小学劳动教育的意见》，《中国德育》2015 年第 16 期。

④ 陈国维：《大学生劳动教育》，高等教育出版社 2020 年版，第 20 页。

习的榜样，使得尊重劳动、热爱劳动、辛勤劳动的社会风气蔚然成风，在潜移默化中影响每位劳动者坚持以自己的双手建设美好明天。广大劳动者在社会主义现代化建设中发挥的基础性建设作用，我国社会主义事业是广大劳动者由点带面、在点滴奋斗中创造出来的，在这一过程中也一步步实现了自己的理想创造了个人幸福。体力劳动和脑力劳动所发挥的作用或有所不同，但是其劳动精神都是相同的，每一位劳动者都值得我们的尊重。此外，还提及劳动者的素质对国家、民族、个人发展的重要性。只有具有创造性的人民，才能构成具有创造性的民族和国家。青少年是未来新一代劳动者，要把劳动的种子植入年轻人的心里，通过各种措施和方式，为这颗种子浇水，使其生根发芽，经过时间的发酵，使青少年养成热爱劳动的习惯，成长为高质量的劳动者，为国家的兴旺发达而奋斗。

幸福不会从天降，美好生活要靠劳动创造。① 发挥劳动模范的先锋作用，弘扬劳模精神；坚定自己的职业信仰，坚持干一行，爱一行，钻一行；劳动没有高低贵贱之分，要平等地对待每位劳动者。每一位劳动者都是追梦人，广大劳动者要敢想敢做敢拼搏，用脑用心用实践。归根到底，社会主义的建设者也是享受者，社会主义的现代化成果最终也是由广大人民群众共同享用，每一位劳动者付出的汗水和努力都是日后的甘甜和幸福，社会主义现代化建设的进程需要各行各业的劳动者共同推动，需要靠大家辛勤劳动、诚实劳动和创造性劳动，以实现中华民族伟大复兴，迈入社会主义现代化强国的征程当中。

勤劳俭朴、努力奋进的风尚值得全社会的学习和提倡，要让大家的劳动成果在社会中得到尊重。② 2017 年 4 月，中共中央、国务院印发了《新时期产业工人队伍建设改革方案》，针对产业工人队伍建设发展中存在的现实问题，创新体制机制，提高产业工人素质，畅通发展通道，依法保障权益，努力造就一支具有坚定理想信念、专业知识过硬、敢于创新创造、

---

① 《习近平在知识分子、劳动模范、青年代表座谈会上的讲话》，《光明日报》2016 年 4 月 30 日 第 2 版。

② 《习近平在世界经济论坛 2017 年年会开幕式上的主旨演讲》，《人民日报》2017 年 1 月 18 日第 1 版。

乐于奉献的高质量产业工人队伍。① 6 月 23 日，习近平总书记在深度贫困地区脱贫攻坚座谈会上强调：要鼓励劳动者通过自身的劳动付出获得回报，以养活家庭、服务社会以及为国家打赢脱贫攻坚战贡献出自己的力量，教育和引导广大贫困地区的群众更应该努力通过自己的辛勤付出、诚实劳动和创造性劳动实现脱贫致富。10 月 18 日，习近平总书记在中国共产党第十九次全国代表大会上的报告中指出：大力弘扬劳模精神、工匠精神，营造崇尚精益求精、创新创造的敬业风气，组建一支知识型、技能型、创新型的高素质劳动者。

2018 年 4 月 30 日，习近平总书记在给中国劳动关系学院劳模本科班学员的回信中，对于其奋斗精神、拼搏精神和钻研精神予以肯定，并鼓励学员继续在各自的岗位上发光发热，以青年人的闯劲、干劲展现青年人的劳动风貌和劳动状态，感染和鼓舞更多的人参与到创造性劳动当中来，激励广大劳动群众做新时代的榜样力量，接续奋进中华民族伟大复兴伟业。同年，《中华人民共和国宪法》经过第五次修订后，宪法总纲条款第十九条和第二十四条提及"劳动教育"有关内容。②

劳动教育不仅对教育对象的培养目标提出了要求，还对教育工作者提出了相关要求。2019 年 3 月 18 日，习近平在学校思想政治理论课教师座谈会上强调，教育者要贯彻好党的教育方针以培养新时代高素质劳动者。新时代劳动者的培养，需要理直气壮地开展思想政治教育，以习近平新时代中国特色社会主义思想引领青少年的世界观、人生观和价值观，确保旗帜鲜明和道路方向正确。思政课教师队伍需要保持好政治清醒、保持好家国情怀、具有创新创造意识、拓宽视野、严明自身纪律、散发人格魅力，"其身正，不令而从"，做好为学为人的表率，以自身的言行影响广大学子，致力于为各行各业输送政治立场坚定、思想态度端正的优秀人才，发

---

① 李珂：《习近平新时代中国特色社会主义劳动思想探析》，《思想教育研究》2018 年第 1 期。

② 袁帅：《教育改革视域下的劳动教育思想及实践研究》，知识产权出版社 2020 年版，第 105 页。

挥教师队伍在推进教育现代化过程中应有的关键性作用。①

在全社会弘扬新时代劳动模范和先进工作者，旨在以其干劲、闯劲、钻劲激励广大劳动者尤其是青年一代，扎根于各自的岗位，埋头苦干，致力于在每个平凡的岗位上干出不平凡的成果。

三 把劳动教育纳入人的全面发展的教育体系

2019 年 9 月 10 日，习近平总书记在全国教育大会上指出，要形成德智体美劳全面培养的教育体系，以形成高水平人才培养体系，将劳动教育贯彻到各个领域当中，劳动真理的践行应贯穿高素质人才队伍建设的全方位、全过程。明确劳动教育的价值定位，从个人层面、社会层面和国家建设层面上都发挥着基础性和建设性作用，注重强调劳动的个人价值和社会价值的有机统一：劳动在个人成长、社会进步以及国家繁荣富强等方面都发挥着重要作用。② 习近平总书记强调，在新形势下，基于人的全面发展以及社会的全面发展提出了更高的标准，也随之对教育工作提出了更高的要求。劳动教育的最终目标旨在实现人的全面发展，通过塑造广大劳动者的劳动观、感悟生产劳动过程、践行劳动实践等环节，达成新时代劳动教育的人才培养目标。习近平总书记就新时代"为什么要培养人、培养什么样的人、怎么样培养人"等问题作出答复，再一次明确劳动教育在人的全面发展中所占据的重要地位。实际上，有关劳动习惯的培养、劳动意识的训练等方面的内容在教育规划中出现的频率极高。

《关于深化教育教学改革全面提高义务教育质量的意见》要求改革现行的教育教学内容，对于义务教育的教学质量提出了更高的要求和扩大义务教育的教学内容的涵盖面，旗帜鲜明地指出要坚持五育并举，从顶层设计上以全面发展的教育体系要求培养全面发展的新时代青年。首次将劳动教育作为与其他四育对等的概念于中央正式发布的文件中被提出。《意见》

---

① 《用新时代中国特色社会主义思想铸魂育人 贯彻党的教育方针落实立德树人根本任务》，《人民日报》2019 年 3 月 19 日第 1 版。

② 陈国维：《大学生劳动教育》，高等教育出版社 2020 年版，第 21 页。

还要求优化综合实践课程结构，规定劳育课程课时在综合实践课程课时中占比 50% 及以上，并且还对劳育课程教学的具体开展提出了指导性建议。① 同年，劳动教育相关内容还出现在了政府教育工作要点当中，新时代教育方针需要包含"劳育"的内容，要求修订部分教育法中有关劳动教育的内容，提出要为劳动教育的实施构建好相应的保障体系，使得劳动教育的发展更加规范化、制度化。

2020 年 3 月 20 日，中共中央、国务院发布了《关于全面加强新时代大中小学劳动教育的意见》，明确要求把劳动教育纳入人才培养全过程，贯通大中小各学段。尤其是教育部要着手制定大中小学劳动教育指导纲要，为大中小学不同的学段设置好相应的教学要求，联合德育、智育、体育、美育的内容，构建好纵横交错的立体劳动教育体系。从横向上看，将劳育的相关内容杂糅到德育、智育、体育、美育当中去，打破教育内容之间的壁垒，促使五育之间相互关联，发挥教育的耦合作用，使得教育在多领域内融会贯通，合力培养全面发展的教育对象；从纵向上看，根据学生的年级分级分类推进，根据不同年龄层次的学生的认知能力、理解能力和需求程度，设计好相关的劳动教育课程内容，实现从基础型向创造型转化。② 7 月，《大中小学劳动教育指导纲要（试行）》明确规定："劳动教育是新时代党对教育的新要求"③ 再一次强调劳动在教育体系构建、新时代劳动者的培养、文化强国建设当中所发挥的重要作用。以马克思主义系统论为指导，站在顶层设计的战略高度对新时代劳动教育提出相关指导意见，确保新时代劳动教育培养的社会主义前进方向。11 月，习近平总书记在全国劳动模范和先进工作者表彰大会上的讲话中，以各级党委和政府、全社会、各级各类学校及广大劳动者等视角提出应该如何阐述营造弘扬崇尚劳动、崇尚劳动者的社会风气以培养新时代辛勤劳动、淡泊名利、创造

---

① 申国昌、申慧宁：《我国劳动教育的历史审思与未来展望》，《全球教育展望》2020 年第 10 期。

② 《中共中央国务院关于全面加强新时代大中小学劳动教育的意见》，人民出版社 2020 年版。

③ 《大中小学劳动教育指导纲要（试行）》，《教育科学论坛》2020 年第 24 期。

创新的高素质劳动人才。①

2021 年，习近平总书记在清华大学建校 110 周年校庆时特别强调了五育并举是培养社会主义建设者的要求内容，"我国社会主义教育就是要培养德智体美劳全面发展的社会主义建设者和接班人"② 4 月 29 日第三次修订的《中华人民共和国教育法》第五条修订，涉及劳动教育的两部分内容：其一，以法律条文的形式强调教育必须与生产劳动和社会实践结合。其二，劳动教育被放在了德育、智育、体育、美育同等的战略高度。强调了我国对劳动教育的重视程度。③ 根据我国社会主义建设人才的培养的现实需要，将劳育以法律条例修订的方式纳入国家教育方针当中，为学校教育提出了新课题和新任务，也为劳动教育的发展提供了新起点和新契机，依法推进劳动教育的相关工作，走上中国式教育现代化道路。

劳动教育作为中国特色社会主义教育制度的重要内容，贯穿于中国共产党领导中国革命、建设、改革的百年实践中，在促进行业人才成长、社会经济发展、国家繁荣富强等方面发挥出不容小觑的重要作用。回顾中国共产党带领下的劳动教育的百年历程，总结党和国家在劳动教育实践过程中的成功经验，延续敢于试错的勇气和魄力，对于新时代继续开展学校劳动教育有着重要意义。站在新的历史起点上，要继续坚持党对学校劳动教育的全面领导，牢牢把握学校劳动教育的时代任务，为学校劳动教育的发展提供战略指导、政策支持及相关法律保障，同时凸显学校劳动教育的育人特性，为国家的现代化建设培养合格的社会主义人才。

---

① 《在全国劳动模范和先进工作者表彰大会上的讲话》，人民出版社 2020 年版，第 4 页。

② 《坚持中国特色世界一流大学建设目标方向　为服务国家富强民族复兴人民幸福贡献力量》，《人民日报》2021 年 4 月 20 日第 1 版。

③ 刘向兵、谢颜：《劳动教育在党的教育方针变化中的历史演变与现实启迪》，《中国人民大学教育学刊》2021 年第 3 期。

第四章　新时代高校劳动教育

加强新时代高校劳动教育建设，是建立健全我国高等教育体系，完善高校综合育人机制的重要举措，构建高校劳动教育体系是塑造当代青年正确的劳动价值观念，涵养丰富的劳动情感，塑造符合时代需求的优秀劳动人才的必然之举。回顾我国高校中劳动教育的历史变迁轨迹，总结高校劳动教育的显著成就以及现实挑战，有利于为新时代高校劳动教育的完善与改进奠定基础。

第一节　高校劳动教育的实践探索

中华民族自古就有热爱劳动以及实施劳动教育的传统。中国共产党自成立起，便以马克思主义为指导，倡导发展劳动教育。回顾高校劳动教育的实践探索历史，不同时期的高校劳动教育呈现出不同的发展特点、不同的时代特色。

一　高校劳动教育的平稳起步阶段

新中国的成立是中国人民历经苦难民族独立的宣告，是饱经磨难后立志复兴民族的开端。新中国百废待兴，经济发展迫在眉睫，政权巩固刻不容缓，而作为民族发展基石的教育事业也随之步入正轨。

马克思主义关于教育同生产活动相结合的思想，对于刚刚起步的中国教育是必须坚持的指导理论。党中央正是在贯彻这一理论中推进了高校劳动教育的发展。1949 年至 1957 年间，党和国家将工作重心放在促进经济恢复与发展生产建设上，此时的高校劳动教育随着教育为经济建设服务，经济建设依靠教育的发展理念而起步。

1950 年，周恩来总理在第一届全国高等教育会议中阐述了在新民主主义时期各高校应坚持怎样的教育方针，他指出"劳动创造了世界，而科学也是体力劳动与脑力劳动共同作用的结果。要以科学理论为内容进行教育"。① 这说明体力劳动与脑力劳动一样都是促进科学发展的动力。同年，中国教育工会在第一次全国代表大会上围绕教育与生产劳动相结合何以可能、何以可为等重要问题展开了讨论。这次会议成为"中国社会长期存在的体力劳动与脑力劳动分裂对立的思想开始走向体力劳动与脑力劳动的结合与统一"② 的重要节点。时任教育部副部长钱俊瑞将教育的宗旨理解为"为工农服务，为生产建设服务"，指出教育对于生产劳动的重要性。此外，钱俊瑞提出要通过弘扬先进的劳动事迹、表彰各行业的劳动发明等形式，在全社会构建崇尚劳动的风气。教育学家徐特立主张在新社会学习与生产、求知与实行是永远不能分离的。劳动是一种具有特殊规定的行为，主要体现在一是不劳动者不得食，认为劳动的分配意义是天然的。二是给劳动者以劳动权，劳动行为应受社会维护与保障③。基于此，徐特立提出只有把劳动的道德、权利、义务三者结合起来，才能巩固劳动纪律。可见，高等院校实施劳动教育是我国教育体系不断完善的内在要求。

由于教育体制的不健全，新民主主义时期内关于教育和劳动生产结合起来的理想育人格局尚未形成。然而，随着党和国家对于劳动教育问题的逐步重视，我国高校劳动教育的相关政策不断被讨论、颁布。1950 年 8 月，《高等学校暂行规程》④ 正式确定了高校的劳动育人理念，并要

---

① 《建国以来重要文献选编》（第 1 册），中央文献出版社 1992 年版，第 271 页。
② 中央教育科学研究所：《中华人民共和国教育大事记（1949—1982）》，教育科学出版社 1983 年版，第 24 页。
③ 《徐特立文存》（第 4 卷），广东教育出版社 1995 年版，第 409—415 页。
④ 《中央人民政府教育部颁布高等学校暂行规程》，《人民日报》1950 年 8 月 19 日第 3 版。

求各学校在理论结合实际的基础上，培养为人民、懂科学、会技术的高级人才。

1953 年 5 月《关于加强高等学校与中等技术学校学生生产实习工作的决定》① 指出，生产实习不仅是学生的必修课程和学校的重要工作，更是相关企业、事业单位与学校合作，发挥社会责任的切入点。要求各企业、事业单位为所在地区高校提供长期稳定的实习基地并配套高水平的指导人员，充分发挥出各自优势，紧密加强各方联系，努力形成教学、科研、生产相结合的发展联合体。这一《决定》为高等院校开展劳动教育明确了实践导向，并为促进教育和生产劳动相结合的实行提供了政策依据。加强校企合作能够促进学生全面发展、推动教育事业改革，实践证明只有将学科理论应用于生产实践，并在生产实践中深度理解学科知识，劳动教育才能取得育人实效。

自新中国成立后，我国教育事业呈现出蓬勃发展的态势，各学段在校学生人数的显著增幅正是其主要表现之一。但与学生数量增长趋势相反，此时我国财政对教育领域的支出费用逐渐减少，这不可避免地出现了教育保障供给小于现实教育需求的矛盾状态。为解决这一问题，劳动教育的经济价值逐渐上升，勤工助学成为大部分学生能够顺利接受教育的选择。② 1957 年，在《关于正确处理人民内部矛盾的问题》中，毛泽东指出："我们的教育方针，应该使受教育者在德育、智育、体育几方面都得到发展，成为有社会主义觉悟的有文化的劳动者。"③ 这从意识形态层面为高校劳动教育的培养目的提出了具体要求。人才培育应立足于党和国家的需要，此后这一与社会发展实际相符的教育主张，成为我国社会主义建设时期高校劳动教育的重要指导方针。

高校劳动教育在 1949 年至 1957 年探索尝试的成果集中体现在两个方面，其一是提高了这一阶段的高校劳动教育的现实成效，此时的劳动教育

---

① 《中央人民政府政务院 关于加强高等学校与中等技术学校学生生产实习工作的决定》，《人民日报》1953 年 7 月 31 日第 3 版。

② 祁占勇：《新中国成立 70 年来我国劳动教育政策的价值选择及其变迁》，《国家教育行政学院学报》2019 年第 6 期。

③ 《关于正确处理人民内部矛盾的问题》，人民出版社 1964 年版，第 23 页。

将课堂之外的实践活动锻炼与课堂之内的理论内容教学结合，使学生增长了劳动知识、增强了劳动情感、提升了个人综合能力。二是为后一阶段高校劳动教育打下了基础，高校加强与工商农等实业部门的紧密合作，为学生提供了走进生产一线的实习机会与实习场地。至此，高校劳动教育的快速发展已具备了基本的现实条件，但这一阶段的劳动教育由于时代的限制，仍有不足如实施劳动教育形式单一，仅以生产实习为主、劳动教育针对性不强、没有充分重视学生个性化培养等等。其所构建的劳动教育体系具有一定的理想化色彩，部分教学计划受硬件与软件设施的双重限制无法深入落实。

二 高校劳动教育的曲折发展阶段

高校劳动教育在进入社会主义建设时期后的发展历程较为曲折，甚至一度停滞。1958 年至 1977 年这一时期内，国际国内环境形势复杂多变，经济运行压力与阶级斗争压力交织，马克思主义教育思想在探索实践过程中也受到影响，劳动教育实践探索面临着多重挑战。

1958 年 6 月，中宣部部长陆定一在全国教育工作会议上提出"教育同劳动的结合是教育革命中的重要内容，改造旧社会建设新社会必须依靠教育，改造旧知识分子建设一支坚强的工人阶级知识分子队伍必须依靠教育。"[1] 同年 9 月《关于教育工作的指示》发布，提出在一切学校中生产劳动一定要作为正式课程来对待，每一个学生都要按规定参加一段时间的劳动[2]。国家在各级各类学校教育中增加劳动教育是坚持教育和生产劳动相结合理念的题中应有之义，但片面地将脑力劳动和体力劳动对立起来，则是违反教育规律的错误做法。

这一时期的高校教育方针受历史影响，阶级斗争指向突出，政治性成为其明显属性。劳动教育的经济价值超越了其蕴含的教育价值。学生被要求参与生产劳动的时间远远多于文化课的学习时间，尤其是 1958 年后，学

---

① 《建国以来重要文献选编》（第 11 册），中央文献出版社 1995 年版，第 405 页。
② 《建国以来重要文献选编》（第 11 册），中央文献出版社 1995 年版，第 489 页。

校办厂、半工半读、知识分子劳动化等潮流席卷全国。① 在当时的经济环境下，安排学生适当地参加生产实习以此获得物质帮助与社会经验，是符合时代需要与教育本质的。但值得反思的是，勤工俭学只是劳动教育教学的手段之一而不该成为唯一的教学目的，生产劳动教育更不应该取代学科理论在教学课程中的安排。

1961 年《中华人民共和国教育部直属高等学校暂行工作条例（草案）》发布，其中规定"高等学校必须坚持以教学为中心的方针，着力提高教学质量"②，纠正了此时劳动教育的政治化倾向，理顺了理论教育和实践活动的错位关系。虽然新规在一定程度上有利于提高教学质量，但由于一些错误影响依旧存在，大量学生被迫离开学校插队农村，无法接受正常的学校教育。因而，1966 至 1976 年这十年期间我国教育遭受一定程度的打击，劳动教育偏离了全面发展的宗旨。

随着党和国家对当前社会主义建设中心任务的重新确认，其中有关教育事业的错误认识也得到了纠正，对知识分子与脑力劳动在社会发展中的重要性与必要性给予了肯定，在拨乱反正中，我国教育事业逐步得到恢复，高校劳动教育虽历经曲折但进入了正常化发展阶段。

邓小平在 1977 年 5 月《尊重知识，尊重人才》一文中明确提出③，无论是采用体力劳动，还是脑力劳动，其付出的实质就是劳动，就是对国家发展作出贡献的劳动者。同年 8 月在科学与教育工作座谈会上，邓小平发表讲话指出："无论是从事科研工作的，还是从事教育工作的，都是劳动者。不就是说脑力劳动，体力劳动吗？科研工作、教育工作是脑力劳动，脑力劳动也是劳动嘛。"④ 提倡尊重脑力劳动，其实质就是尊重科学技术与人才。劳动无论以何种形式呈现都是对人的本质力量的确认，因此要构建热爱劳动与热爱知识并重的社会氛围，让每位劳动者各

① 李珂：《嬗变与审视：劳动教育的历史逻辑与现实重构》，社会科学文献出版社 2019 年版，第 67—68 页。

② 汪华、孙霄兵：《中国高等教育 70 年：成就与政策》，《中国高等教育》2019 年第 12 期。

③ 《邓小平文选》（第 2 卷），人民出版社 1994 年版，第 40—41 页。

④ 《邓小平文选》（第 2 卷），人民出版社 1994 年版，第 50 页。

尽所能、各司其职地建设社会主义，我国教育事业在党中央正确的思想引领下发展迅速。

三　高校劳动教育的调整进步阶段

1978 年党的十一届三中全会召开，此后我国教育事业秉持"一切以经济建设为中心"，服务于我国的经济建设。1978 年至 2000 年这一时期的学界对高校劳动教育的教育与生产劳动结合的辩证关系进行了充分的讨论，对体力劳动与脑力劳动的辩证关系有了明确的认知。

1979 年 4 月召开的全国教育工作会议中，邓小平强调，对于学生从事何种劳动、如何下厂下乡、花费了多长时间、如何与教学紧密结合等问题各级学校应作出适当安排。更重要的是，整个教育事业要适应国民经济发展的需要。[①] 教育应与社会发展同行，与经济发展同步。与此同时为促进改革开放的顺利推进实施，也需要改变民众对于体力劳动至上的错误观念。

发布于 1981 年 6 月的《关于建国以来党的若干历史问题的决议》正确总结了新中国成立以来国家发展的经验与教训，其中重新确立了我国教育方针为"加强和改善思想政治工作，用马克思主义世界观和共产主义道德教育人民和青年，坚持德智体全面发展、又红又专、知识分子与工人农民相结合、脑力劳动与体力劳动相结合的教育方针"。[②] 此阶段的教育理念与过往相比有了两个明显的变化，一是已不再强调教育为政治服务的重要性，而是要以经济建设为主线，为社会主义的现代建设服务。二是转变了以往教育等同于生产劳动，财富创造等同于体力劳动的思想，进而更辩证地理解脑力付出与体力付出、知识分子和工人农民之间的内在联系。历史证明，解决群众之间的对立和矛盾是我们凝聚力量以发展社会主义社会的正确选择。

---

① 《邓小平文选》（第 2 卷），人民出版社 1994 年版，第 107 页。
② 《中国共产党中央委员会关于建国以来党的若干历史问题的决议》，人民出版社 1981 年版，第 57 页。

1985 年《中共中央关于教育体制改革的决定》中正式提出教育要服务于社会主义建设①的理念并成为之后我国教育事业的核心价值观,高校劳动教育在发展过程中也实践了这一思想。1986 年《关于第七个五年计划的报告》指出"不同层次的学校必须认真贯彻德育、智育、体育、美育全面发展原则,结合自身特点适当地加强劳动教育工作,以提高教学质量和培养合格人才为第一要务。"② 20 世纪 80 年代的高校劳动教育在之前的教育基础上有着明显的时代发展烙印,其进步之处在于将人才培养置于国家发展全局中。改革开放是建设我国社会主义的正确之路与必由之路,生产力水平的不断提高与经济的升级转型,一方面为教育事业提供了前所未有的发展条件,但另一方面也对各高校所培养的学生提出了更高的能力要求。现代社会要求建设者既要有理论知识,又要有在实践中应用知识进行生产的能力,如何塑造出既有脑力也有体力的复合型人才成为这一时期教育事业重点关注与解决的问题。在这一背景下,党和国家重新认识了劳动教育对于提高学生适应社会能力与综合素质的重要性。

1993 年《中国教育改革和发展纲要》发布,其中再次明确提出了"教育要服务于社会主义现代化建设,要同生产劳动结合起来,培养德智体全方面都能得到充分发展的建设者和接班人。"③ 要求大中小学教学计划均要为劳动教育安排一定学时,提供相应场所。此外,《纲要》又把以往教育方针中提出的"德智体美劳全面发展"还原为"德智体全面发展"的育人三要素。从五要素到三要素的改变有其独特的历史原因及理论考虑。从历史角度来看,德智体三育发展在我国的教育实践中已被大众所熟知,其正确性也得到了检验。从理论层面分析,美育与劳育之于德育、智育、体育而言可以包含在其中,但同时美育与劳育也不可省略,其中劳动教育可以视作为德育的构成内容且主要为劳动情感的培养。因此,替换为德智体全面发展是符合教育发展规律并能够被社会所接受。

---

① 《中共中央关于教育体制改革的决定》,《中华人民共和国国务院公报》1985 年第 15 期。

② 赵紫阳:《关于第七个五年计划的报告》,《中华人民共和国国务院公报》1986 年第 10 期。

③ 《中国教育改革和发展纲要》,《人民教育》1993 年第 4 期。

1995 年 9 月实施的《中华人民共和国教育法》，以法律形式确定了"培养德智体全面发展的社会主义建设者与接班人"的教育三要素。① 劳动教育已逐步纳入进学校德育工作中，并通过各种形式开展实践教学活动。1995 年 11 月，随着《中国普通高等学校德育大纲》的发布，高校劳动教育被定位为德育，由此劳动教育的具体内涵更加丰富、组织方式更加多样，劳动观的培养成了劳动教育的核心所在②。1998 年 12 月，教育部制定了《面向 21 世纪教育振兴行动计划》，这一计划指出德育工作的开展可以利用综合实践活动开展③，这实际上是将劳动教育与德育结合，身心发展是密切联系的过程，学生在身体力行中可以塑造良好的道德品质。

1999 年《中共中央国务院关于深化教育改革全面推进素质教育的决定》强调了"学校教育在抓智育的同时，更应注重德育，同时应加强体育、美育、劳动技术教育及社会实践等。"④ 明确指出了教育不只是知识教育同时也是素质教育，要让学生的综合素养以学科知识为依托，融合当今社会所需的实践能力。至此，高校劳动教育就成为促进学生全面发展中的一项重要课程。改革开放以来，我国高校劳动教育秉持以促进学生全面发展为根本，以满足国家建设需要为纲领的教学理念，不断对课程进行调整，起到了服务社会主义现代化建设的功能。

四　高校劳动教育的整合发展阶段

进入 21 世纪世界迎来了信息时代，这赋予了高校劳动教育新的内涵与外延，党中央在时代潮流变化中及时调整了文化教育事业的发展方向。2002 年，党的十六大报告指出创新是民族进步之魂，是国家繁荣昌盛不竭之动力。把创新劳动作为刺激经济发展的一项重要内容，增加创新人才培

---

① 《国家教委关于实施〈中华人民共和国教育法〉若干问题的意见》，《人民教育》1995 年第 9 期。

② 《中国普通高等学校德育大纲》，《中国高等教育》1996 年第 2 期。

③ 《〈面向 21 世纪教育振兴行动计划〉的主要目标和内容》，《人民教育》1999 年第 1 期。

④ 《中共中央国务院关于深化教育改革全面推进素质教育的决定》，《人民教育》1999 年第 7 期。

养是未来教育事业努力的方向。同时"四个尊重"作为党的工作方针也在十六大报告中提出，具体而言是尊重劳动、尊重知识、尊重人才、尊重创造，其中劳动居于核心和基础地位。这与之前邓小平所提出的"尊重知识、尊重人才"相比，内容更加丰富，是对"两个尊重"的历史继承与时代发展。工作方针的调整体现出党和国家对人民劳动与创造的高度重视与肯定，尊重劳动的实质在于尊重劳动者，党的十六大报告中指出"要尊重和保护一切有益于人民和社会的劳动。不论是体力劳动还是脑力劳动，不论是简单劳动还是复杂劳动，一切为我国社会主义现代化作出贡献的劳动，都是光荣的，都应该得到承认和尊重。"① 随后"四个尊重"更是被写入进了新修订的《中国共产党章程》中，这在全社会形成了尚贤惜贤、重才爱才的良好氛围。对劳动的尊重作为一种情感体验，在实际践行中应落实到具体的政策与方针，只有对劳动者的权益与权利进行全方位保障，才能实现劳有所得、劳有所安。

2004 年《关于进一步加强和改进大学生思想政治教育的意见》指出，学生的综合素质应该通过社会实践来培养，思想教育也应该结合社会实践开展②。高校劳动教育和思想政治教育呈现出融合发展的态势。2007 年《国家教育事业发展"十一五"规划纲要的通知》发布，其中要求各类学校与教育机构通过多种途径在校园内创造出实践劳动的机会，营造出热爱劳动的氛围，培养学生尊重劳动的情感③。

2010 年发布的《国家中长期教育改革和发展规划纲要（2010—2020年）》规划了今后十年教育事业的重点关注领域，其中对劳动教育作了强调，要求在未来教育发展中强化劳动教育，培养学生热爱劳动、热爱人民的情感。④ 由此可见，劳动教育不只是劳动知识和技能的培养，更应重视对劳动情感的熏陶以及劳动观的养成，这一具体的教学要求有力地推进了

---

① 《十六大以来重要文献选编》（上），人民出版社 2011 年版，第 12 页。

② 《中共中央国务院发出〈关于进一步加强和改进大学生思想政治教育的意见〉》，《思想教育研究》2004 年第 10 期。

③ 《国务院批转教育部国家教育事业发展"十一五"规划纲要的通知》，《中华人民共和国教育部公报》2007 年第 Z2 期。

④ 《国家中长期教育改革和发展规划纲要 2010—2020 年》，人民出版社 2010 年版，第 18 页。

高校劳动教育的进程。

同年的全国教育工作会议中，胡锦涛发表讲话指出应以促进学生全面发展为目标，以优化知识结构为手段，以丰富社会实践为基础，以强化劳动教育为重点，培养学生的学习能力、实践能力和创新能力，全面提高学生的综合素质，从而改变当前存在的学生创新能力不足的问题。① 此次会议使劳动教育在教育全局中不可或缺的地位再一次得到确认，大学是学校教育中最后且最关键的阶段，高校劳动教育能否有效实施影响着毕业生进入社会时综合素质的高低，尤其在提高学生的创新能力、实践能力方面，传统的德智体美教育只有结合劳动教育才能发挥出最大作用。

在新的历史条件下，高校劳动教育呈现出两个"扩大"的特点。一是高校劳动教育意义内涵的扩大。进入 21 世纪，综合素质已成为衡量高校毕业生个人能力的重要指标，但以应试为导向的传统教学方法无法满足大学生全面发展的需要，综合素质需要在特定的教学内容实施中得到提高，而劳动教育就是综合素质教育的有效途径。大学生通过参与志愿服务、企业实习、乡村支教等多种实践形式，能够锻炼自身的人际交往能力、组织协调能力与环境适应能力。因而新世纪高校劳动教育的意义涵盖了综合素质的提高与人的全面发展。二是高校劳动教育内容与形式的扩充。随着我国社会经济水平的整体提升，高校劳动教育的形式不再局限于田间地头的生产劳动，而是随着时代变化出现了众多符合大学生身心特点的劳动教育新形式。具体而言，志愿服务类如"科技、文化、卫生三下乡"的暑期实践、"三支一扶"；专业竞赛类如创新创业大赛、模拟求职招聘大赛；社会实践类如带薪实习、专业实习等。这些都是大学生乐于参加并享受参与的劳动教育形式。同时，高校劳动教育教学内容紧跟时代步伐，除传统的清洁与卫生、盆栽花草等活动，各高校结合自身办学特点开设如三维打印技术、智能控制技术、服装设计制造、酒店服务管理等各类与社会现实、未来科技高度贴合的劳动教育课程，学生可以根据职业发展所需，选择自己感兴趣的内容进行学习。

自千禧年以来，我国高校劳动教育依托前期所积累的教学经验，探索

---

① 《胡锦涛在全国教育工作会议上的讲话》，人民出版社 2010 年版，第 11—14 页。

并初步形成了相对完备的课程体系。但劳动教育在实际开展过程中，仍存在如教育效果的考核评价标准尚不成熟、大中小学各学段劳动教育的衔接不足、部分教师队伍专业性有待提高等问题。这些问题是新时代高校劳动教育在发展中应集中解决的问题，同时也是高校劳动教育在下一时期的发展阻力。

五　高校劳动教育的创新迈步阶段

党的十八大召开以来，我国教育事业改革不断深入，将教育现代化作为发展目标部署有关工作的同时，教育强国和科技兴国也成了这一时期教育领域的关键词。高校劳动教育是以习近平新时代中国特色社会主义思想为指导，为社会主义现代化强国培养人才的教育，习近平总书记在多个工作会议中对劳动进行了论述。

"劳动是财富的源泉，也是幸福的源泉。"[1] 2013 年在同全国劳动模范代表座谈时，习近平总书记借以劳动节宣扬了劳动最美精神、弘扬了劳动光荣理念，引领全社会形成崇尚劳动的风尚。2015 年 12 月新修订的《中华人民共和国高等教育法》强调高校要实行同社会实践相结合的教育方法，指出高等教育应致力于培养有社会责任感、创新精神与实践能力的高级专门人才，促进科学技术与文化发展，推进社会主义现代化建设。修订版明确规定了高等院校的学生在课余时间可以参加社会服务和勤工助学活动，各高校鼓励、扶持、指导学生参与此类活动。[2] 这虽未对高校劳动教育做出专门性的课程规定，但指出了高等教育在培养人才中应包含的劳动价值观培养，为大学生劳动教育提供法理依据。

党的十九大报告提出要"弘扬劳模精神和工匠精神，营造劳动光荣的社会风尚和精益求精的敬业风气"[3] 再次充分地肯定了劳动价值，这是一

---

① 《习近平在同全国劳动模范代表座谈时的讲话》，《人民日报》2013 年 4 月 29 日第 2 版。

② 《中华人民共和国高等教育法》，《中华人民共和国全国人民代表大会常务委员会公报》2016 年第 1 期。

③ 《习近平谈治国理政》（第三卷），外文出版社 2020 年版，第 24 页。

次对全社会的劳动教育。报告指出，中国特色社会主义进入了新时代，这是我国发展新的历史方位，① 在新时代需要打造一支知识型、技能型和创新型的劳动者大军。

2017 年 12 月 1 日起施行的《志愿服务条例》明确了高等院校可以将学生参与志愿服务活动纳入实践学分管理。鼓励大学生走进社区、走进农村、走进劳动场景，在创造性劳动体验中厚植奉献社会、服务大众的公共服务意识②。除了"走出去"的活动外，这一时期公益性服务劳动开始在校园里扎根。部分学校把校园里的公益劳动当作校园文化建设中的一项重要内容来落实，让学生参与到整个过程中，了解劳动创造价值的过程，体会劳动的不易。

2018 年 9 月 10 日，习近平总书记在全国教育大会上明确提出"培养德智体美劳全方面发展的社会主义建设者与接班人。"③ 站在教育方针的高度，凸显了劳动教育的功能，并且着重指出了大力发扬劳动精神的重要性。让学生懂得劳动是光荣而伟大的、是高尚而美好的，并引导学生推崇、尊重劳动，使其在成长过程中能形成辛勤劳动、诚实劳动以及创造性劳动的美德。

2019 年 11 月，中央全面深化改革委员会审议通过了《关于全面加强新时代大中小学劳动教育的意见》④ 并于 2020 年 3 月正式发布。《意见》开宗明义地强调了劳动教育的重大意义，指出劳动教育在中国特色社会主义教育制度中占有重要地位，直接影响着社会主义建设者与接班人的劳动精神面貌、劳动价值取向与劳动技能水平，以此阐明了新时代大中小学劳动教育应遵循的基本方针。《意见》对新时代的高校劳动教育进行了全面设计，建议在大中小学国家课程方案中增加劳动教育内容，规定本科劳动时间至少为 32 学时，高校可通过建立劳动月来集中落实每一学年劳动周的

---

① 《习近平谈治国理政》（第三卷），外文出版社 2020 年版，第 8 页。
② 《志愿服务条例》，《中华人民共和国国务院公报》2017 年第 26 期。
③ 《坚持中国特色社会主义教育发展道路　培养德智体美劳全面发展的社会主义建设者和接班人》，《人民日报》2018 年 9 月 11 日第 1 版。
④ 《中共中央国务院关于全面加强新时代大中小学劳动教育的意见》，人民出版社 2020 年版。

各项要求，第一次对高校实践活动时长做出正式要求。《意见》按照教育教学的基本原则，倡导把生产实践活动渗透到家庭、学校和社会的各个方面并对高校劳动教育课程的教育资源规划配置、完善经费投入使用机制以及构建劳动教育师资队伍作出了建设性指导。《意见》为高校劳动教育的发展谋划了科学的道路，提供了切实的方案，擘画了具有中国特色的劳动教育未来。

2020 年 7 月教育部颁布了《大中小学劳动教育指导纲要（试行）》[①]，规定了劳动教育应充分发挥劳动所具有的育人功能，要以教学活动增强学生勤俭、奋斗、创新、奉献的劳动精神。《指导纲要》对大学生劳动教育的目的、内容、途径等做出了明确的规定和指引。高等学校应把劳动教育列入专业人才培养方案中，在现有课程安排中增加专门的劳动教育模块或设置专门的以劳动为主题的必修课，在学生的核心专业课中挖掘或加入劳动教育元素，促进产业与教育的融合，为学生的劳动锻炼提供平台。此外，劳动实践活动不仅可以安排在校外，也可以安排在校内，如在校园文化建设中加强对劳动文化的宣传[②]。专业类课程可结合实习实训、科学实验、社会实践等形式进行实践锻炼。《指导纲要》加深并升华了劳动与育人之间的关系内涵，以全面育人、促进教育公平为出发点，推进了劳动教育在新时代的落实。

第二节　新时代高校劳动教育的体系创新

高校劳动教育的现实建设表现为劳动教育认知、实践、制度、环境、课程以及情感层面，在已有基础上，高校应进一步加强劳动认知并重视教育内化和外化的结合，打牢根基完善劳动教育体系。优化建设高校劳动育人的校园文化，高效融合课程思政和思政课程，实现劳动育人的双向互

---

① 《教育部关于印发〈大中小学劳动教育指导纲要（试行）〉的通知（教材〔2020〕4 号）》，《中华人民共和国国务院公报》2020 年第 23 期。

② 刘向兵、党印：《高校劳动教育实施推进的多元与统一——基于 80 所高校劳动教育实施方案的文本分析》，《中国高教研究》2022 年第 5 期。

动，完善机制发挥教育过程的综合作用。

一　高校劳动教育发展的时代新因素

科学分析影响新时代高校劳动教育发展的外部环境与内部实施因素，有助于充分有效地实现以劳树德、以劳增智、以劳强体、以劳育人、以劳创新的劳动教育职能，达到培养身心自由、全面健康发展的人才教育目的。

（一）高校劳动教育的外部环境影响

综合分析高校劳动教育建设的外在因素是加强新时代大学生劳动教育的理论之基、现实之举，高校劳动教育实施的外部影响因素可分为家庭教育、媒体传播、社会氛围、劳动形态四个维度。

1. 家庭教育维度

在当前社会中，部分家庭存在这样的观念即家长们对于体力劳动没有正确认识，常伴有"学习就是要找到好工作"这样一种片面想法。部分长辈都认为努力学习考一个不错的大学，以后会有稳定的工作。当找到一份好工作成了每一个孩子学习生活的中心目标时，家庭教育自然会围绕着这一目标去服务。家长理所当然地要让孩子把时间、精力放在高回报的学业中，这时劳动教育似乎在学生发展中并不重要。但家庭教育是否应以寻找好工作为教育宗旨？家庭教育旨在帮助每一个儿童实现自身的全面发展，而劳动教育是其发展中的一个重要环节，当获得一个好工作成为家庭教育的唯一目的时，劳动教育也就难以开展。此外，在关于什么是好工作的问题上，部分家长并不将工人、农民等这样的职业认为是好工作，而是将其看作低于公务员、教师、医生这样体面的职业，片面认为一份好的工作一定不是繁重的体力劳动。大部分家长对于好工作的片面认识，在潜移默化中影响了孩子们的思想，很多青年产生了不正确的择业观，当他们进入劳动市场时很难平等地看待体力劳动和脑力劳动所具有的价值，甚至进一步演变成对体力劳动者的歧视，对他人劳动成果的不尊重等一系列错误观念。

2. 媒体传播维度

大众媒体作为一种传播媒介，是社会系统内的重要信息源，既承担着及时传递各种新闻信息、丰富市民大众精神生活的社会职能，也承担着传播社会价值观、引领大众舆论导向的社会使命。对于大学生来说，他们对各类社会新闻都有较强的好奇心，容易受媒体舆论的影响。如果媒体输出了一定倾向性的劳动观点，势必会影响大学生对劳动的认知及行为，从而间接地影响高校劳动教育的成效。网络中流传的信息可能会经过多次加工、发酵，存在将具有偶然性、个别性的事件夸大为群体事件的可能，从北大毕业生卖猪肉、三千块招不来农民工但能招到大学生，到高薪程序员辞职送外卖等新闻层出不穷。此外，类似公务员、事业单位就是铁饭碗之类的过度报道也并不少见。这些消息都有意或无意地加深了高端人才与普通职业之间的对立，宣扬了农民工、快递员、外卖员之类的工作是低级的，有编制的工作才是铁饭碗，名校毕业生就应选择体面的职业。这些看法激化了不同职业之间的对立情绪，加深了大学生对于体力劳动相关职业的偏见。这些报道的受众既包括大学生也包括父母、教师等教育主体，可能会造成教育理念的功利化进而对劳动教育造成负面影响。不良媒体无视肩负的社会责任感，为了流量与利益过度解读并传播报道此类偶发事件，这在一定程度上影响了大学生的劳动观与职业观并消解了高校劳动教育已取得的效果。

3. 社会氛围维度

在当今信息全球化和资本全球化背景下，社会发展现状表现为物质资料极大丰富与不良社会风气并存，其中对高校劳动教育影响较大的是随着资本在全世界流通而盛行的消费主义文化。消费主义借助网络平台，用潮流文化对各类高端消费和奢侈品牌进行包装，用精致生活来形容过度消费与攀比炫耀，将永不止息的贪婪欲望美化为新品打卡，而在消费主义潮流中辛勤劳作、勤俭节约却被解读为不懂享受、不会生活。大学生的生活费一般都来自家庭，尚未实现经济独立，然而受到消费主义的诱惑，部分大学生陷入了欲望泥沼，难以满足自身不断膨胀的物质欲望，导致各种校园贷甚至违法犯罪行为时有发生。消费主义等社会思潮的盛行致使一些大学生在没有参与工作前就已经忘了工作的意义、劳动的价值，从而使大学生萌发了不劳而获的错误观念，产生一种歪曲的劳动观。

4. 劳动形态维度

在强烈的社会变革和科技进步发展下，当前社会正处在转型升级之中，脑力劳动、服务性劳动、创造性劳动的比重持续提升。大数据、云计算、区块链、物联网和人工智能的普及不仅给劳动者的工作环境和工作方式带来巨大改变，也使得更多重复性的工作由智能机器代替，同时衍生出一批新兴职业例如电商、直播等。这既为高校劳动教育创造了新的空间和方式，也给劳动教育带来了相应的挑战。具体分析，从劳动教育内容上，劳动新形态的产生将为高校教育内容和方式方法带来更新，但目前高校劳动教育尚未制定统一的教材，理论体系的建设也处于初期，对社会劳动形态变化的反应不足，存在着指导学生如何正确看待劳动新形态的空白。劳动教育在具体的教学过程中简单化为休闲娱乐教育的现象依然存在，这极易导致高校劳动教育出现只劳动不教育或只教育不劳动的情况。当前存在的上述外部环境挑战是新时代高校劳动教育在发展建设中需要进行及时调整与不断改进。

（二）高校劳动教育的内部实施影响

当前，随着全社会对劳动教育的育人价值越来越予以关注，各高校也在努力促进劳动与教育的有机融合，充分发挥劳动特有的教育作用，从而促进人才培养质量的提高。高校劳动教育在发展中也出现了各种亟待解决的问题，新时代高校劳动教育的育人之路需要在自我革新中再次创造辉煌。

1. 吸引力度层面

目前高校开展的劳动实践活动大多注重覆盖面与参加率，而非学生在活动中的参与深度。具体而言，存在部分学校以求量为主，注重实践活动的组建团队数、参与学生数，而对活动进行过程中的质量以及产生的客观影响效果缺乏实际考量。存在过于形式化的活动，将本应独具特色的劳动实践活动模板化，缺乏对活动内容本身的打磨，致使吸引力不足，参与其中的学生无法发挥所学知识。另一个值得关注的问题是，高校在开展劳动教育过程中，存在经费不足的现实困难。在选择资助实践项目时，资源紧缺的高校一般会将经费用在数量较少的"重点项目",以此建设名义上的重点精品项目。例如,各高校的"三下乡"实践团队中国家级的队伍最少但是资助经费却最高,然而一支队伍始终有参加人数上限。对于一大批立项级别偏低或无法立项的自发性实践团队,学校没有提供相应的教师指导与资金支持,而多数参与这类活动的同学既没有对活动质量提出要求,也没有深入参与进活动中,而是仅仅为了获得所谓综合学分,在参与社会实践中消解了由劳动行为产生的真实性与主体性。在未来的高校劳动教育中,要对这种参与程度低、体验性差,消磨学生积极性且教育效果并不理想的"立项式"劳动教育进行纠正与引导,打造出学生真正感兴趣、愿参与的高品质实践活动。

2. 专业知识层面

目前高校大学生经常参加的劳动多与专业知识基本无关,如校园卫生清洁,养老院关爱活动等,学生参与这类活动的出发动机更多的是善良与热心,而他们所学习到的专业在此过程中没有被使用。这一现象反映出了以下问题即大学生所参与的劳动实践活动并不是基于他们的知识优势与专业特长而组织的。通常情况下,同学们对于个人所学习的专业内容最为熟悉、最为关注,对社会问题的思考与实践的关注点多体现在所学专业上。但在当前的劳动实践活动中,存在劳动形式老套、劳动内容不专业、重复性体力劳动的问题。在组建社会实践队伍时没有基于个人专业,致使活动与所学匹配度较低、实践内容雷同、活动未办出所学特色等,加之指导教师多为辅导员兼任,较少有专业课教师参与,这同样会导致劳动实践与专业教学的脱节,学生无法在实践过程中更新自身的知识与技能,自然参与性不高。高等教育作为专业学科知识教授最为密集的学段,不论是在劳动教育课程或是其他综合素质提升课程中都应将专业知识贯穿其中,实现专业应用于生活、专业服务于生活。

3. 时代融入层面

社会以治国理政之需作为人才的培养方向,而青年学生的进步成才又立足于为国家建设与社会进步服务,因此高等教育是为党育人,为国育才,为社会主义现代化强国事业培养建设者与接班人。在每个历史阶段,社会发展所需的人才与技能都有所不同,具有明显的时代特征,应针对社会需求、对标时代特征，增强高校人才培育的时代性与功能性。劳动教育是高校贯彻培根铸魂根本要求的重要课程之一，应紧扣党和国家的工作中心与各项战略布局实施开展，引领学生自觉到国家发展的前沿产业中贡献青春力量。总结劳动教育在高校中的发展，我们会发现青年学生的塑造与培养不能脱离具体现实，不能脱离社会进程与时代阶段，劳动教育的实施更是与社会的发展进程紧密相连的。当前各高校开展劳动教育基本上能够紧紧围绕国家战略与重要任务来进行，但在引领青年学生融入时代发展方面还存在一定的优化空间。具体而言，当前我国正值深入实施乡村振兴伟大战略开展的关键阶段，高校应组织有志青年学生，利用所学专业优势参与进乡村振兴的建设环节中，发挥出如物流专业、传媒专业、农业经济专业等学科优势，开展专业实践项目、助力乡村经济与文化振兴。

高校劳动教育的每一次改革与创新，最终都将通过教学内容上的变化来实现。因此新时代高校劳动教育要进行创新建设，最根本的就是要对课程内容进行革新。探索新时代高校劳动教育课程内容的创新理路，不论是对劳动教育内容的构建，还是对劳动教育课程在贯彻立德树人这一根本任务中的作用完成，以及对提升高校劳动教育课程的教学实效质量等各方面都意义重大。

二　劳模精神教育融入高校劳动教育

先进劳动模范是一个时代的典范，在新中国的各个历史时期都出现了大量先进劳动模范，我国劳动先进模范评选制度起源于陕甘宁边区的劳动英雄和模范工作者评选活动，"1950 年以来，共举办表彰大会 16 场，表彰全国劳动模范、先进工作者三万多人次"[1]。"劳动模范是民族的精英、人民的楷模，是共和国的功臣。"[2] 这些劳动模范都有一个共同之处，即具有强烈的责任感，时刻践行着爱岗敬业、争创一流，艰苦奋斗、勇于创新，

---

[1]　魏玉坤、樊曦：《探秘：如何评选出劳模？怎样能成为劳模？》，《光明日报》2020年 3 月 27 日第 1 版。

[2]　《在全国劳动模范和先进工作者表彰大会上的讲话》，人民出版社 2020 年版，第 2 页。

淡泊名利、甘于奉献的伟大劳模精神①。将劳动模范先进精神列入高校劳动教育内容，有助于指导当代青年大学生确立正确劳动观，努力成为德智体美劳全方位进步的社会主义接班人。新时代劳模精神教育具体包括敬业精神教育与奉献精神教育两个部分。

（一）敬业精神教育

对先进劳动模范来说，敬业是最基本的品格，也是社会经济发展对每一位工作者的要求，是社会主义核心价值观的组成部分。先进劳动模范具有对个人岗位的责任感，对社会的担当感以及对民族复兴的使命感，爱岗敬业、一丝不苟是他们真实的写照，唯有时刻热衷于自己的事业，才会全身心地投入工作，正是敬业精神使先进劳动模范在工作岗位上辛勤劳作、踔厉奋发，即使在最平凡岗位也能干出非凡的业绩。

在高校中弘扬劳模的敬业精神、宣传劳模的爱岗态度与先进事迹，可以让大学生对职业发展与个人发展之间的辩证关系形成正确认识，鼓励大学生以劳动模范为榜样，选择自己热爱的工作并把这份工作做到极致，真正把敬业精神内化为信念、外化为行动，进而树立正确的劳动价值观。虽然在校大学生还没有正式走向工作岗位，但对于他们来说，现阶段的主要工作任务就是学习，因而做到养成良好的学习习惯、努力学习专业知识也是敬业精神的具体体现。青年学子们要以职业兴趣为基点，在学校提供的实践平台中锻炼自己的技能与素养，为以后的职业生涯做好前期准备。"只要踏实劳动、勤勉劳动，在平凡岗位上也能干出不平凡的业绩。"② 在科学技术日新月异的社会环境中，高校不应该只看眼前的就业情况，而应着眼于未来发展对职业教育的需求，对大学生进行转变传统就业观念的教育，使学生主动顺应或引领科技发展的潮流，不断提高自身的综合素质。

---

① 《大力弘扬伟大的劳模精神》，《人民日报》2005年5月3日第9版。
② 《在知识分子、劳动模范、青年代表座谈会上的讲话》，人民出版社2016年版，第9页。

（二）奉献精神教育

淡泊明志、乐于奉献是先进劳动模范对待工作与生活的鲜明态度，是先进劳动模范精神的真实写照。奉献精神就是指对工作不求回报全身心付出的精神。回顾历史，我国在不同的发展阶段都涌现出一大批具有淡泊明志、乐于奉献精神的劳动典范，他们怀着舍生忘死、勇于进取的品格为人民、社会和祖国奉献出自己的全部。革命时期，大批革命人士挺身而出，为了拯救人民于水火，抛头颅、洒热血，做到了为大我牺牲小我，为大家牺牲小家。建设发展时期，中国先进劳动个人、广大先进党员在面临山火突袭、抗震救灾等有生命危险的事件时冲在前面、不惧困难、战胜挑战、担当使命。一代代人的奉献事迹最终形成了伟大奉献精神，中华儿女代代相传，在无数突发重大事件中，总会有人主动挺身而出，不为名利，只求大义。劳动模范们为什么能够做到无私奉献，原因在于他们深刻认识到新中国是人民至上、以人为本的国家，认识到了个人的主体地位，感受到了工农阶级和广大劳动人民的责任担当。劳模们的无私付出既是为了祖国的发展、社会的进步，也是为了人民的幸福。

当前存在部分学生对劳动的含义及价值认识不到位，过于重视工作的环境、报酬、地位等外在价值，不愿意到祖国与人民需要的地方去，这也就导致了当代大学生出现的就业困难。奉献精神实质上是将个人利益融入集体利益之中，对青年大学生进行先进劳动模范奉献品质的教育，可以帮助其了解奉献精神的内涵、正确处理好个人、国家、社会这三者之间的关系，摆正青年的就业观、择业观进而协调好个人理想和社会现实两者之间的关系，鼓励大学生胸怀大志、继往开来，争做新时代劳动模范。

三 创新创业教育融入高校劳动教育

人类劳动的本质特征是创造性，马克思认为"最蹩脚的建筑师从一开始就比最灵巧的蜜蜂高明的地方，是他在用蜂蜡建筑蜂房以前，已经在自己的头脑中把它建成了。"① 随着人工智能、大数据等高新科学技术的不断出现，极大改变了人们的生产生活，由创新力所产生的竞争优势日益明显。改革开放40余年，我国发展成绩斐然，经济总量已跃居全球第二位，跻身全球第二大经济体。② 而随着人口红利的消失，自然资源与环境约束的情况下，中国经济增长方式必然走向转型，从要素驱动转为创新驱动转型。

大众创业、万众创新被视为新常态下中国经济腾飞的动力之源③，高校青年正日益成为实现创新驱动战略的先进工作者与主心骨，与国家创新创业发展能力的提升紧密相连。进入新时代，我国教育事业不断改革，高校创新创业相关课程体系建设日益完善，高质量创新创业大赛也不断涌现，大学生可以通过各项课程与活动获得专业指导与锻炼，极大调动起了青年大学生的创新创业积极性。但在实际工作中，仍然有部分高校在开展创新创业教育时未能进行系统规划，无法全面培养学生的创新劳动精神与创新劳动能力，因而新时期高校劳动教育应将创新创业教育纳入劳动教育内容，将其作为重要的组成部分。

（一）明确创新创业教育的内涵与意义

"创新创业教育是中国人的理论创造。"④ 创新创业教育最初由两个相互独立的含义组成，是为满足改革开放后市场经济快速进步与我国重大战略目标的要求而产生。创新创业教育是"创新教育"和"创业教育"两者的有机融合，主要目标是提升大学生创新与创业意识、创新与创业能力和创新与创业精神，同时这些内容之间也并非独立存在，而是相互联系与影响。优质的创新创业教育能够为大学生未来的职业生涯带来诸多帮助，其重要作用是不可替代的。然而，部分大学生存在着对创新创业教育的错误

---

① 《资本论》（第1卷），人民出版社2004年版，第208页。

② 《创新增长路径 共享发展成果 在二十国集团领导人第十次峰会第一阶段会议上关于世界经济形势的发言》，人民出版社2015年版，第8页。

③ 石丽、李吉桢：《高校创新创业教育：内涵、困境与路径优化》，《黑龙江高教研究》2021年第2期。

④ 石国亮：《时代推展出来的大学生创新创业教育》，《思想教育研究》2010年第10期。

认识，受传统观念的影响，部分大学生认为教育的终点就是为了谋取一个"事少钱多离家近"的工作。这一切误区均来自对创新创业教育的意义认识不充分，将学校鼓励创新创业的行为误解为是完成就业率而做的形式化活动，认为创新创业与自己的未来发展毫无关系，致使大学生的创新主动性不强、创业知识储备不足，遭遇挫折时轻言放弃、缺乏拼搏和毅力。此外，在大学生就业难的问题上，很多人往往只看到了外显原因，即每年应届毕业生数量持续上涨，就业市场趋于饱和。但在对看似供大于求的就业现状进行深入分析，可以发现造成求职困难的真正的原因往往是求职者未能达到企业谋求科技创新发展所需的人才标准。因此，高校劳动教育应通过增加创新创业内容板块，瞄准企业的实际需求，重点对青年大学生的创新思维、创新意识和创新能力进行培养，在提高大学生综合素质的同时满足社会发展对人才的需求。

（二）理解劳动与创新创业之间的关系

劳动与创新创业是紧密联系在一起的，创新和创业想要成功就必须经过艰苦卓绝的努力，在这一过程就不能没有辛勤的劳动。但是单凭热情与蛮干是不可能收获满意的结果，唯有以实干为本的巧干方能达到事半功倍之效，而要做到巧干则必须借助创新思维。因此，实现创新创业要建立在辛勤劳动和诚实劳动之上，建立创新劳动思维。部分大学生没有意识到创新创业之难，无法承担失败风险和压力，就不可能做到真正的创新创业。在此背景下，帮助大学生理解劳动与创新创业的辩证关系，有利于培养大学生的时代使命感、增强大学生的创新意识、提高大学生的创业能力，促使大学生主动就业、积极创业，以辛勤劳动、诚实劳动和创造性劳动去创造更多的物质财富与精神财富，从而更好地实现自己的人生价值并创造更多的社会价值。

（三）促进学生形成创新创业的自觉意识

对大学生开展创新创业教育，有利于他们在当前的学习中以及今后的工作中遇难题时，不断地寻找新方法，解决新课题，提高学习和工作实效。所谓创新创业意识，就是一个人全身心地投入到对新问题的发现和对新兴事物的探究中，并努力探索处理问题的新途径的一种向上的心态。形成创新创业意识必定需要一个长期的过程，首先大学生要对学过的内容进行吸收消化，其次高校要为大学生提供更多的创新实践平台，在实际训练中积累大学生的经验并在实践中提供专业的指导与帮助。促使大学生主动领悟新知识，并将间接知识与直接经验有机结合，增强自身的创新创业能力。创新创业教育是以知识吸收内化、经验积累形成为基础，培养大学生具有发现新课题的敏锐、把握新机遇的勇气，强化大学生创新创业的动力。21 世纪是一个以创新为先导的时代，大学生创新创业劳动精神的培育有利于其成长为高水平人才，同时也有利于使我国跻身创新型国家前列，因此，高校劳动教育要落实创新创业教育，助力时代新发展。

四　法律法规教育融入高校劳动教育

我国是人民当家做主的社会主义国家，每一个公民都享有不可侵犯的劳动权利，同时又要履行应尽的义务。只有每一个劳动者都自觉遵守法律，都具有诚信的法治意识，国家才能够有和谐与安定的发展环境，广大劳动者形成的劳动果实才能得到正确合理的分配，在良性循环中构建法治社会。

大学生在学校学习的最后一年正是步入社会的过渡时期，学生从十余年的学习生涯就要转向工作生涯，这个过程需要由高校进行正确的引导。因此提高大学生的相关劳动法律认知，不仅有助于其在找工作时能够主动保护个人的正当权益，也有助于学生们自发地践行相应的义务。但在实际生活中，存在青年大学生缺乏相应的劳动法知识和维权意识、未能理解法律所赋予职工的义务和权利的现象，这在某种程度上反映出对大学生劳动法律法规教育方面的欠缺。这一现象不利于大学生诚实劳动、守法劳动观念的养成，因此在新时代高校劳动教育中加强劳动法律法规教育、增强大学生劳动法律意识是十分必要的。

（一）劳动者权利与义务的教育

《中华人民共和国劳动法》① 赋予了广大劳动人民诸多的劳动义务与权利，劳动者具有平等就业与自由择业权、获得劳动报酬权、休息休假权、享有劳动安全和卫生保护权、享有社会保险权等权利。此外《劳动法》中也有针对保护女性职工的部分特殊权利，如用人单位不得因妊娠、产假、结婚和哺乳而解雇女性职工以及在规定的特殊期间内维持女性职工的基本工资，严禁安排女性职工参加矿山井下等其他女性职工应避免参加的工作。权利与义务相伴而生，劳动者的权利与义务是相辅相成、不可分割的，劳动者应履行的义务是指在参与工作过程中必须遵守劳动纪律、必须服从单位制定的规章与制度、听从上级的指挥和调度。

（二）签订劳动合同的教育

订立劳动合同是大学生开启自己职业生涯的第一步，大学生对订立劳动合同的法律法规的掌握程度影响着后续职业发展的顺利程度。因此，高校劳动教育应增加对大学生进行劳动合同法适用范围及相关内容的教育。具体而言，一是帮助大学生理解劳动合同法关于用人单位的条款内容，在签订劳务合同时，要注意用人单位的规章制度与劳动法要求是否一致，如存在不适用劳动合同法要求的霸王条款，可利用法律手段维护自身的合理权益。二是帮助大学生理解劳动合同中的诸多关键条款，主要涉及劳动关系确认、劳动关系当事人知情权、劳动合同签订形式、劳动合同签订期限种类和约定内容、试用期以及劳动合同取消等。三是对大学生进行劳动合同履行和变更教育。这部分教育内容主要对学生着重说明法律要求劳动关系当事人应当充分合法地履行劳动合同、加班工资发放、同工同酬和合同变更等内容，从而保障自身的合法权益得到维护。四是对大学生进行劳动合同解除、终止的相关内容教育，这部分着重厘清有关劳动合同解除、终止中的经济补偿法律事宜。

---

① 中国法制出版社编：《中华人民共和国劳动法》，中国法制出版社2019年版。

（三）对劳动争议处理的教育

劳动争议是劳动权益保护中司法救济程序之一，这一板块的教学目的主要是帮助同学们形成劳动争议应该坚持按法律法规要求来办理的意识①。一方面，大学生应该对劳动争议的相关法律规定有一定的了解，在工作中使自身的行为符合法律规定；另一方面，当大学生合法权益遭受侵犯时，要教育学生以法律武器并及时保存相关证据。此外，向学生强调应特别注意处理劳动争议仲裁时的时效性，避免劳动争议因超过仲裁时间范围而丧失法律保护的问题发生。概括而言，对大学生进行劳动法律法规教育既要依法保护自身的合法权益，又要让他们自觉地遵守法律和法规，养成诚实守法的劳动意识。高校劳动教育要通过劳动者的权利义务、劳动合同法律法规以及劳动争议处理这三个方面的教育，对大学生进行劳动法律法规教育，使学生形成对劳动法律法规中所包含的具体内容有完整详细的了解。唯有如此，当大学生步入社会寻找工作时，才能具备相关法律意识避免未来劳动争议和纠纷的发生。

第三节　新时代高校劳动教育的价值遵循

面对新形势，高校劳动教育应立足现实问题，结合教育领域的新实践，不断发展出体现时代特征的新理论，在继承马克思主义劳动教育理论与坚守中国共产党历代领导人关于劳动教育的论述中，不断完善当前的高校劳动教育系统，为培养高素质劳动人才提供根本遵循。

一　高校劳动教育经验

在我国人才培养体系与高等教育制度中，劳动教育是极为重要的构成内容，为进一步健全我国高校劳动教育课程体系、教学内容及评价体制，

---

① 肖宝华、方煜东：《论大学生劳动法律教育》，《思想教育研究》2011 年第 4 期。

有必要对高校劳动教育特点及经验进行全面梳理，继而系统推进我国高校劳动教育工作深入发展。

（一）把握教育与生产劳动相结合实质

全面领会马克思主义关于教育和生产劳动结合的思想是开展高校劳动教育的理论基础。唯物史观认为以生产劳动的形式开展教育是提高社会生产的一种方法，也是培养全面发展人才的重要方法。在共产主义社会中"将使理论的和实践的工艺教育在工人学校中占据应有的位置"①，马克思主义注重体力劳动和脑力劳动相结合，这是其劳动生产与教育融合思想中重要的一点，共产主义社会得以确立的前提之一就是消除二者的差别。这一思想具有教育学、社会经济学和科学社会主义等多重学科含义。掌握马克思关于体力劳动和脑力劳动协同发展的思想，理解教育与生产劳动互相融合，能够帮助我们正确理解马克思主义劳动教育观的核心。

在教育史上，我国对于教育同生产劳动结合理念认识上的偏差，曾使学校教育或苛求体力或忽视体力劳动，无论片面发展教育或片面开展劳动都对学生的成长不利，因此要将教育和生产劳动有机地结合起来，并且二者的结合并非简单相加，而是进行科学统筹与规划，打破部分学生对体力劳动的认知偏见。在总结历史经验中正确理解马克思主义关于劳动与教育有机融合的理念，主动掌握劳动教育发展的正确方向。

（二）结合我国社会实际开展劳动教育

马克思主义随着时代的变化而发展，而发展性又意味着马克思主义并非教条主义的，中国特色社会主义的伟大成就是这一非教条性的实践印证。教育与生产劳动相结合的思想是由身处资本主义工业快速发展时期的马克思与恩格斯所提出，教育和生产劳动相结合的社会价值有着深刻的科学预见，但其对未来社会应怎样实现教育与生产劳动的结合未作深入探讨，这为新时代劳动教育的理论创新留下了发展空间。

实践证明，劳动教育发挥成效的理论前提就是要将马克思主义劳动教

---

① 《马克思恩格斯文集》（第 5 卷），人民出版社 2009 年版，第 561—562 页。

育观与中国发展具体情况相结合。若将社会具体形式置之不理，不以现实发展为问题框架，教条式地实施马克思主义劳动教育观，这一定会对教育事业造成严重打击。在延安生产动员大会上，毛泽东提出了"自己动手，丰衣足食"的口号①，引导军民自立自强地克服经济困难，按照各自实际情况努力实现自给自足的生产目标，并号召知识青年在参与生产劳动中锻炼能力，促进了生产劳动与教育的实际结合。

邓小平在会见捷克斯洛伐克总统胡萨克时，提出了"科学技术是第一生产力"②的重要论断，让广大群众从贬低脑力劳动、强调生产劳动的误区中走出来，极大地促进了社会的快速发展。江泽民结合中国具体情况，提倡在全社会范围学习"四个尊重"③，极大地消除了读书无用论的错误舆论。胡锦涛为改善社会上的投机取巧的现象，提出了八荣八耻，其中"以辛勤劳动为荣，以好逸恶劳为耻"的倡议④极大地整改了不良风气。

习近平总书记准确把握新时代特征，提出了新时代劳动教育发展应用的"四个最"⑤，这一劳动教育观深入人心。为此，我们必须结合中国具体实践，科学利用马克思劳动教育观，创新解决我国劳动教育中出现的新形势与新问题，并结合新时代大学生的心理特性，加强大学生劳动教育观的培养。

（三）引领大学生提高自身的道德素质

促进大学生全面发展是中国高等教育的本质要求，就劳动教育这一具体学科而言，则是要引导学生形成正确的劳动价值观，拥有踔厉奋发的自觉自信与能力，成为合格的新时代中国特色社会主义接班人⑥。坚持德育

---

① 《毛泽东同志八十五诞辰纪念文选》，人民出版社1979年版，第133页。
② 《邓小平文选》（第3卷），人民出版社1993年版，第275页。
③ 改革开放以来，邓小平同志和江泽民同志分别提出过"要尊重劳动，尊重人才"，"尊重知识，尊重人才"，"尊重创造，尊重创新"等新观点、新理念。十六大报告把这些集中起来并加以系统化，以"四个尊重"这样整装的理论形态集中而又鲜明地提到全党面前，并且要求作为党和国家的一项重大方针在全社会认真贯彻。
④ 《胡锦涛文选》第2卷，人民出版社2016年版，第430页。
⑤ 习近平在2020年全国劳动模范和先进工作者表彰大会上的讲话中提出了"弘扬劳动最光荣、劳动最崇高、劳动最伟大、劳动最美丽的社会风尚"。
⑥ 柳友荣：《新时代高校劳动教育的组织与实施》，《中国高等教育》2020年第19期。

优先方向不动摇，以高校学生全面发展为基本纲领，培育出具有正确劳动教育观的新时代青年。

新中国成立之初，百废待兴，以"五爱"公德①为主要教育内容引导大学生与生产一线的工人交流学习，在生产实践中培养大学生的劳动意识。此举提高了大学生的政治认识与劳动实践本领，众多毕业生在投身生产的社会氛围中主动申请去祖国最基层、最边缘的地区工作。在正确教育方针的指导下，这一时期的高等教育为我国社会主义建设培养了具有丰富实践经验与良好素质的优良人才。

进入改革开放后，随着我国经济建设的不断深入发展，全社会逐步形成了"科学技术是第一生产力"的价值共识。轻视脑力劳动而过度重视体力劳动的错误观念得以纠正，培养出一大批实践与理论知识兼具的优秀劳动者。劳动荣辱观作为社会主义荣辱观的主要方面被提出，这说明劳动教育与思想政治教育有机融合的教育理念是高校劳动教育应长期坚持并一以贯之。这一系列方针、措施极大地提高大学生劳动观念，培养出了具有强烈社会责任感，勇于为祖国建设奉献的新青年。

随着市场经济的全面发展，人们思想观念也随之发生变化。大学生一方面受到了竞争理念等思想的正向激励，另一方面也受到享乐主义等社会思潮的负面影响。导致部分学生对劳动的认知逐渐出现偏差，甚至出现了不愿劳动、不会劳动的情况。为了解决现阶段劳动教育中存在的新问题，各高校应坚持以习近平新时代中国特色社会主义思想为指导，全面贯彻党的教育方针，引导大学生形成正确的劳动教育理念，落实全国教育大会精神，坚持立德树人，坚持培育和践行社会主义核心价值观②，续写高校劳动教育的辉煌新篇章。

（四）注重个人价值与社会价值的统一

马克思主义劳动教育观重视教育与生产劳动的有机融合，这是培养具

---

① 刘向兵：《新时代高校劳动教育的新内涵与新要求——基于习近平关于劳动的重要论述的探析》，《中国高教研究》2018年第11期。

② 《中共中央国务院关于全面加强新时代大中小学劳动教育的意见》，人民出版社2020年版，第2页。

有全面发展的人才的重要方法，是促进教育事业进步的有力手段，同时也有利于社会的经济发展。基于马克思主义劳动教育观，实现个人价值与社会价值相统一是高校劳动教育发展的应有之义。

我国高校在开展劳动教育的初期，尚未正确认识劳动教育在社会和个人自由而全面地发展之间的关系，无法实现两者的有机结合。此时的劳动教育，更加注重个人劳动对社会进步的推动作用，没有看到劳动在大学生自身成才成长过程中发挥的关键作用。值得注意的是，如果过于看重劳动的个人价值，则不利于大学生个人全面健康发展；而过于看重劳动教育的社会价值，则可能会引导个人对劳动的误解和抵触。因而高校劳动教育应当注重个人价值与社会价值的有机融合，这也是教育事业发展本质目的的具体体现。

进入新时代，劳动依然是社会进步的根本动力，要注重引导青年形成正确的劳动观，主动承担起中华民族伟大复兴的重任。让大学生在劳动过程中，不仅能够发挥出个人对社会进步的推进作用，同时也能在劳动中获得身心发展，可见劳动是个人成长历程中不可或缺的重要环节。高校劳动教育应重点培养大学生形成正确的劳动观念，在劳动实践中锤炼意志，推动学生个体的全面发展与社会进步的有机融合。

回顾高校劳动教育的发展历史，在社会价值与个人价值实现的关系问题上，广大劳动人民通过在实践中不断地尝试与总结，逐渐形成了促进两者结合的科学认识并将其应用于劳动教育中，社会价值与个人价值相统一的高校劳动教育经验，是马克思主义劳动教育观与中国具体实际相结合的优秀典范。

二　高校劳动教育原则

随着社会主义市场经济的不断深入，大学生接收信息的途径越来越多元，与之相伴随，大学生的目标追求、思想观念也越来越多样。新时代高校劳动教育的建设与发展需要对劳动教育进行科学定位，结合具体实际将社会主义现代化建设伟大使命与促进学生个人成长相结合。坚持以学生为主体，劳动教育理论与专业实践相统一，创新与传承相协调，普遍性与特殊性相结合的原则。

（一）坚持以学生为主体的原则

所谓主体原则，是指教育者给予被教育客体充分的尊重与支持，在此基础上重视引导学生客体发挥积极性，进而达到教育者设定的目标。[①] 教育者和教育目标的引导作用需要在学生积极内化的过程中才能得以真正实现。劳动教育的有效开展需要始终坚持以学生为主体，采用更加平等的方式代替学生简单地、被动地接受知识的教学模式，以此提升劳动教育质量。

1. 发挥教师的教育主导作用

劳动是获得幸福的人生动力，也是促进历史前进的物质力量。高校劳动教育在新时代应着力凸显学生的主体地位，唤起学生的主体意识，引领大学生主动劳动、乐于奉献，形成在劳动中收获美好、在劳动中创造未来的新时代劳动观。高校劳动教育应重视学生的主体地位，但在教育中贯彻重视学生主体的理念并非对教育者引领作用的全盘否定，学生主体地位要想得到足够的调动，需要教育者发挥出一定引导作用，因此教育者自身教学水平的高低影响着学生主体地位的实现与教学效果的呈现。

在高校劳动教育中，教师主导作用的发挥离不开学校层面的管理与支持。在课程设置方面，要保证劳动教育必选课与自选课都能够配齐教师教材、配足教学场地。在此基础上，科学设计劳动实践项目，使项目的开展具备一般操作性并统筹安排校内和校外的劳动实践活动，使其各自优势能够互补。在师资培训方面，高校应多措并举提升教师队伍自身素质，增强劳动教育学科的理论知识与实践指导的双重能力。身教重于言传，高校应注重师德师风建设工作，倡导教师率先垂范，在自己的教学岗位中做到热爱劳动，成为爱岗敬业的典范，让同学在感化中接受。

2. 培养学生的自我教育能力

在各种形式的教育中，接受教育的学生均被置于主体地位，这种特征

[①]　陈万柏、张耀灿：《思想政治教育学原理》，高等教育出版社 2015 年版，第 210 页。

是被教育的本质所决定①。学生在参与劳动教育时，会持续地进行自我教育，而非机械式地被灌输知识②，教育不是单向的知识传输，更重要的是培养学生拥有自我提升与成长的能力，这也是坚持学生主体原则在劳动教育中具体目标的体现。客观而言，不同阶段学生的自主意识和自主能力存在巨大差异，自我教育的水平也不尽相同。大学生群体多为成年人，他们对是非对错已经有了明显的判断力，对自我教育也有着一定的自制力。因此，对大学生进行劳动教育，应更加注重自我教育能力的提升。

一方面要指导大学生多角度学习马克思主义关于劳动的观念，正确理解劳动的价值；在从事劳动活动时，合理流程设计并懂得珍惜自己与他人的劳动成果，以此形成较强的自我教育能力。另一方面，坚持以学生为主体的原则应关注大学生的自我反省能力的培养。大学生个体之间沟通频繁，他们易受同龄人的影响，因此加强朋辈间的交流互助、增加朋辈间的示范作用，亦是培养大学生自我教育能力的重要方法之一。同时高校与社会之间需要建立协同合作的反馈体系，对在劳动实践中表现优异的同学进行奖励或表彰，营造争先创优的社会劳动氛围，帮助大学生形成清晰的主体认识。

（二）理论与实践相结合的原则

在培养学生形成正确的劳动观过程中，不仅要让学生理解劳动理论，更要在劳动实践中运用所学的理论。知是基础与前提，行是重点与关键，必须以知促行、以行促知，实现知行合一，因而新时代高校劳动教育应遵循劳动理论教育与劳动实践相结合原则。

1. 以马克思主义劳动理论为指导

大学生群体的特点之一就是思想活跃，对新鲜事物的接受程度高，而理论教育能够让大学生在思想上产生对劳动的价值认同感。马克思认为"理论只要说服人，就能掌握群众；而理论只要彻底，就能说服人。"③ 在

---

① 黄济：《新中国教育哲学重建的探索》，北京师范大学出版社 2010 年版，第 52 页。

② 贾丽辉：《新时代高校劳动教育的价值意蕴、实施原则及策略》，《现代教育管理》2021 年第 6 期。

③ 《马克思恩格斯选集》（第 1 卷），人民出版社 2012 年版，第 9 页。

劳动教育课堂中要将马克思主义的劳动理论讲透彻，在校园内弘扬正确的劳动观，让广大学生牢记所肩负的历史使命，用科学的理论指导劳动实践。马克思劳动观系统地研究了人类劳动的本质性与必然性，"在劳动发展史中找到了理解全部社会史的锁钥的新派别"①并对资本主义社会中的异化劳动进行了深刻批判，指出只有在共产主义制度下劳动的自由自觉才能实现。掌握马克思主义劳动观既有利于增强对马克思主义理论体系的理解，同时也是对新时代背景下劳动实践开展的有益指导。

习近平对劳动问题的论述是习近平关于劳动观的重要内容，是对马克思主义劳动观在新的历史条件下的重要发展，体现着中国共产党执政理论的与时俱进并对新时代劳动教育的新变化、新要求做出了回应。高校劳动教育的理论教育内容应在习近平新时代中国特色社会主义思想的指导下，帮助学生从整体上把握劳动与实现"两个一百年"奋斗目标的关系，理解劳动与实现中华民族伟大复兴的中国梦之间的关系等问题。

2. 以生产劳动实践活动为内容

马克思指出"全部社会生活在本质上是实践的"②，教育学生形成实干至上、行动至上的实践理念是高校劳动教育重要的培养目标，因此劳动教育要避免仅以理论讲解为主而要兼顾采用丰富的实践活动作为教学内容。让学生亲身参与劳动过程，这既是劳动教育的最终目标，也是对劳动教育成效进行实践检验的过程。部分大学生虽然对劳动生产理论有正确的认识，但无法将理论落实到行动中去，这依然意味着劳动教育未取得应有的成效，为解决这一问题，高校劳动教育要增加生产劳动实践的教育内容。

以生产劳动实践作为高校劳动教育的内容，可以从以下方面开展，一是通过日常生活中的家务劳动帮助大学生养成劳动习惯，如寝室卫生大扫除等。二是通过参与企业实习帮助大学生塑造创新劳动意识。三是鼓励参与志愿服务活动，培养大学生的奉献精神。高校劳动教育应依托各种活动载体，让学生在实践中享受劳动带来的乐趣、感受劳动的光荣与伟大，以此形成正确的劳动观。总之，高校劳动教育应重视理论与实践的结合，从

---

① 《马克思恩格斯选集》（第4卷），人民出版社2012年版，第265页。
② 《马克思恩格斯选集》（第1卷），人民出版社2012年版，第135页。

理论教育中真正感悟劳动真谛，从劳动实践中体验劳动价值，培养知行统一的劳动观，实现劳动教育成效的持续增强。

（三）传承与创新相结合的原则

与科学技术发展伴随的是时代的更新与社会的进步，劳动形态也在这过程中发生着变化。大学生劳动教育不论是在理论研究背景、研究对象还是在劳动实践本身等方面都有了全新的改变。为此，在新时代背景下对大学生进行劳动教育，要深刻认识劳动的新变化、新特点，始终围绕解决社会的新问题。因此，劳动教育不仅要传承中华优秀传统，还要回应时代发展要求，在继承中谋创新、在创新中谋继承、不断革新高校劳动教育体系。

1. 大学生劳动教育内容的传承与创新

高校劳动教育内容的传承有两个重要问题值得关注，其一是继承中华民族优秀的传统劳动观。自古以来，中华儿女辛勤勇敢、开拓进取，形成了优秀的劳动品质并在一代代的传承中激励中国人民不断勇毅前行，以坚毅顽强的实践精神渡过重重难关。高校应鼓励引导大学生传承优秀的劳动品质，在继承华夏劳动精神中完善高校劳动教育体系。其二是继承马克思主义劳动教育观。人及人类社会由劳动创造是马克思唯物史观的基本观点之一，随着人类社会的发展，劳动成为物质财富的源泉，在共产主义社会下，劳动能够实现人的自由全面发展，劳动是人的本质属性。即使在人工智能与网络时代，部分人类的体力劳动已被机器所取代，人类的娱乐时间也由此增加，但这一属性依然决定了劳动是人类历史发展的基本动力，美好生活的实现仍需由劳动创造。马克思主义劳动教育观强调生产劳动与教育要实现有机融合，这是一种科学的劳动教育观念，为大学生劳动实践指引了正确方向，高校劳动教育必须继承这一优秀内容。总之，新时代高校劳动教育要以既生动又深刻的方式，深入阐释马克思主义劳动教育理论，同时大力弘扬中华民族优良的劳动传统，筑牢劳动教育的学科理论基础。

高校劳动教育内容的创新主要有两个关键点：一要引导大学生对劳动新内涵的认识。在时代的发展进步中，新兴产业与日俱增，劳动也呈现出诸多新形态。当劳动形态发生了新的变化，高校劳动教育必然需随之改革。在新时代的背景下，对大学生进行劳动教育应注意不要将劳动片面地理解为体力劳动、简单劳动等，而是应该及时认识到劳动形态的发展性特征，并引导学生对服务性劳动、创新性劳动及其他类型劳动形式的重要意义有充分的认识。使大学生充分认识劳动内涵的丰富性与发展性，不能将某种劳动形式理解为整个劳动形式①，更不能单纯以某种劳动形式来否定其他劳动形式，应对所有有利于社会与人民的工作岗位——无论其职务大小——都保持最大的尊重。高校劳动教育不仅要帮助学生正确理解劳动的内涵，还要瞄准劳动新形态，进一步促进产教融合发展，增强大学生不断从事科学劳动和创造性劳动的能力②。二要引导大学生对生态劳动③形成正确的认识。随着社会生产力水平的发展和生产关系的变化，人类改造自然的实践能力不断提高的同时，自然环境也遭到持续破坏，生态危机是人类社会可持续发展的最大阻碍。因此，高校劳动教育内容中应当增加促进大学生形成环境保护意识的创新内容，帮助学生养成良好的绿色劳动习惯，将生态劳动落实在生活的各个方面。

2. 大学生劳动教育方法的传承与创新

传统劳动教育模式经过了社会实践的不断检验是一种行之有效，能够得到良好效果的教学模式，因而应系统总结高校劳动教育发展历程中已经形成的优质劳动教育模式，继续创造出丰富的劳动教育实践成果。当代大学生的学习与生活都离不开网络，可以说是与互联网相伴随的一代。基于此，在传承优秀传统劳动教育方式的同时，还应开辟劳动教育新途径和新办法。

新时代，信息技术广泛应用于教育领域，网络教育方式和手段也不断革新，高校劳动教育可以借助现代化网络技术，选用体现时代感的教育内容并通过采用慕课、微课等直播课程与录播课程相结合的方法讲好劳动教育。在正确利用人工智能等新技术教学中结合大数据系统全面地统计学生

---

① 刘向兵：《新时代高校劳动教育的新内涵与新要求——基于习近平关于劳动的重要论述的探析》，《中国高教研究》2018 年第 11 期。

② 贾丽辉：《新时代高校劳动教育的价值意蕴、实施原则及策略》，《现代教育管理》2021 年第 6 期。

③ 徐海红：《生态劳动与生态文明》，人民出版社 2013 年版，第 121 页。

的学习情况，以此打造高效全面个性化的劳动教育模式。同时，师生之间的交流方式与沟通情况也值得关注。在教学之外，师生间良好交往关系的建立有助于提升劳动教育的吸引力，因此在推进网络教育新方法时，同时利用各种互动性强、及时性高的交流软件，与大学生进行平等的交流，以平等互动的理念开展劳动教育，以此不断优化实践教学效果。

（四）普遍与特殊相结合的原则

马克思主义唯物辩证法认为，矛盾贯穿于事物发展过程的始终，矛盾既有普遍性又有特殊性，两者既辩证又统一。所谓矛盾的普遍性，就是矛盾的共性、矛盾存在的绝对性，承认矛盾普遍性是一切科学认识的前提。所谓矛盾的特殊性，就是不同事物的不同矛盾、具体事物的矛盾及每一个矛盾的各个方面都各有其特点。高校劳动教育作为一项发展中的事业必然是普遍性与特殊性并存，因而普遍性与特殊性相统一的原则是高校劳动教育应遵循的重要原则之一。

1. 宏观政策中的普遍性与特殊性相结合

从宏观政策看，高校劳动教育应学习贯彻习近平总书记在全国教育大会上的讲话精神，深入落实《关于全面加强新时代大中小学劳动教育的意见》的文件精神。同时要以马克思主义劳动教育观为指导思想进而保障高校劳动教育的系统性、科学性。在遵循教育教学规律与宗旨，落实中央整体部署的同时，必须坚持灵活的培养方式以保障教育的实效性。各高校应将劳动教育课程统筹安排进教学进度中，科学把握劳动教育的重点内容、运行机制及其他特征。从师资配备、机制保障等方面发力，建立完善的劳动教育系统。同时要将劳动教育与思想政治教育、专业教育等有效结合起来，推动构建高校协同育人体系，把劳动教育落实在教育的各个方面中。此外，通过呼吁全社会共同参与，推进劳动教育深入发展，加强教育效果。坚持高校劳动教育整体性与普遍性原则，能极大避免劳动教育在高校教育中的弱化淡化问题。

高校劳动教育在遵循系统性的规划部署之外，更要量体裁衣地采取最适合本校学生的教育措施。由于我国区域间存在发展不均衡的状况，在实际教育条件上难免有所差别，高校要根据当地学生的特点、分析当地资源的特色，从各地区实际学情出发，结合所在区域的产业及资源特点，采取最适合的教育形式，切忌"一刀切"，力求因材施教，多形式、多途径地开展劳动教育进而提高教育针对性。同时，依据各种学校类型因校制宜地进行劳动教育，如对于职业型院校而言，劳动教育的核心组成是帮助学生形成爱岗敬业的优良职业道德，培养他们的工匠精神。使学生深入掌握新知识、新科技以及新处理工艺的能力，培养对创新问题的处理能力是对普通高等学校学生劳动教育提出的要求。重视锻炼学生革故鼎新的创新思维的培养则是对研究型高校提出的劳动教育内容要求。高校劳动教育不仅需要从整体上把握劳动育人导向，更需要考虑自身的实际情况，将教育的整体性与灵活性有机融合。

2. 微观教学中的普遍性与特殊性相结合

从微观教学上看，高校劳动教育应以学生中存在的共性问题为导向，同时也应以个性问题为关注重点。劳动教育是由对劳动的认知、情感、精神以及信念等几部分构成，因而要对劳动教育进行层次性设计，劳动教育的教学进度应按照由浅入深，分阶段方式地进行。如以本科学段为例，对各不同学年在教育主要内容上应有不同的侧重，对于低年级的大一和大二的学生要加强马克思主义劳动观念与认知的培养。大三的学生要以劳动实践课程为中介，通过参观企业、走进工厂、参与农耕等教学形式，唤起对辛勤生产的劳动人民的情感。而大四学生要通过参与企业实习锻炼，规划职业生涯等教学方式，塑造学生的劳动精神与信念，从而为毕业后步入社会、走上工作岗位打下基础。

当然，由于劳动教育内容既是逐层深入又是相互联系、密不可分，无法做简单的分割，因此以年级为划分标志进行劳动教育内容设计时并没有严格的界限，在对不同年级学生开展劳动教育中应兼顾教学内容之间的联系性与特殊性。此外，在教育过程中不可忽略学生群体与学生个体所具有的共性与个性。整体而言，每一代青年在社会大环境的共同影响下，具有一定的相似的理想与特征，但由于其家庭教育的差异，每位学生的情况又是各不相同的。因而在高校劳动教育中一方面应抓住新时代大学生的整体特征进行教育，另一方面还要对学生开展个性化指导，坚持全员育人与个别指导有机地结合。

第五章　新时代中小学劳动教育

劳动教育既涉及学生综合素质培养，又关系着国家人才储备的质量，乃至影响着一个民族未来的综合国力。从中华人民共和国建立到现在，党和政府制定了多项教育方针为劳动教育实施提供有力的政策法律支持，促进了中国特色社会主义教育事业的蓬勃发展。

第一节　中小学劳动教育的历史回顾

回顾中华人民共和国成立以来中小学劳动教育发展历史，分析以劳育才的人才培养规律，在历史经验中辩证认识劳动教育与德智体美教育的关系，是推动我国中小学劳动教育不断发展的重要一步。一方面从劳动教育政策演变中探寻经验予以继承、总结教训予以规避；另一方面系统研究当前中小学劳动教育的价值困境，以问题导向推进劳动教育发展。

一　中小学劳动教育的政策演变

在源远流长的文化发展史中，中华民族有着重视劳动教育的传统。在中华人民共和国成立后，这一传统在教育理论方针政策和实践探索中得以体现。我国劳动教育政策伴随着社会经济发展，生产力水平提高以及教育理念变化在不同历史时期表现出了不同的特征。

（一）中小学劳动教育探索时期

1949 年到 1977 年间，我国处于社会主义建设发展与国民经济复兴的重要阶段。劳动教育在这一时期处于建国开创之初的探索时期，如何建构适合中小学开展的劳动教育课程体系是主要问题。早期的劳动教育并未被设置为独立学科，而是结合到其他学科教育中实施。1952 年《小学暂行规程（草案）》指出，劳动教育实践设置在各实验课、实习课中或于课后时间开展，不单独占用教学课程安排。

劳动教育被正式纳入中小学课程体系是在 1955 年 9 月颁布的《小学教学计划》① 中，该计划提出要在小学课程中增加了手工劳动课。此后，中小学教育体系中开设了多类劳动教育的理论课程，如农业常识课、工业基础知识，同时也有组织学生进行农业实习和工厂实习的实践课程。至 1957 年，中小学劳动教育课程发展已初具体系，建立了一系列旨在培养学生掌握基本生产技能的课程内容，让学生了解相关工农业生产的基本原理、学习一定的基本技能，一方面使得学生在学校完成就业的准备，另一方面这也使教育与生产劳动相分离的育人局面得到一定程度的改善。

劳动教育课程在实际中的作用日益明显，人们对于劳动教育的关注度与重视度也逐渐增强。《1958—1959 学年度中学教学计划及说明》② 中提出学校要强化劳动教育，并对学生参与体力劳动的时间做出了规定。根据这一课程计划，中小学劳动教育课程做出了重要调整，在教学内容安排上，依托原"生产常识"课程，增设了"生产劳动"课程和"体力劳动"课程。在教学时间安排上，从最初的一周 1 节改为一周 2 节，予以更多的教学时间。同时建立"半工半读""勤工俭学"的教育制度，使学生在劳动中既获得实践经验又获得生活补贴。总的来说，探索时期的中小学劳动教育在以培养学生的劳动知识与技能为主要目标的同时，对劳动教育的德育作用也有所强调。

---

① 《小学教学计划》，《中华人民共和国国务院公报》1955 年第 16 期。
② 吴履平：《20 世纪中国中小学课程标准·教学大纲汇编：课程（教学）计划卷》，人民教育出版社 2001 年版，第 260 页。

（二） 中小学劳动教育发展时期

进入改革开放时期的中小学劳动教育，所面临的主要任务是解决前期探索中遗留的课程设置问题，并对劳动教育的课程目标进行重新整合。1978 年 1 月《全日制十年制中小学教学计划（试行草案）》发布，做出自四年级以上的年级都应开设"兼学"课程的规定。"兼学"即是指在正常学业外，兼顾学习工农知识。同时对劳动时长做出了限制，每天工作不得超过 4 个小时。①"兼学"课程的教育内容大多以作物栽培、动物饲养等方面的基本知识为主，要求初中阶段每学年授课时长为 6 周，高中阶段授课时长为 8 周。从教学效果而言，"兼学"课与"生产劳动"课都属于中小学劳动教育的范围，随后劳动教育的核心教育场域便逐步回归至学校中。中小学劳动教育课程的过渡完善也正是在此过程中完成。

1981 年教育部颁发《关于制订全日制六年制重点中学教学计划试行草案的几点说明》，并在这一说明中首次提出了以劳动技术命名的教育课程。要求"中学阶段开设劳动技术课，进行劳动技术教育，使学生既能动脑，又能动手，手脑并用，全面发展。"② 劳动技术教育主要包括以下四类内容：一是工农业生产教育；二是服务性劳动教育；三是职业技术教育；四是公益劳动教育。其中，职业技术教育的教学具体内容由各个学校依据实际情况自主决定，采用适合学生发展、满足本地需要的基础技术作为内容进行教学设计。

1992 年 8 月《九年义务教育全日制小学、初级中学课程计划》③ 对劳动教育的发展做出了进一步的指导，区分了小学教育阶段与中学教育阶段的课程差异，提出在小学开设劳动课，而在中学继续延续劳动技术课程，以帮助儿童和青少年在从事简单的家务劳动、社会公益劳动和生产活动中获得关于劳动的基本知识与简单技能，塑造热爱劳动人民、珍惜劳动成果

---

① 吴履平：《20 世纪中国中小学课程标准·教学大纲汇编：课程（教学）计划卷》，人民教育出版社 2001 年版，第 327 页。

② 刘英杰：《中国教育大事典》，浙江教育出版社 1993 年版，第 597 页。

③ 《九年义务教育全日制小学、初级中学课程计划（试行）》，《人民教育》1992 年第 9 期。

的情感，形成正确的劳动观。总体而言，这一时期的劳动技术课的教学目标重点在塑造中小学生的劳动观念，这是对前期以经济利益为主的教育导向的超越，在这一基础实现了中小学劳动教育的更新与重构。

（三）中小学劳动教育转型时期

21 世纪以来，基础教育课程改革的浪潮在全国范围内展开。国务院于 2001 年 5 月发布的《关于基础教育改革与发展的决定》中，明确提出："教育必须与生产劳动和社会实践相结合"。① 随着各地对教育政策的深化调整，我国中小学劳动教育开始进入转型时期。2001 年 6 月《基础教育课程改革纲要（试行）》规定，中小学阶段都应开设综合实践活动课并将其列为必修课程。其主要内容包括信息技术教育、研究性学习、社区服务、劳动与技术教育等。② 围绕这一教育方针，以往的"劳动技术"课程停止开设，综合实践活动课自此成为劳动教育的主要课程载体并沿用多年。

在多元劳动形态的发展、复杂社会需求的增加以及学生个性化发展呼声日益强烈的大环境下，中小学劳动教育课程迎来了一系列新挑战。为解决中小学劳动教育新出现的问题，2015 年由教育部、共青团中央和全国少工委联合颁发了《关于加强中小学劳动教育的意见》，就中小学劳动教育的目标、原则、环节与保障机制做出了新的指导，提出劳动教育要以提高广大中小学生的劳动素养为主要目标，坚持思想引领、有机融合、实际体验和适当适度的基本原则，将落实相关课程、开展校内劳动、组织校外劳动及鼓励家务劳动作为劳动教育的关键环节，在保障机制上要加强统筹协调、师资建设、资源开发和督导评价。③ 随着劳动教育的重要性逐渐被社会所认识，劳动教育课程的科学建设与发展，必然需要一个课程标准进行引领。2022 年《义务教育劳动课程标准（2022 年版）》④ 的出台，为中小学劳动教育指明了方向。《课程标准》指出义务教育阶段的劳动教育课

---

① 《国务院关于基础教育改革与发展的决定，《人民教育》2001 年第 7 期。
② 《基础教育课程改革纲要（试行）》，《人民教育》2001 年第 9 期。
③ 《教育部 共青团中央 全国少工委关于加强中小学劳动教育的意见》，《中华人民共和国教育部公报》2015 年第 9 期。
④ 《义务教育劳动课程标准》，北京师范大学出版社 2022 年版。

程的实施，应以丰富而开放的劳动项目作为载体，有目的、有步骤地安排学生进行日常生活劳动，生产劳动以及服务性劳动的锻炼，以培养形成正确的劳动价值观、良好劳动品质。按照义务教育课程标准的规定，劳动教学课程每周平均不低于一节课，这为学校劳动教育课程安排预设了充足的教学时间。

从政策演变上，可以发现在劳动教育的内容与观念上，有一个由浅入深、由单一到全面的发展、充实与完善的过程。从价值诉求上，尽管在各个历史阶段的实践中，劳动教育的侧重点存在着一些差异，但是都是根据当时的具体实际推动了劳动教育的发展，为培养出全面发展的社会主义建设者和接班人做出了贡献。

二 中小学劳动教育的价值追求

中小学劳动教育的价值在于通过多样的劳动活动促进学生的全面发展，在提高劳动素养的过程中，对德育、体育、美育也有积极的促进作用，促使学生对劳动与个体、社会以及自然的关系有更加深刻的了解。在现实教育中，中小学劳动教育面临着教育效果与预期设想不相符的问题，在价值理念、价值取向和价值实现等诸多方面呈现出新挑战，成为当前"五育并举"教育体制改革中的一个薄弱环节。

（一）追求辩证统一的价值观念

劳动教育价值观念的畸形化主要表现为目前社会上普遍存在着"重智力、轻体力"的片面观点。在人类历史发展的最初阶段，智力和体力是紧密联系的，马克思指出"单个人如果不在自己的头脑支配下使自己的肌肉活动起来，就不能对自然发生作用，劳动过程把脑力劳动和体力劳动结合在一起了。"① 随着工业革命的开展，人们逐步地对社会分工进行了精细的划分，在这过程中，脑力工作与体能工作的差别也被扩大。"生产过程的

---

① 《资本论》（第1卷），人民出版社2004年版，第582页。

智力同体力劳动相分离，智力转化为资本支配劳动的权力"。① 简单体力劳动越来越被高素质高技术劳动所替代，由此带来的对体力劳动的歧视状况并没有得到有效改变。

尽管现代劳动的主要形态有从体力劳动向脑力劳动转向的趋势，但当前体力劳动与脑力劳动的社会分工仍然比较明显。尤其是在进入信息社会后，部分纯体力劳动的岗位已经被机器及人工智能替代，在此背景下的体力劳动更加受到了人们的轻视，社会舆论并未对不同类型的劳动、不同类型的职业一视同仁。部分青少年表现出了不爱劳动、不愿劳动、不会劳动的特点，他们在家庭中受父母的呵护，在学校里有老师的关心，劳动教育似乎并不是他们成长过程中必不可少的一个环节，因此他们也不会积极地参与到劳动过程中来，更有一些年轻人幻想不劳而获。劳动在他们心目中已不是什么光荣的行为，劳动模范也并非荣誉称号，相反他们追逐消费主义、享乐主义，追寻的理想不再是需要时间积淀成果的科学家或是需要精力钻研技术的工匠，而是可以一夜成名的"网红""博主"这些错误的劳动价值观念亟须得到纠正。

受舆论氛围的影响，在当前学校劳动教育导向中出现了重脑力劳动、轻体力劳动的现象，教育者仍然将脑力劳动放置于较为核心的地位，未能充分认识到劳动教育的整体性，而受教育者在参与实践活动中也不愿进行体力劳动。但随着生产社会化的不断加深，体力劳动与脑力劳动的再度结合成为时代发展的必然。社会发展也对劳动者应具有的体力与脑力双重素质做出了要求，中小学劳动教育需要针对劳动教育价值观念畸形化的问题做出及时调整，培养学生形成体力劳动与脑力劳动辩证统一的价值观。

（二）追求全面育人的价值取向

实用主义与利己主义观念在市场经济的催化下普遍存在于社会大环境中，这对中小学劳动教育的育人效果造成了一定程度的消解。劳动教育的外在经济价值逐渐掩盖了其内在的育人价值，存在部分家庭与学生过于重视劳动教育带来的物质利益，而忽视了其中蕴含的本质育人功能。物质化

---

① 《资本论》（第1卷），人民出版社2004年版，第487页。

追求不应成为学校教育的目的，如果教育以获取实际的物质作为价值导向，强调劳动必须有实物所得，那么所培养出来的学生必然无法对劳动过程保持享受的心态，更不会领悟到劳动对人全面发展的促进作用。

功利化的价值取向将会误导学生认为学习的最终目的不过是取得一份高薪的职业，掌握的知识与技能也只是为金钱服务，在进行职业生涯规划时，不选择需要深入生产一线的工作、不选择需要到偏远地区的职业、更不选择需要扎根基层服务的岗位，在网上流传甚广的"宇宙的尽头是编制"甚至将"生、化、环、材"戏称为"四大天坑"专业，很明显这是在用职业薪水的高低衡量专业的重要性，即使人类文明的进步都离不开这四门专业，但始终有人对这些专业抱有偏见。这充分体现出现阶段部分青年学生群体更加关注个人利益，片面认为自身的安稳是学习与工作的全部价值所在，对于社会的整体需要与国家利益的关注缺失。

劳动教育价值取向功利化是社会整体氛围与家庭教育导向出现偏差的结果，需要二者共同努力调整方向，才能使中小学劳动教育发展不偏航。如开展各类劳动实践活动时，应着重观察学生的劳动过程而非仅仅以结果与名次评价学生，或是将劳动行为融入学校日常教学中，强调学生情感与意志的培养，将全面育人作为中小学劳动教育的价值取向。

（三）追求稳定持续的价值实现

劳动教育价值实现的矛盾化是指学生的劳动价值观与其劳动行为存在冲突的现象。学生一方面赞同马克思主义劳动观，另一方面却又受到了不良风气的影响，在价值观上表现为利他主义和利己主义并存。例如，"当班级需要全体同学进行集体劳动"这一问题出现在试卷中时，同学们一般会选择参与集体劳动。但在现实中，某些同学会寻找理由不参与集体劳动，不愿意对集体做出贡献。不少学生产生了错误的价值观念，认为劳动是生存的必要条件，但如果拥有一定数量的物质财富后，劳动就成为一种非充分条件。多元劳动价值观念的共存，使得学生对劳动的认知、情感处于迷茫的境地。

劳动教育价值实现的矛盾化在学校层面也有体现，具体为教育政策与教育实施之间存在差距。虽然各中小学校认同并执行着国家的劳动教育政策，但是由于现实条件所限，劳动教育在具体实施过程中难免有不完善之处。部分学校将劳动教育局限于单纯的体力劳动，如组织学生做卫生清洁等诸如此类的活动，而并没有安排单独的课时。甚至有学校将劳动作为一种惩罚学生的手段，安排违反班级纪律的学生担任值日生，这在无形中让学生对劳动行为产生了排斥的心理。

当前劳动教育课程在中小学课程体系中的学科地位相对边缘，教学课程的设置比例相较于文化课的开课数量较低，劳动教育课程的资源开发较少且整合不充分。具体而言，学校内部的专业劳动教育师资队伍培养缓慢加之学校外部的劳动教育实践基地建设不足，造成了中小学劳动教育课程实施受到时间与空间的双重局限，教育资源无法得到充分利用，这都使学校劳动教育难以达到预期效果。在健全教育现代化治理体系的新阶段中，深化中小学劳动教育是新时代劳动教育发展的重要环节之一，因此要全面理解劳动教育的价值追求，深刻把握劳动教育的历史进程与未来方向，以系统科学的现代教育观推动劳动教育发展，完善人才培养机制。

第二节　新时代中小学劳动教育的规划设置

中小学校的劳动教育课程作为中小学劳动教育的现实主要载体，其课程设置规划直接影响着劳动教育的质量和效果。我国劳动教育从中华人民共和国成立至今经历了七十多年的发展过程，在课程设置上也日趋成熟，但当前仍存在着诸多问题。在新时代加强劳动教育的背景下，对我国中小学劳动教育课程演变的历史进程进行梳理，分析课程建设的发展趋势，归纳总结劳动教育发展的要素特点，对新时代的中小学劳动教育的新发展具有重要借鉴意义。

一　中小学劳动教育课程特征

劳动教育课程是中小学生接受劳动教育的重要渠道。学科课程所具有的教育完整性与教育科学性是其他教育方式所不能替代的。因此，分析中小学劳动教育课程设置的特征并依托系统的课程体系开展教学，是实现学校劳动教育开展常态化的必然要求。

（一）对育人价值的重视

中华人民共和国成立初期，我国确立了面向工农、面向生产建设开展教育的方针，旨在培养既有社会主义觉悟又有文化的劳动者。在《1958—1959 学年度中学教学计划及说明》[①] 中指出劳动教育在社会主义国家的教育事业中占有着重要地位，同时这也是区别于旧式教育的重要标志。诸多教育方针政策都说明，中小学劳动教育在初期发展中具有一定的政治属性，社会主义社会的教育体系中不能缺少劳动教育。

进入改革开放时期的中小学劳动教育逐渐显示出劳动对个人发展作用的重视，劳动教育课程将教学中心转向对学生综合素质的关注，培养学生的劳动习惯与劳动情感。在这一时期的劳动教育的相关政策文件中，已经不存在对劳动的生产价值、经济效益等非育人功能的关注。劳动教育已经凸显其教育意蕴并逐步意识到开展劳动教育的目的并不在于劳动强度与劳动时间，而是要借助劳动这一身体力行的形式来对学生进行教育。

新时代中小学劳动教育在前期发展的基础上，更加强调对学生的劳动观念、劳动意识与劳动习惯的培养，[②] 更加重视对学生的主体性、能动性与创造力的养成。新时代劳动教育将实践育人视为其价值实现的首要目标，旨在让每一位学生都拥有在未来独立生活、独立工作的信心与能力，以足够的热情与毅力建设社会主义现代化强国。

（二）对课程内容的革新

从历史上看，劳动形态的变化影响着人们的生活方式、思维方式等多个方面。每一时代劳动形态的发展更新主要由生产力发展水平所决定。在农业社会中，人们主要利用纯体力作为维系生存的基本劳动形态。进入工

---

① 吴履平：《20 世纪中国中小学课程标准·教学大纲汇编：课程（教学）计划卷》，人民教育出版社 2001 年版，第 260 页。

② 司图南：《劳动教育的定位及意义》，《教育科学研究》2018 年第 9 期。

业社会，劳动形态已经转换为以大机器生产为主、人工为补充。而随着计算机与互联网的发展，信息社会时代的生产劳动则主要以自动化生产与人工智能相结合的形态呈现。

一定时期的教育水平体现着该时期内文化、政治与经济的发展水平，并且教育内容也受其影响。中华人民共和国之初我国生产力水平较为欠缺，受此影响的中小学劳动教育的具体内容更多侧重于体力劳动，即以农业、手工业为主。这一时期的劳动教育就是要为经济与社会发展提供物质支持与人才储备。自改革开放后，我国中小学劳动教育在课程内容上以职业技能教育为主，围绕劳动技术为主题进行教育内容的设计，因而这一阶段的劳动教育课程以服务学生就业与工业建设为主要实施目标。

21 世纪以来，伴随着生产力的不断发展、生产关系的不断优化，我国文化与信息技术等相关产业的不断崛起以及社会经济结构的调整与升级，过去以工农业生产为重点内容的教学安排受到了现实需求的挑战。通过梳理劳动教育内容变革的历史可以发现，社会生产力变迁是导致劳动形态发生改变的关键因素，而劳动形态的改变又对劳动教育的教学内容产生了直接的影响。

可见，每一时期的中小学劳动教育在教学内容的安排上各具有明显的历史特点与时代差异。党的十九大报告指出，从 2020 年至 2035 年我国将跻身创新型国家的前列，① 这一发展蓝图也说明了新时代对于知识型、技能型、创新型劳动人才日益迫切的需求。针对现实需要，中小学劳动教育必然作出相应的调整，根据劳动形态的发展变化紧跟时代步伐，增加服务劳动、创新劳动的教育内容，为学生提供更多体验劳动新形态的机会，形成新时代中小学劳动教育的新方向，② 继而创造出新辉煌。

（三）对实施方式的更新

与中小学劳动教育课程内容的更新相伴随的是课程实施方式的更新。

---

① 《习近平谈治国理政》（第 3 卷），外文出版社 2020 年版，第 22 页。

② 檀传宝：《劳动教育的概念理解——如何认识劳动教育概念的基本内涵与基本特征》，《中国教育学刊》2019 年第 2 期。

从中华人民共和国成立至改革开放前，中小学劳动教育以农业与手工业为基础的生产劳动知识和技能学习为主要教学内容，因而这一阶段劳动教育课程既有对学生进行农业劳动基础知识与技能的课堂传授，也有让他们深入田间地头砍柴种地的农耕实践。在改革开放过程中，劳动技术教育成为此时主要的教学内容，中小学生除了在教室里学习有关基本知识，也要定期参加学校开设的"兼学"课程，这一课程为学生安排了工厂参观、研习等理论与实践相结合的活动，在这一过程中，学生既能以轻松的校外活动调节学习生活又能够拓宽自己的视野。

基础教育课程改革后，尤其是在 2015 年出台的《关于加强中小学劳动教育的意见》中，教育部门特别强调要通过组织校内劳动、安排校外劳动、开展家务劳动等多种形式对学生进行劳动教育。[①] 劳动教育的场地也不再局限在学校，许多地区已经通过建立与企业、农场等单位进行合作的多种类型的劳动实践及社会研习基地，从而有针对性地设计与开展实践教学，开辟出了中小学劳动教育课程实施的新途径。

回顾中小学劳动教育的发展历史，教育实施方式的变化整体呈现出多元化、多样化的趋势。一方面是劳动教育实施主体的多元化，除学校主体外，家庭与社会也参与到中小学劳动教育过程中；另一方面是劳动教育实施形式的多样化，其中既有课堂之中的理论知识讲解，也有田野之上的耕作实践，更有工厂之内的生产实习，中小学劳动教育课程的实施渠道日益丰富多样。

二 中小学劳动教育课程趋势

通过对中小学劳动教育课程的具体阶段以及整体发展进行分析，可以发现中小学劳动教育课程的开展过程不仅体现出了社会变迁的特点，同时也呈现出中小学劳动教育开展的基本规律。当前我国中小学劳动教育课程设置上主要表现出了方向性、时代性、整合性和特色性这四个主要特点。

---

① 《教育部 共青团中央 全国少工委关于加强中小学劳动教育的意见》，《中华人民共和国教育部公报》2015 年第 9 期。

（一）中小学劳动教育的方向性

劳动作为一种对象化活动，实现了人与自然的物质交换，形成了社会交往关系。对中小学劳动教育课程而言，教育的核心任务就是要让学生在与自然和社会的生产实践交往中掌握所需要的劳动知识和劳动技能、学会如何团结队伍进行劳动协作，进而成长为有责任有担当的栋梁之材。因此，中小学劳动教育应将学生的劳动素养作为培养重点，向学生提供更多自然、真实的劳动实践机会，让他们在体验劳动的同时学会劳动、热爱劳动。

随着全社会越来越重视劳动教育在塑造素质人才、培养创新人才中的重要作用，劳动教育逐渐在学校的课程教学设置中成为重要内容。但在具体实施中，还是将其作为综合实践活动的组成内容进行安排，这反映出了现阶段中小学劳动教育的课程地位与所承担的任务不匹配[1]，导致出现了先进教育理念与滞后课程统筹之间的矛盾。可见，教育课程设置的稳定性问题在不同程度上影响着劳动育人的效果，而方向性则是保持稳定的关键因素。

在劳动教育课程安排上，方向性需要通过顶层设计即专门的劳动教育课程实施政策给予保障，从国家层面确定劳动教育在国民教育制度体系中所处的重要位置、明确劳动教育课程应实现的教学目标。劳动教育作为我国义务教育的重要构成部分，具有与其他学科同等的重要性，这就要求在宏观政策中，要对中小学劳动教育进行整体的课程设计。此外，为形成具有指导性、前瞻性与现实性的劳动教育课程规划，不仅需要学科研究者、教育管理者更需要一线的劳动教育教师队伍充分参与其中，在多方的沟通与交流中保障新时代课程设置的方向性。

（二）中小学劳动教育的时代性

每一阶段的教育始终会受到某一时期政治环境、经济条件以及文化氛围的影响，中小学劳动教育课程的设置同样如此。每一时期的劳动教育课

---

① 徐长发：《新时代劳动教育再发展的逻辑》，《教育研究》2018 年第 11 期。

程与教学都体现着时代的变化与要求。纵观我国中小学劳动教育课程的历史，劳动教育从主要内容上看大致可分为三种类型：第一类是工农业生产劳动，主要为简单的手工劳动与技术劳动；第二类是日常劳动，主要是学生的自我服务劳动与家务劳动；第三类是社会公益劳动，主要为社会服务、义务劳动等。这三类教育内容虽各有侧重，但从教育效果完整性而言都必不可少。

新时代中小学劳动教育课程设置的时代性挑战在于是否能对教学内容进行及时更新。劳动作为人类本质力量的一种对象化的活动，劳动的具体形态是在适应时代发展中不断变化的。随着信息技术的不断发展，人工智能与大数据的广泛应用造就了许多的新兴产业，产生了网店、快递等与互联网相关的新行业，衍生出了淘宝直播、试衣模特等新职业。而这些变化无疑改变着人们的日常生活方式，也影响着青少年的未来发展。劳动教育的课程设置应把握住时代发展的特点，课题教学内容选定同样需要与时俱进，根据时代的变化与经济的发展，追踪劳动新形态作为课程内容设置的补充。劳动行为本身的实践特性决定了课程内容安排的时代性，内容陈旧僵化的劳动教育既不能满足学生成长的需要也无法适应社会的发展。这也对中小学劳动教育的师资素养提出了一定的要求，如何从时代取材、培养学生创新创造精神成为劳动教育的新课题。

近年来，不少中小学通过引进或借鉴国际 STEM 课程，提高学生的实践动手能力，但对于此类国外课程的本土化还做得不够完善，存在内容时代性不足的问题。构建与时代发展同向的劳动教育课程内容是培养学生创新精神的重要环节，这既需要学校方面挖掘时代素材，也需要当地企业积极联动，为学生提供实地参观、学习新技术新产业的机会。实现产教融合是劳动教育课程设置时代化的手段也是劳动教育发展的重要目的之一。

（三）中小学劳动教育的综合性

劳动教育的育人功能不仅作用于劳动素养本身，也体现在道德涵养、智力开发等诸多方面，优质的劳动教育能够促进德智体美的协调发展，正是这一综合育人的特征决定了劳动教育课程设置也要与此适应，形成校内教育课程互动、校外教育环境联动的整体布局。

协调中小学劳动教育课程与其他学科课程体系的结构关系。课程结构是指不同学科课程设置的比例与逻辑，某一课程的所占比例越大意味着该学科的重要程度越高，同时也决定着师生投入时间的长短。新课程改革实施以来，劳动教育就列入中小学的综合实践活动课程，这虽然直接体现出劳动教育的综合性与实践性的特征，但从另一方面也揭示出劳动教育所面临的现实定位模糊、实施过程含糊的困境。对于如何准确地把握劳动教育的综合性，使其融合进其他课程的同时保持自身的特色，如何让作为学科的劳动教育能够真正纳入学校整体课程等问题的解决，需要从劳动教育课程的宏观设置与具体实施两个方向进行。劳动教育的综合性要求在安排课程时，整体考虑学科的时间分配，在劳动教育课程实施中采取研究学习与亲身实践相结合的教学模式。在劳动教育课程设置上，明确每一年级与每一学年的课时比例、教学进度，挖掘劳动教育与其他学科之间的衔接点，以此保证课程实施的系统性。

营造良好的课程实施环境让劳动教育的各主体即家庭、学校与社会三方能够有统筹合作的环境，以便更充分地利用各类课程资源。劳动教育课程资源作为课程实施的基础素材，其使用程度影响甚至限制着劳动教育的质量，这种影响一方面体现在资源的丰富程度，另一方面体现在资源的开发与运用水平。这即是说课程资源的适切程度是中小学劳动教育课程效果的因素之一，[1] 因而中小学可以联合所在地区的其他兄弟学校共享优质的教育资源，调动社会的多方力量整合特色教育资源，让课程资源满足实践教学所需。在多方合作的育人环境中将劳动教育融入日常生活，在尊敬、崇尚与热爱劳动的社会氛围中，实现中小学劳动教育的效果的最大化。

（四）中小学劳动教育的特色性

中小学劳动教育课程设置的特色性在教学中具体表现为，在劳动教育课程理念的指导下学校因地制宜地设计教育内容，在挖掘地域独特资源与满足学生个性发展需求中形成有针对性与特色性的课程体系。

---

① 吴刚平：《课程资源的理论构想》，《教育研究》2001 年第 9 期。

一方面，在中小学劳动教育课程设置过程中，一定是将国家标准作为基本出发点与主要依据。在此基础上，不能忽视各个学校所具有的区域特色与历史底蕴。根据自身所具有的不同条件，对教学内容与计划进行切合现实的调整。例如在城市学校中，学生的生活水平普遍较高，他们参与家庭劳动的机会不多，长辈们也较为溺爱。针对这一情况，劳动教育课程内容要更偏向生活技能类，培养学生的独立劳动意识。而在乡镇学校中，学生们较为独立，生活中的劳动机会虽然较多，但都是偏向体力劳动与农业生产劳动，较少涉及人工智能等新科技，基于此，乡镇学校的劳动教育应重点帮助学生形成创新意识，掌握基础的信息技术能力。另一方面，课程设置不能脱离学生个性化的发展需求，在课前应对学生所具有的劳动技能与观念进行系统的分析，了解学生在理论知识方面有哪些薄弱点以及在实践中有哪些能力可以提高，在此基础上，有针对性地设计教学目标、规划教学内容。只有以学生的基本情况为教学的出发点，以满足学生发展需求为教学的落脚点，才能确保劳动教育在中小学阶段的可行性与针对性，同时这也是劳动教育作为独立学科的特色性所在。

中小学劳动教育的课程设置既要遵循教育政策的整体规定，又要对学校的地区资源进行因地制宜，更要在课程实施过程中体现人文关怀。在帮助青少年通过劳动教育获得全面发展中，促进劳动教育学科的深入发展。

第三节　新时代中小学劳动教育的前景展望

分析研讨新时代中小学劳动教育课程科学内涵、精神实质、内在动力和本位要素，讨论课程目标与标准、课程内容及评价体系，确保中小学劳动教育课程具有切实性、可行性、合规律性及多维协同性，是理解与发展新时代中小学劳动教育体系的必要之举，有利于更好地培养全面发展的社会主义建设者，更是对马克思主义劳动教育思想的继承与发展。

一　新时代中小学劳动教育的内涵阐释

劳动教育是培养德智体美劳全面发展人才中的重要因素，是每个青年学生成长过程中不可或缺的核心课程。充分理解中小学劳动教育的理论建构思想，准确把握中小学劳动教育的学科定位，是新时代劳动教育成己达人的基础。

（一）劳动教育是成人成才的基础

新时代中小学劳动教育课程的提出与实施，从教育本质上更加突出了劳动在青年素质形成与能力发展中的作用。要改变一般人的本性，使它获得一定劳动部门的技能和技巧，成为发达的和专门的劳动力，就要有一定的教育或训练，① 可见劳动的教育功能在于让青年拥有实现自己理想的能力。

劳动是改变世界客观事物的现实途径，是历史发展进步的基础，也是整个社会活动的主要表现形式。劳动创造了人本身，② 是人类的本性，也是人类所独有的特性。由于有了劳动，人类的生存才更加有意义，劳动行为是人类实现自身价值的主要途径，劳动更是人与动物相区分的重要依据。哲学人类学研究的结论指出，与动物相对照，人在本质上是不确定的，③ 与动物相比，人类可以自主选择自己的生存轨迹。人类历史的发展虽然受到自然环境的影响，但人的主观能动性可以实现对资源的最大化利用，这个过程也正是在劳动中得以实现，劳动可以帮助人类"完成"其作为人的基础。中小学时期是青少年成长成才的关键阶段，而劳动价值观念与劳动能力的培养则是关键阶段中的关键内容。

---

① 《马克思恩格斯全集》（第32卷），人民出版社1974年版，第195页。
② 《自然辩证法》，人民出版社2018年版，第303页。
③ ［德］米切尔·兰德曼：《哲学人类学》，阎嘉译，贵州人民出版社1988年版，第8页。

（二）劳动教育是基于劳动的教育

根据劳动教育的学科定义，即"有目的、有计划地组织学生参加日常生活劳动、生产劳动和服务性劳动，让学生动手实践、出力流汗，接受锻炼、磨炼意志，培养学生正确劳动价值观和良好劳动品质"① 的实践教学活动，可知劳动既是教学的核心内容，同时也是教学的重要形式，内容与形式相统一要求中小学劳动教育在新时代下，应专注于劳动的教育性和教育的劳动性的统一发展。

让学生参与劳动是进行劳动教育的必要条件与现实依托。在劳动教育课程的教学环节中，需要强调劳动的教育性，进而让课程实施全要素为实现劳动教育的育人目的服务。青少年在劳动教育中不断增强对劳动概念的理解，掌握更多的劳动技能以达到当今社会对个人生存的要求。在全面把握劳动的教育性和教育的劳动性关系中，深入理解劳动教育的新时代内涵。在进行劳动教育的过程中培育学生的劳动意识。一是通过组织学生参与劳动活动，引导他们体会到劳动的不易，认识到每一份工作都是值得尊重的，每一个劳动者都是值得尊敬的。二是在活动中设置一定数量的奖项，让学生在实践中能够有所收获，以正向激励提升学生的劳动积极性与自觉性。三是当劳动过程中出现问题与挫折时，引导学生尝试独立找到解决办法或通过小组合作讨论方案，由此提高其发现问题的意识、解决问题的能力。只有在劳动教育过程中帮助青少年形成正确的劳动观，才能使其自觉地参与劳动、热爱劳动。

在进行劳动教育的过程中提高学生的劳动能力。任何一个简单劳动行为的实现，都需要一定理论与实际的结合，学生可以把在理论课堂上学到的科学知识与现实中的具体劳动场景相结合，进而实现知行合一与理论的外化。通过劳动教育课程既能够让青少年掌握基本的劳动技能和劳动方法，还可以在劳动中获得成就感与愉悦感，同时储备更多的生活常识，在促进身心健康成长中提高青少年的劳动素养。

---

① 《中共中央国务院关于全面加强新时代大中小学劳动教育的意见》，人民出版社 2020 年版。

（三）劳动教育是五育并举的关键

社会生产生活与教育的融合是人类教育得以延续发展的关键，同时这一理念长期以来都是我国教育体制改革方案中的重点关注部分，实践教学即劳动教育的开展，可以帮助实现培养德智体美劳全面发展的"完整的人"的目标。纵观整个教育发展史，把受教育者培养成"完整的人"始终是教育永恒的价值导向。希腊时代的教育家们主张培养的是"身体和精神都能协调地发展的人"。在文艺复兴时代，要在教育中培养出一批全能型"巨人"。但进入工业化时期，人们过度追求效率以及对技术与机器的狂热，认为要把人工具化，这些过于理性的观念限制了人的全面发展，成为单向度的人。马克思与恩格斯基于在对上述把人工具化的思想批判中，创立了人的全面发展的理论学说。促进人的全面发展是学校教育的核心指向，更是劳动教育的重要功能。

中小学劳动教育具有与其他学科课程相比更为鲜明的特色。劳动教育的课程设计要求以学生的生活实践为中心，结合相关理论知识来进行教育教学。劳动教育课程安排不应仅仅限制在学校内进行，在满足安全的前提下学校外更能锻炼学生的能力。在校园内，除学校的劳动教育课程之外，学生还可以进行校园植物美化和打扫卫生等活动。在校园外，可以安排学生进行果林采摘、服务业实习和工厂生产体验等活动，此外还可以安排学生进行公益志愿劳动，进而树立正确的人生观、价值观，养成吃苦耐劳、踏实肯干的优秀品质，最终成长为优秀的社会主义接班人。

中小学劳动教育具有与其他学科相互融合发展的可能。在学生德智体美劳全面发展的过程中，劳动教育和其他各育相辅相成，能够促进其他学科作用的发挥，构成学生全面发展的重要一环。其一爱劳动是中华民族的传统美德，劳育与德育具有相互交集的部分，在劳动教育过程中青少年可以树立起正确的劳动观。其二劳育中涉及诸多生产生活的科学理论和实用技术，这些内容属于智育的一部分。其三学生可以在实践中感受美、创造美，这是属于美育的一部分。其四中小学生在进行劳动的过程中，身体得到了锻炼与强化，这也是属于体育的一部分。总之，在进行劳动教育的过程中，劳动教育把德智体美劳有机地结合起来，在促进劳育发展的同时不断促进五育融合发展。

二 新时代中小学劳动教育的实施策略

新时代背景下，劳动教育在中小学教育体系中的功能与作用日益显现，劳动教育的高质量开展依托于劳动教育的课程化建设。为确保劳动教育系统有效地开展，应重视劳动教育的课程化建设，将劳动教育课程规划进中小学学科教学计划中并严格按照课程安排展开教学。同时加大劳动教育与中小学生文化课程的融合，让中小学劳动教育发挥出其应有的重要作用。

（一）劳动教育课程化，实现有序有效开展

各教育主体应认真学习文件精神，把劳动教育列为其必修课程，将劳动教育的开展情况列入学校的考核指标中。同时，结合具体情况实现本校特色资源与劳动教育课程的有机结合，让学生在实践基地中锻炼劳动能力，加强劳动教育学习。

应统筹规划中小学劳动教育开展的课时数量。注意劳动教育的课程强度应适中、并严格做好安全保护措施。可在劳动教育课程中添加特色课程，如我国传统手工艺、非物质文化遗产的传承、学生生活家务基础知识等。同时应注重调动学生的劳动积极性，鼓励学生自发形成社团和互助小组，既在校内开展劳动活动，也在校外参与力所能及的公益志愿活动。

应按照相关政策文件制定劳动教育课程的标准、方案和计划。学校应把劳动教育课程纳入培养体系中，同时制定标准化管理文件整改劳动教育课程乱象。按照各阶段学生的身心特点区分劳动教育目标并细化教学方案，在具体过程中按照逐级深入的原则实行教学。

应编排专门性的学科教材。目前我国缺乏一套适用于中小学的高质量劳动教育课程教学教材，相关科研与管理体制均处于摸索阶段。因此应在准确把握课程核心内涵的基础上，不断调整、规范劳动教育的形式和内容。按照不同阶段学生的身体和心理特点，定制个性化劳动教育课程教材，设置特色化劳动教育课程教案，以此限制劳动教育课程实施中的盲目

模仿与照搬照抄行为。

应建设中小学劳动教育基地以保障劳动教育课程的实践性。不同地区的教育主管部门可以与当地政府进行合作，建立现代化的劳动教育研学基地，同时政府应注重协助劳动教育工作的开展。此外，应对劳动教育示范学校与优质基地的成功教学经验进行宣传，号召各学校以此为样板，改进教学工作。

应加强对我国中小学劳动教育课程开展工作的监督。一方面把学校的教学落实和开展情况列为对学校的考核指标以及精神文明学校评选的重要参考。另一方面在对中小学生的劳动教育课程学习效果进行评价时，可单独记录每位学生在接受劳动教育过程中参与的活动数量、态度和内心感悟等，同时把这项考核内容作为学生个人评优和升学的参考指标。

（二）劳动教育融合化，实现学科交叉开展

随着社会的发展，仅仅通过纯粹的体力劳动教育难以实现帮助学生提升劳动能力和精神的教学目的，无法满足实现"立德、提智、强身、育美"的育人目标需要。劳动教育课程体系建设应考虑与其他教学内容进行融合互补，形成整体化的教育布局。因而，各个地区的中小学校应当在现有教学课程中加入劳动教育知识，实现各学科课程的劳动化，即在各教学课程中融合劳动理论，让学生树立正确的劳动价值观。

强调对中小学教学内容的五育融合、五育共进，依据各学科的具体情况整体协调劳动教育实践。如在理化生的课堂活动上，除本学科的基本知识外，应与实际相结合重视学生基础的劳动技能和知识；在历史、语文等课程中加入珍惜劳动成果、引导学生正视劳动精神态度的内容。此外，劳动教育实践活动可以与其他活动结合，以弥补单一活动形式的不足。例如，学生在企业中进行一定的生产活动参观学习、在农业生产中进行基础农业活动，以此提高学生的沟通与表达能力、提升学生的劳动意识与劳动能力。学校应结合自身情况，安排学生去学校所在社区参与养老院基础公益服务和绿色植物栽种实践等，将校外劳动活动与校内劳动活动相结合，将集体与个人劳动相结合。

三 新时代中小学劳动教育的课程建设

2018 年全国教育大会中提出，坚持走中国特色社会主义教育发展道路，[①] 培养德智体美劳全面发展的社会主义建设者和接班人。2019 年发布的《关于深化教育教学改革全面提高义务教育质量的意见》[②] 强调，教育质量的提升应从突出德育实效、提高智育水平、加强体育锻炼、增强美育熏陶、强化劳动教育这五个方面发力，这对新时代中小学劳动教育课程建构与实施提出了新要求。

（一）新时代中小学劳动教育课程的理念重塑

理念是基于实践形成对客观事物的理性认识，而具有科学性的观念一般能够对实践给予有效的指导。中小学劳动教育在发展进程中走过许多弯路，劳动教育课程体系尚未构建出成熟体系，其原因与劳动教育课程建构理念有一定关系，主要表现为对于劳动教育课程内涵的理性认识不足。为促进新时代中小学劳动教育的发展，应对中小学劳动教育课程的实质、原则和内驱力进行深层剖析，重塑劳动课程理念。

1. 新时代劳动教育实质是以劳为荣的品质培养

习近平总书记在 2018 年全国教育大会上指出，要在学校中大力弘扬劳动精神，教育引导学生崇尚劳动、尊重劳动，让青年们懂得劳动最光荣、劳动最崇高、劳动最伟大、劳动最美丽的道理，长大后能够辛勤劳动、诚实劳动、创造性劳动。这一讲话无疑为我们思考和建构新时代劳动教育课程指明了发展方向，确立了核心价值理念。中小学劳动教育课程的实质体现为实现劳动教育的高质高效开展，在教学过程中培养学生形成多维一体的劳动习惯和态度，促进劳动观念、劳动知识与劳动技能的深度结合，使体力劳动与脑力劳动二维共进，从而塑造健全的生理与心理素质。

---

① 《坚持中国特色社会主义教育发展道路》，《人民日报》2018 年 9 月 13 日第 10 版。
② 《中共中央国务院关于深化教育教学改革全面提高义务教育质量的意见》，《人民日报》2019 年 7 月 9 日第 1 版。

中小学劳动教育课程的设置与落实必然要领会其实质，更要厘清劳动教育课程所涵盖的全面而广泛的内容，其中既包括诸如兴趣、认知、态度以及习惯等方面的劳动精神涵养，也包括技术、价值、创造等方面的劳动技能素养。① 同时注重强调从学生的认知与行为塑造层面以及教育本质中回归德智体美劳五育并举，将增强劳动教育的内在生命力、培养学生以劳动为荣的价值认知品格作为劳动教育课程建构中的重要维度。

2. 新时代劳动教育具有时代所赋予的特有功能

努力构建德智体美劳全方位培养的教育体系②的要求在全国教育大会中被正式提出，这一要求明确了劳动教育所具有的立德树人根本任务，在新时代赋予了劳动教育的现实意义，增强了劳动教育工作者的价值信念。因而帮助中小学生形成正确的劳动价值观，积极培养他们的劳动态度，增强他们的劳动意识并形成良好的劳动品德、塑造具有人文关怀与国家情怀的劳动情感，是现阶段劳动教育课程发展的内在动力、是劳动教育课程教学的特有功能。

每一个教育实践工作者都应致力于把劳动最光荣的劳动价值观根植在广大青少年的心灵深处，正确劳动价值观的确立不仅直接影响着学生是否形成了对劳动作用的科学认识，而且也在很大程度上影响着学生对多种职业的价值评价与价值取向，更影响着学生对未来发展的方向选择与职业规划。劳动教育内在的功能既在于能够引导学生真正认识到劳动创造人这一重要的价值本质，又通过一定的实践活动矫正学生贬低体力劳动成果的错误思想倾向，引导青少年在成长过程中尊重劳动、崇尚劳动，并能有创造性地进行劳动，理解劳动中蕴含着的勤劳与智慧，从而促使他们养成正确的劳动品格。

3. 新时代劳动教育应遵循教育规律和教育原则

新时代劳动教育应坚持的基本原则在《关于加强中小学劳动教育的意见》中就已提出，即劳动教育应坚持思想引领、有机融入、实际体验、适

---

① 刘茂祥：《打开劳动教育的新天地》，《光明日报》2019 年 1 月 29 日第 9 版。

② 《坚持中国特色社会主义教育发展道路　培养德智体美劳全面发展的社会主义建设者和接班人》，《人民日报》2018 年 9 月 11 日第 1 版。

当适度的基本原则。① 以上四项基本原则构成了相互联系的有机整体，强调重视学生良好劳动品质的形成与劳动技能的获得，新时代劳动教育的建设与发展应以学科为中心、以校园为依托、将家庭与社会纳入劳动教育的统筹规划之中，从而最大限度地利用教育资源，实现劳动教育的功能最大化。

具体而言，一是坚持以思想为先导的原则，在中小学阶段开展劳动教育不仅要使学生掌握必备的劳动知识与技能，更重要的是依托劳动实践来帮助青少年塑造健全人格与优良素质。二是坚持劳动教育有机融入的原则，引导学生在日常的环境与生活的熏陶中树立劳动光荣、职业平等的正确态度。三是在教学中应坚持重视学生的实际体验的原则，鼓励学生亲身参与到劳动过程中去，为学生创造出多样的实践平台，让他们在经历劳动的不易后珍惜劳动成果，增强发现问题、解决问题的能力。四是在教学中坚持遵循适度的原则，针对学生不同的年龄特征、性别差异及身体状况，合理安排劳动时间及劳动强度并切实做好安全保护工作。

（二）新时代中小学劳动教育课程的价值旨归

以劳树德，以劳增智，以劳强体，以劳育美，以劳创新是《关于加强中小学劳动教育的意见》② 的重要观点，全面理解德智体美劳之间的对立统一关系，深刻把握新时代中小学劳动教育课程的价值旨归，是促进我国中小学劳动教育深入发展所需。

1. 以劳树德，明确劳动教育课程的立德树人旨向

劳动教育与德育之间的内在关联与融合，既体现在形式上更体现在内容中，可以说德育与劳育紧密联系、不可分离，二者都是青少年成长成才不可或缺的教育内容。劳育属于德育的一部分，在进行德育的过程中可以向学生传授正确的劳动价值观。劳动教育具有德育特性，这一特性决定了劳动教育课程是实现德育的重要方式之一。学生在接受劳动教育的实践过

---

① 《教育部 共青团中央 全国少工委关于加强中小学劳动教育的意见》，《中华人民共和国教育部公报》2015 年第 9 期。

② 《中共中央国务院关于全面加强新时代大中小学劳动教育的意见》，人民出版社 2020 年版。

程中可以切实体会到劳动的不易，养成爱岗敬业与善良诚信的品德，让学生的内心更加完善成熟，以达到德育的内化功能。此外，学生在劳动中可以进行自我审视，反思实践过程的艰辛付出，珍惜劳动的宝贵收获，树立正确的劳动价值观，以此实现德育的外化。因此以劳育德能够更好地实现以劳动育人，同时赋予了劳动教育和德育更加深层次的意义。

2. 以劳增智，发掘劳动教育课程的内在智育潜能

智育与劳育之间相互融合、相互影响，一方面劳动教育为学生对相关理论与技术掌握的实践检验提供了机会，学生在劳动过程中需要对已经学习过的知识进行灵活运用，这是将自身文化理论知识整合的重要途径，更是智育的重要实现方式。另一方面通过劳动教育课程，学生可以学习到现实社会生产与生活所必需的基础技能和理论要点，劳动教育在某种程度上来说是以实践为主的知识技能教育。总之，中小学劳动教育课程中的实践能力培养和理论知识学习都非常重要，要实现二者兼得，不能顾此失彼。因此教育者应帮助青少年学生既会动手又能动脑，注重引导学生在技能知识学习中学会实际操作，在社会实践中理解所蕴含的科学知识，充分挖掘出学生的内在潜能。

3. 以劳强体，揭示劳动教育课程的劳体综合形态

对于体育与劳育之间的关系理解应从两个方面进行。从课程的理论内容维度来看，体育与劳动教育存在较大的不同，劳动教育课程对学生劳动知识的掌握有较高的要求，而中小学体育课往往不需要文本教材，其对学生的体育知识掌握情况也不做具体要求。但从课程的实施方式维度来看，体育与劳动教育有一定的相似性，都强调以实践与亲身体验为主要的教学方法。通常劳动实践课程需要学生消耗一定的体能，劳动本身就是一种高消耗的体育锻炼活动，因而学生在参与劳动实践课程中，自身的身体素质在一定程度上能够得到提高。总之，中小学劳动教育课程的实践教学方法的应用，在增强青少年体质的同时也反映出劳动教育本身所具有的体育功能。

4. 以劳育美，探寻劳动教育课程的劳美交融源泉

在劳动过程中可以创造美、生成美、感受美，劳动教育与美育紧密结合在一起，开展劳动教育不仅可以熏陶学生的情操，还可以培养他们正确

的审美观，增强他们欣赏美、发现美的能力，达到以劳育美的作用。在实际教学中，可以根据学生的兴趣爱好、个性特长以及实际需要开设丰富多彩的劳动教育活动，通过劳动实践丰富学生的日常生活，改善其身边的生活环境。如组织校园大扫除、课堂值日、黑板画报设计、社区公益劳动等，参与此类活动的同学们不仅能够在活动过程中陶冶自己的心灵，还可以在活动中提高自身审美情趣，调动出在劳动中创造美的积极性。因而重视劳动教育与美育课程的融合发展，实现劳美结合的课程形态，对于帮助学生理解什么是美、劳动为什么会产生美以及珍惜劳动成果等观念的培养具有重要的推动作用。

5. 以劳创新，洞察劳动教育课程的思维创生根源

不论是创新理念还是创新行为既根源于实际的劳动活动，也需要在实践中进行检验，因此劳动创新行为就能够成为学生是否具有创新思维的外在判断。在贯彻以劳创新理念中构建新时代劳动教育课程体系，在完善以劳创新体系中改善新时代劳动教育课程体系内部结构，这不仅有助于促进中小学生创新品格的养成，还可以助推中小学劳动教育教学任务与宗旨的切实落地。其一劳动教育能够为学生创新思维的培养以及创新思维的实现提供相对宽松和自由行动的空间，彰显了在"做中学"的教育理念，是劳动教育协同创新培养得以实现的关键。其二劳动教育课程的科学设置可以推动教师践行劳动创新理念，在实际教学中教师要将创新意识培养与劳动教育教学相融合，落实以学生为主体的劳动创新教学观。

（三）新时代中小学劳动教育课程的建构路径

为真正实现中小学劳动教育融入"五育"并发挥出其最大作用，中小学劳动教育课程要在"五育并举"的理念下实现合理化的构建与安排。劳动教育课程建构是由基本价值选择而构成，具体而言，课程构建分为技术安排与课程要素执行两个部分。以课程基本要素即教学目标、教学内容、教学方法以及评价体系为基础，促进新时代中小学劳动教育课程的五育整体构建，构建劳动教育的创新发展格局。

1. 以"五育并举"明确劳动教育课程的教学目标

制定科学可行的课程目标是中小学劳动教育课程充分发挥育人作用的

前提，课程目标对课程内容设置、教学方法选择、学习活动开展以及评价体系构建等多方面都有着影响。劳动教育课程目标承载着全社会对青少年劳动素养的期待，劳动教育课程目标的确立则是制定劳动教育课程实施具体方案的基础工作。课程目标充分反映着国家及学校教育宗旨以及教育方针的价值取向，新时代人才培养的宗旨与要求就在于结合社会发展需求，实现学生德智体美劳五个方向的全面发展，在立德树人为根本任务中培养国家栋梁之材。为此，应用"五育并举"多维教育理论，结合知识与技能，过程与方法，情感态度与价值观这一三位一体的目标模型可以将中小学劳动教育课程目标解构为单元这一更为具体的目标。

就知识与技能向度的目标而言，通过劳动教育课程的学习，使学生掌握生活所必需的劳动实践技能以及与其相关的知识，从总体上建构通识性的学科知识体系并在此基础上引导学生完成从自发劳动向自觉劳动的转变。如了解日常清洁所需的工具与具体步骤、掌握不同衣物的分类、独立或合作完成手工制作、熟悉历次工业革命的基本历程与关键人物事件等，此类均属知识与技能维度的目标。

从过程与方法向度的目标来看，在劳动教育课程学习过程中收获亲身的劳动体验是提升学生劳动综合素质的重要途径，同时强调在教学过程中采用自主学习、探究学习、合作学习、交往式学习等多元化的方法进行教学，激发出学生的学习热情。在外化知识传授与内化实践体验相结合中，在过程与方法相统一中强化学生的劳动品质与劳动素养。

在情感态度与价值观目标方面，劳动教育就是要让学生明白美好生活由劳动创造，让青少年发自内心的树立人与自然和谐相处，这一可持续发展的价值观念与价值追求，从而帮助学生形成正确的劳动价值观和劳动历史观。

2. 以"五育并举"重构劳动教育课程的教学内容

劳动教育课程内容作为劳动教育之本，其设计与编排如果有失偏颇，势必会影响劳动教育课程的教学效果。以"五育并举"为要求，对当前我国劳动教育课程进行内容重构，将理论知识教学与实践教学有机结合起来，实现直线式内容与螺旋式内容的同步发展。同时教学内容的展开要始终围绕学生学习活动的系统性特质进行设计，针对学生不同阶段的心智成熟度与性别差异，统筹各年级劳动教育课程的具体内容。

小学一至三年级的劳动教育内容主要是简单地进行劳动实践为主，如安排学生轮流对教室做清洁卫生、在家里整理自己的衣物、在社区或学校领养一株植物等此类具有劳动意识与责任感培养的活动。在体验劳动的同时，教师要定期邀请学生交流劳动心得、对自己的劳动过程进行总结与分享。

小学四至六年级的劳动教育内容可以在前期的基础上适当增加难度，使得在课堂中讲解的劳动知识更加深入，在实践中进行的劳动活动更加丰富。如组织学生学习手工制作、了解基础的电器维修。还可以利用节假日开展与此主题相关的劳动教育，如在植树节植树、在学雷锋纪念日做公益活动等等。

初中阶段可以适当增加与职业技术和劳动技能创新相关的课程内容，为学生的职业选择提供参考，此外鼓励并引导学生根据兴趣爱好创建学生社团，锻炼他们的团队领导力与凝聚力。同时借助劳动教育课程的平台组织动员学生参与勤工俭学以及志愿者服务，初中阶段的劳动教育内容要特别注意与高中教学的有效衔接，实现劳动教育的系统发展。

3. 以"五育并举"创新劳动教育课程的教学方法

新时代劳动教育的深入发展势必需要与时代相适应的教学方法创新，一方面要构建能够协同德智体美劳多维知识内容的教学方法，另一方面要平衡劳动教育的理论教学与实践教学。

一是要协同好德智体美劳五育内容之间的联系，五育对于中小学生全面发展的教育作用是相互平等与相互补充的，实现五育并举对于学生个体发展与社会发展都有着十分重要的意义。选择何种教学方法进行劳动教育并没有固定的方法，秉持多元理念才是大势所趋，因而只要立足"五育并举"的教学方法论，才能实现教学方法的创新。

二是必须正确处理理论学习和实践体验之间的关系，新时代对于劳动者的劳动素养有了更高的需求，这就强调在特定课程教学机制和方式方法上要有所突破。在实践教学中避免对体力劳动与脑力劳动采取简单的二元化分类，强调采取多元的教学方法破除体脑对立的片面观点，形成既有知识传授又有实践体验与总结提高三个环节紧紧相扣的教学设计，在塑造学生良好劳动素养的同时，以此促进德智体美多方面的协调发展。此外，中小学劳动教育可以借鉴"互联网+"作为教学方法，借助网络传播打破地域隔阂，利用可视化虚拟技术超越物质条件限制，在高速网络中实现劳动教育精品课程资源的全国范围的共学共享。

4. 以"五育并举"建构劳动教育课程的评价体系

为有效实现基于德育、智育、体育、美育、劳育彼此互动影响的关系而构建出的中小学劳动教育的目的、内容与方法，必然要制定与此相适应的劳动教育课程评价体系。评价这一教学环节具有监督教学过程、引导教育价值的特殊功能，评价强调以事实为依据或者以科学为依据对某一行为进行判断。评价本身需要对既定目标及内容进行分析并以评价结果推动行为达到预期目标，其判断内容是以目标达成度为主要标准，同时兼顾对目标实现方法与手段的判断。

现阶段，中小学劳动教育课程评价体系建构的关键在于做到以下两点，一是要科学编制劳动教育评价体系的具体标准与内容，评价标准的制定既是评价体系实施的前提也是内容编制的依据。以当前中小学劳动教育中存在的实际问题及客观诉求为基础，对具有可操作性的评价标准进行科学选择和编排，形成系统的体系。一套行之有效的评价标准能够促进中小学劳动教育的质量进而有利于学生劳动素养的提高、劳动品质的培养，激发出学生的劳动创造力和劳动兴趣，锤炼其劳动意志力，促进其身心健康与全面发展。

二是要建构科学而有效的评价方法，这需要从中小学劳动教育课程的不同实施方式与各阶段学生特征进行考量，目前已经建立综合素质评价、档案袋记录法、苏格拉底式评价、表现性评价等具有定性与考察性的课程评价体系，此类方法已被实践证明是一个行之有效的方法选择。但如果只采用定性评价不足以对学生的知识掌握情况进行全方位的分析，应建立一个系统全面、定性与定量相辅相成的中小学劳动教育评价体系。从现实层面而言，构建合理高效的评价机制需要不同类型的主体通力合作，除劳动教育专任教师外，还可以邀请当地教育部门、社区以及家长等进行分工合作。在明确相关责任主体后，厘清各自职权，组建政府、学校、家庭三位一体的评价范式，为促进五育并举的劳动教育实施创造出良好环境。

第六章　新时代大中小学劳动教育一体化

进一步完善劳动教育体系是落实教育强国战略的重要环节，完备的教育体系在培育劳动价值观念以及劳动精神面貌等方面能够起到最为直接而深刻的指导作用，为培养适应时代发展要求的社会主义现代化强国建设者奉献力量。[①] 新时代推动大中小学劳动教育一体化的课程体系建构，既是对我国教育历史经验与规律的继承，更是劳动教育发展适应新时代人才培养需要的必然趋势与路径选择。

第一节　大中小学劳动教育一体化的理论依据

新时代大中小学劳动教育一体化对于培养社会主义现代化建设的劳动者和接班人有重要的战略意义。劳动教育的一体化体现着人的本质和教育方针的统一，劳动教育一体化蓝图的谋划需要从现实情况与理论要求两个方面思考。

一　教育现实引发大中小学劳动教育一体化

深入研究劳动教育的实践育人价值是培养时代新人、完善教育体系、

[①]　张亮、丁德智：《新时代高校立体化劳动教育体系建设探析》，《学校党建与思想教育》2022 年第 4 期。

实现教育强国的关键之举。大中小学各个学段的劳动教育课程具有的特殊性与重要性是任何其他学科教育所不能替代的。新时代劳动教育更需要进行系统规划和整体推进，使大中小学劳动教育向一体化方向发展。

（一）大中小学劳动教育一体化的具体内涵

教育过程的一体化设想理念由来已久，已有不少学者对此进行了探讨和研究，但大多集中于思想政治理论课一体化的研究或是关于教育城乡发展一体化的分析。涉及大中小学劳动教育一体化研究近期才大量出现，从国家政策到学者研究再到各地教育者的努力尝试，无不蕴涵着劳动教育一体化问题的深层内涵。

虽然关于劳动教育一体化的概念尚未产生统一的界定，在综合《关于全面加强新时代大中小学劳动教育的意见》① 和《大中小学劳动教育指导纲要（试行）》② 所给出的相关建议后，大中小学劳动教育一体化的内涵可归纳为以下几个方面：首先是教学目标维度。大中小学劳动教育一体化要从立德树人的根本宗旨出发，全面系统地科学规划全学段劳动教育，以提高学生劳动素养的教育总目标为指引，根据不同学段学生的身心特点解构各阶段劳动教育目标，实现一环扣一环、循序渐进。其次是教学内容维度。将多种劳动教育要素充分整合于教育过程中，发挥其育人功能，不断深入开发课程内容资源，实现内容设定的逐层深入、循序提升。最后构成一个完善充实、纵横联系又循序渐进的新时代大中小学劳动教育体系。

从共时性而言，大中小学劳动教育一体化具体表现为：一是要关注劳动教育与其他教育之间的互补与融合。劳动教育不仅体现在劳动教育课程上，而且在德育、智育、体育、美育等方面都有着丰富的教育资源，③ 大中小学劳动教育一体化要将这些元素反映到其他学科之中达到五育融合的

---

① 《中共中央国务院关于全面加强新时代大中小学劳动教育的意见》，人民出版社 2020年版。

② 《教育部关于印发〈大中小学劳动教育指导纲要（试行）〉的通知（教材〔2020〕4 号）》，《中华人民共和国国务院公报》2020 年第 23 期。

③ 张政文、王维国：《新时代高校德智体美劳五育融合的哲学智慧》，《中国社会科学院大学学报》2022 年第 2 期。

效果。二是劳动教育在实施过程中，不同教育主体间应进行及时交流与信息共享。学校、家庭与社会这三大教育主体都应积极配合劳动教育课程的实施，并在其教育场域之内结合各自的资源开展劳动教育，实现协同育人、乐于接受劳动教育的氛围。总的来说，推动构建劳动教育一体化的核心是在目标统一、重点突出、协调同步的基础上打造各学段劳动教育的上下衔接、相互贯通的大中小学劳动教育系统。① 从历时性而言，就是要加强大中小学劳动教育在教育工作中的交流与衔接，做到全学段紧密联系、上下一体。劳动教育一体化不仅强调各学段之间的联系，而且注重建构为由浅入深、由表及里、层层递进的教育步骤，使大中小学在维持各年级应具有的教学特征的前提下形成承上启下的整体教学结构。

（二）一体化是劳动教育特殊价值的现实诉求

1. 劳动教育整体与部分的不可分割

构建大中小学劳动教育一体化课程是满足教育课程分阶段进行与教育体系整体构建所必需的途径。一方面，在整体推进劳动教育课程一体化进程中，教育主体有必要制定适合各学段学生身心发展特征的劳动教育方案与内容，在遵循对各学段学生成长规律的基础上，劳动教育的目的方能实现。同时，构建劳动教育一体化本质在于一体化，各学段的劳动教育必须统筹规划，实现教育的协同、融合和创新发展，而这又与劳动教育的过程相一致。综上所言，不论是顺应循序渐进原则的阶段性劳动教育或是顺应教育教学原则的整体性劳动教育，其目的都是要实现劳动教育一体化的设想，引领青少年发展与成才。

2. 劳动教育全民与全面的必然结合

劳动教育坚持全民教育与全面教育的结合，一是要求所有教育主体齐抓共管，家庭、学校和社会所肩负的任务各不相同，但都要各尽所能，学校在劳动教育的责任占比相对较大，但每一个家庭与社会团体都应扮演好学校教育的辅助角色。《意见》中说明，为完善现阶段劳动教育，应"贯

---

① 王玲：《统筹推进大中小学劳动教育一体化建设的若干思考》，《思想理论教育导刊》2020 年第 6 期。

通大中小学各学段，贯穿家庭、学校、社会各方面"①。二是在推进大中小学劳动教育一体化过程中应彰显劳动教育作用的全面性。劳动教育作用的全面性表现在，劳动只有与教育结合在一起才能充分发挥教育促进人全面发展的功能。在 2018 年全国教育大会上，习近平总书记强调要坚持中国特色社会主义教育发展道路，培养德智体美劳全面发展的社会主义建设者和接班人，加快推进教育现代化、建设教育强国、办好人民满意的教育。②因而，一体化发展正是顺应了劳动教育的全民性与全面性相结合的时代要求。

（三）一体化是劳动教育改革创新的现实要求

1. 劳动教育改革创新应三段统筹

2016 年《中国学生发展核心素养》提出了当代学生应具备的六大核心素养以及十八个基本要点，其中实践创新素养所包含的劳动意识要点明确阐述了劳动教育的基本内涵。③ 教育部在 2019 年发布的《关于深化本科教育教学改革全面提高人才培养质量的意见》中指出学校要"积极组织学生参加社会调查、生产劳动、志愿服务、公益活动、科技发明和勤工助学等实践活动"。④ 可见，劳动素养与能力是学生实现个人发展、促进社会发展所必备素养之一，需要在青少年的整个学习与成长过程中予以培养。

为此，劳动教育课程的安排与设计要坚持全过程育人理念，并贯穿于全学段各环节中。教育部门做好劳动教育课程在小学、中学及大学三个学段的功能定位协调工作，让劳动教育呈现出螺旋式上升、渐进发展的特点，在全学段中统筹规划，从而实现劳动教育的可持续发展。实现大中小学劳动教育课程全过程育人，必须从劳动教育的基本内涵和学生成长规律

---

① 《中共中央国务院关于全面加强新时代大中小学劳动教育的意见》，人民出版社 2020 年版。

② 《坚持中国特色社会主义教育发展道路　培养德智体美劳全面发展的社会主义建设者和接班人》，《人民日报》2018 年 9 月 11 日第 1 版。

③ 核心素养研究课题组：《中国学生发展核心素养》，《中国教育学刊》2016 年第 10 期。

④ 《教育部关于深化本科教育教学改革全面提高人才培养质量的意见》，《中华人民共和国教育部公报》2019 年第 9 期。

出发，寻找核心的课程主线，使学生在每一个学习阶段都能联系上一阶段的学习内容，随着学习的深入逐渐加深对劳动的理解，避免横断式劳动教育。①

2. 劳动教育改革创新应五育并举

劳动教育从直接目的上看，是为了帮助学生树立马克思主义劳动价值观，助力时代新人的培养；深入研究其根本宗旨，劳动教育更是为了实现学生的全面发展。劳动是丰富人的本质内容的重要手段，是占有人的本质的根本途径，学校劳动教育在培养学生以劳动实现人的本质的过程中需要德智体美同向发挥合力作用。因此，劳动教育一体化发展应遵循"五育并举"原则，课程内容要做到五育元素的有机融合。

劳动教育的功能有：

其一以劳动教育立德。对劳动的热爱是中华民族的传统美德，更是现代社会的良好公德，而参与劳动教育课程的学生可以在教学中培养良好的劳动习惯、提高劳动素养，成为有劳动热情的社会主义建设者。其二以劳动教育增智。劳动理论的教学内容是劳动教育的重要组成部分，这一板块的内容旨在帮助学生理解生产活动的基本原理，其中会涉及生物化学等学科知识，同时体力劳动的锻炼能够间接促进学生智力的开发。其三以劳动教育强体。劳动教育的教学内容必然有大量劳动实践，学生在参加劳动和进行实践的同时能锻炼身体、增强体质。其四以劳动教育育美。生活中处处充满美，学生对于美的鉴赏并不限于欣赏文艺作品，还能在劳动过程中经历与感受美。通过综合育人价值的开发，使青年学生能够在劳动教育课程中实现更全面、更自由地成长。

德智体美劳"五育并举"是党和国家的重要教育方针，"五育并举"就其本质而言是帮助学生提高自身综合素质的手段之一，是对马克思主义关于人的全面发展思想的创新。实施劳动教育除了可以在学生劳动素养方面直接发挥作用与影响外，在德智体美育等方面也能产生间接推动的效果，同时劳动教育的价值不仅有助于促进个人的全面发展，还能对促进社

---

① 李刚、吕立杰：《大概念视域下我国大中小学劳动教育课程一体化建设的思考》，《教育科学》2020 年第 5 期。

会发展与进步也起到重要作用，为社会主义现代化强国培养建设者。

（四）一体化是劳动教育体系构建的现实需求

1. 劳动教育体系构建需增强协同性

劳动教育是一个体系化的教育工程，这主要体现在其所具有的系统性、长期性以及复杂性特征。具体而言，劳动教育具有系统性。劳动教育是涉及理论知识与劳动实践两方面的综合性系统，是以知识体系搭建为中心，以劳动技能培养为目标的教育实践活动。当不同阶段学习活动的难度呈阶梯上升态势时，学生对劳动教育的理解才能实现由感性情感升华为理性的变化。故劳动教育内容的安排应前后承接、多阶段统筹，力争使劳动教学内容既能突出该学段的学习重点又能相互整合、有机衔接，从而有条不紊地进行。

劳动教育具有长期性。就持续时间而言，广义的劳动教育伴随着人的一生，从小学到大学，从幼年到成年。正因为其过程的持久性，劳动教育效果的实现必是一个长期的过程，这就要求劳动教育特别是劳动价值观的培育并非一蹴而就，必须长期系统地进行。

劳动教育具有复杂性。劳动教育具有理论与实践结合性、内容统筹长期性的特征，决定了在现实中开展劳动教育是一项复杂烦琐的工作，并非某一个年级就能承担的教育任务。各学段的师生必须通力合作，才能发挥劳动教育的作用。这要求在教育主体正确分析劳动教育特点的前提下，加强劳动教育协同发展，落实各学段劳动教育一体化。

2. 劳动教育体系构建需提高实效性

诸多因素都会影响大中小学劳动教育的实施，如课程内容设置、实践场地情况等，这些都会对劳动教育的实际效果产生不同的影响。值得关注的是当前劳动教育在组织与执行等环节上，未能较好地利用青少年的认识发展规律与成长规律；与此相反，现实存在未经系统培训的劳动课教师随心所欲地安排教学内容的问题，使得教学无法体现劳动在各学段应有作用，劳动教育的实效大打折扣。充分理解各学段学情并结合实际情况整体性地布局劳动教育，不仅可以避免学生所受劳动教育与学生实际相脱节、与学生身心发展规律背道而驰，也可以避免教育在各个阶段出现断层的现象。

为此，在实效性维度上，需要通过促进劳动教育课程内容的一体化措施以增强劳动教育的实效性。不同学段的学生在身心发展上存在着一定区别，他们在认知能力与水平上也有差异，这些差异决定着劳动教育内容在设置上要体现出不同年龄的特点，在组织与实施中注意学生身心发展的现实特点，做到有针对性地结合学生的现实情况进行教学内容的组织、策划与展示。

劳动教育的以上特点与属性决定了劳动教育一体化不可能仅仅通过对某一学段和某一环节的研究来实现，而必须要在打通大中小学全学段，促进多主体交流与合作中进行研究，只有对其进行整体性设计与一体化开发才有可能在把握特征的同时推动大中小学劳动教育协同发展。

二 教育理论引领大中小学劳动教育一体化

推动新时代大中小学劳动教育一体化旨在帮助学生从小培养劳动意识和动手实践能力，厚植劳动精神，促进学生在时代发展中不断更新自己的劳动技能，为未来更好生活奠定坚实基础。系统推进大中小学劳动教育一体化发展，是对教育理论的时代化应用，更是对教学实践的理论化总结。

（一）大中小学一体化是对劳动教育理论的践行

劳动教育内容具有递进性。劳动教育能实现各学段的共同协作育人，其原因在于教育内容是层层深入、逐级递进的。具体来看，第一阶段，小学低年级的学生要学会日常生活的自理，从中感受到劳动的快乐。第二阶段，小学高年级应培养学生的劳动习惯，注重个人卫生，积极分担家务劳动，参与校内外的公益活动，学会和别人一起劳动。第三阶段，初中应重视以增加劳动知识、技能为中心，强化家政学习、社区服务、参与生产劳动，让学生形成吃苦耐劳的意识。第四阶段，普通高中要注重参与具有丰富职业体验的服务性劳动与生产劳动，使学生获得一定劳动技能并明白劳动创造价值之理。而中等职业学校注重与专业人才培养相结合，强化学生的职业荣誉感、提升职业技能水平、培养学生追求卓越的工匠精神、爱岗敬业的劳动态度。第五阶段，高等学校应注意与学科专业相结合，积极开展实习实训活动，让学生强化诚实劳动意识，重视公共服务意识与奉献精神的培养。①

　　劳动教育资源具有共享性。育人教育资源的高效整合与结构共享是大中小学劳动教育课程协同育人开展的强有力保证，这是因为不同学段的育人教育资源和优势都有不同的特色。大中小学劳动教育课程中存在着数量巨大的网络资源、校外和校内育人资源，这些资源只有在实现共享中才能发挥最大化的作用，而资源共享目标的实现需要不同学段的劳动教育课突破藩篱，强化协同育人理念和共享意识。例如，大学劳动教育课程能够对中小学老师起到理论强化作用，而在教学实施中，中小学课堂能够为高校师范专业学生提供一个教学实践的示范场域与平台，职业院校能够向中小学提供参与劳动的实习场所和设施设备。在科研方面，各阶段劳动教育能够提供生动的实践案例。在思想教育方面，还可允许中小学生到大学校园游览，与大学生进行沟通，一起进行主题活动。在信息网络中能够共同构建出劳动教育的育人平台、跨域各学段的先进教学方法、学习模式以及前卫教材，继而达到提升教学质量和合力育人的目标。大中小学应在坚持开门办课、整合各方面优秀育人资源的基础上，提高课程的科学性与吸引力、承担起劳动教育学科的育人重任，促进劳动教育一体化建设进程。

　　在大中小学劳动教育课程协同育人的过程中，只有对育人内容的递进性有充分认识和了解，才能对育人内容有一个总体的把握，避免育人内容出现简单重复。只有制定出针对性和进阶性兼具的育人目标，才有可能实现劳动教育一体化的可持续发展。在完成教育内容、实施教育方案中开展全过程教育，实现大中小学劳动教育各阶段有序发展。

（二）大中小学一体化是对认知发展理论的应用

　　人们的认知发展是一个长期过程，会随着成长阶段、生活环境和阅历

①　《中共中央国务院关于全面加强新时代大中小学劳动教育的意见》，人民出版社2020年版。

等因素的变化，逐步走向成熟。① 这是一个是从低级向高级，从表层向深层，从感性向理性，持续产生新认识的螺旋上升过程。劳动教育作为我国大中小学必开的一门学科课程，其教育客体即青少年的认知水平具有阶段性、顺序性和联系性的特征。首先，青少年不同阶段的认知水平在特征、基础和尺度等方面存在着差异，表现为从低级到高级的发展变化。其次，这些阶段存在着顺序性，既不倒退也不僭越。最后，各阶段之间密不可分，要做到相互配合，实现有效衔接。总之，青少年在不同年龄段的认知水平具有不同的特征和不同的发展任务。

认知发展理论为新时代劳动教育提供了重要启示，劳动教育应以学生的内在需要与认知发展规律为出发点，对学生进行持续而分阶段的教育。一方面，学生思维的发展有着一定的规律，劳动教育应贴合学生的认知发展规律，给他们以恰当合理的教育内容，使其符合学生的认知发展水平。另一方面，认识发展规律具有个体差异性，劳动教师千万不可"一刀切"，为所有学生提供模板化的教学内容，要在教学实践的过程中细心观察每一位学生，抓住每一位学生发展的特点，保证教学内容与学生的认知水平相和谐，引导其积极主动地投入到学习中。

青少年的成长和发展是持续性的，经历着一个从简单到复杂的身心发展过程，因此应分阶段贴合青少年的身心成长特点，结合实际地进行劳动教育。劳动教育课程在教育目标、教育内容、教育手段等方面都要配合大中小不同学段的认知进程，小学生主要从事校园劳动，并围绕着劳动意识进行启蒙。中学生可以适当参加集体劳动，以劳动技能的增长为中心，形成积极为他人和社会服务的劳动情感。高等学校应把学生组织到社会中锻炼，重视职业经验的积累，培养正确的择业观。坚持认知发展规律的引导是新时代劳动教育一体化建设的正确方向。

（三）大中小学一体化是对教育教学规律的遵循

学生发展规律要求教育必须以学生的先天素质为基础，以其他内外部

---

① 邵沁妍、刘振霞：《大中小学思政课一体化建设的三维思考》，《思想理论教育导刊》2020 年第 9 期。

因素相互作用为前提，在教育过程中促进学生知识水平与实践能力的变化，进而成长为一个社会所需要的人才。劳动教育的实施对象即青少年的成长特点决定了劳动教育具有连续性。这就需要在教学方式和话语的选择中遵循学生的发展规律，把传统课堂授课与实践教育结合起来，让学生在实践中加强对理论知识的感悟，将知识既能够由外向内消化，又可以由内向外应用。

劳动教育课程所肩负的使命是以尊重教育规律为基础，以了解学生、研究学生为前提，运用有效的手段与方法促进每一位学生全面发展，达到劳动育人的目的。不同学段学生的发展特点具有其特殊性，劳动教育教学过程与此相匹配，应呈现出层次递进、盘旋上升的特点，这就要求劳动教育要契合学生的发展阶段，科学施教、精准施教。

劳动教育课程在大中小学三个不同学段的教育教学中必须做到前后对照、资源共享，各学段的劳动教育师资队伍应深入理解每一阶段的教育重点，对教学内容进行一体化的育人设计，打牢劳动教育一体化的根基，增强价值引领的实际效果。具体而言，小学阶段学生正值儿童期，心智相对简单，因此小学劳动教育课程作为培养人的"育苗"期，注重劳动习惯养成与劳动情感启蒙。中学阶段学生正处在青春发育期，思想独立性不断提高，因此中学劳动教育课程作为一门培养人的"拔节"教育课，注重树立正确劳动价值取向，促进劳动技能水平的提高。大学阶段基本上进入成人期，心智渐趋成熟，因此大学劳动教育课程作为培养人的"孕穗"，应注重强化使命担当、领悟实干兴邦之深义。

（四）大中小学一体化是对一般系统论方法运用

系统科学是在人类认识世界、改造世界的过程中诞生的，既有世界观上的特点又带有方法论特征，融合交流不同学科，因此系统科学被认为是以整体科学或大科学为特征。系统科学作为一个新领域，是以复杂适应论为理论背景，在现代科学综合集成方法指导下形成的一种全新的思维方式，系统科学自身具有一体化、整体性等特征，适应了当代科学发展的综合性趋势，从事物动态发展变化的过程来研究其功能行为。在对系统论思想深入理解的前提下，可以通过对系统的结构分析来揭示出复杂的自然现象及其内部规律，系统科学的产生为解决当代社会种种复杂问题奠定了方法论基础。

　　一般系统论研究系统的是普遍的理论与方法，系统是由多个组成部分及要素以特定的形式或者方式结合而成的具有特定功能的总体，一般系统就是在众多的定义中找到定义上的共性，在诸多要素中寻找要素间的统一。用一般系统论的方法看待问题，是为了关注局部和整体之间的相互联系、相互作用，并总结在此过程中出现的规律，从全局谋划中发现问题并提出解决措施。

　　大中小学劳动教育一体化的建设，其实就是以一般系统论来看待和处理劳动教育教学过程中出现的问题，一般系统论在整合不同阶段的劳动教育中发挥了提供理论基础与方法论指导的作用。一是系统论明确了大中小学劳动教育一体化的内涵，为劳动教育一体化提供了有益的启示。二是运用了系统论和结构论两种理论，为构建我国的大中小学劳动教育一体化提供了一种新的思路。运用系统的方法，可以对现有的教学制度进行整体性、批判性的考察，并且可以从系统运行的角度得出一些新型的教学模型。三是我国大中小学劳动教育一体化的建设发展是一个长期、复杂又极具动态性的过程，综合的系统化正是对当前这种复杂问题进行深入探讨的一种科学方法，为构建一体化劳动教学模式提供了一种新的视角。

第二节　大中小学劳动教育一体化的现实境遇

　　从中华人民共和国成立到走进新时代，学校劳动教育始终是完成立德树人这一根本任务的重点课程，它贯穿了学生从儿童、少年、青年至成人的发展全过程，为国家发展培养出一代代合格的建设者与接班人。在培育担当民族复兴大任时代新人的接班人面前，大中小学劳动教育一体化建设还存在着发展不均衡、不充分等问题，需要从教学设计、理论研究、制度管理以及评价创新方面不断完善，以适应学生的成长与时代发展的需要。

一 大中小学劳动教育一体化现状

推动大中小学劳动教育一体化的改革创新在具体实施过程中难免会遇到一些无法回避的挑战，分析发现，当前存在着课程内容、学段衔接、教师队伍、管理平台等方面的问题，为实现大中小学劳动教育一体化的深入发展，应把握好问题的关键，制定有效的优化措施。

（一）课程内容改革现状

大中小学劳动教育课程的教学内容是育人任务和育人目标的主要载体，对育人内容贯通衔接的深入理解和掌握，是实现大中小学劳动教育课程协同育人的重要一环。当前，劳动教育内容上存在着重复、脱节的问题，影响了学生学习兴趣的培养和劳动素质的提升，主要表现在以下三个方面。

劳动教育在整个大中小学的教育体系中处于边缘地位，课时占比较低，课程开设缺乏合理性。当前劳动教育课程缺乏课程标准，缺乏各学段相联系的整体性教育设计。① 相比德智体美课程体系建设，劳动教育在教育体系中长期不受重视，与前者形成较大差距。例如，劳动教育课程虽然被纳入了学校课程体系，但课时占比极低，劳动教育只是存在于思想政治教育中，各大高等院校缺乏单独的劳动教育课程设置，在实践上也存在各学段的教学内容错位和应知内容欠缺等问题。

劳动教育指向性差，内容结构单一，教学内容没有考虑到不同学段的特点和需求，缺少全局谋划。现阶段中小学劳动教育内容多为手工创作、垃圾回收等基础内容，大学生只有校园活动、志愿服务等，教学内容未能按照学生生理和心理成长规律体现出层次性、规律性，而是单一重复，缺少紧密的实际观照。教学内容设计既不符合学生的兴趣，又不能满足学生的发展和成长要求，大中小学劳动教育一体化建设亟须包含具有科学结构

---

① 顾建军、毕文健：《刍议新时代劳动教育课程的一体化设计》，《人民教育》2019年第10期。

性、现实性的内容设计。

大中小学劳动教育的内容具有重理论而轻实践的倾向。目前人们对劳动教育的内核理解尚不全面、不准确，对劳动思维、态度和技能等构成的劳动教育体系的认识尚不明确。这使得劳动教育内容无法被全面地认识，而是将劳动教育内容理解为仅仅是体力劳动教育或单纯的劳动知识理论内容教育。正因为存在这些错误的认识，才使劳动教育一体化的课程内容设置与具体实施上出现了重视劳动知识与理论而忽视劳动技能、劳动习惯养成的问题，教材设计可读性不强问题。

（二）学段统筹衔接现状

随着大中小学劳动教育一体化进程的不断深入，为各学段之间的协作探寻提出了更高的要求，也为其提供了更为宽广的空间。实现高学段与低学段的劳动教育课程从内容到设计均有序地联系的关键就是要在统一的体系内做统筹安排，劳动教育连贯性的维持是事关劳动教育价值实现的核心问题。

目前，劳动教育仍然缺乏持续性与连贯性，存在着大中小学各学段的劳动教育内容的前后关联性不足，不能与大中小学各学段的其他学科教育内容融合等问题。如我国九年义务教育中开设的劳动与技术教育课、高中开设的通用技术课、高校开设的社会实践课程，这三方面内容关联性不强，无论从知识逻辑，技术逻辑和价值认知逻辑等方面来看，[①] 这三者之间缺乏相应的联系。在实践教学中，大学教师主要对大学生劳动情感进行培养，督促大学生主动参加劳动实践。中学教师主要重视劳动理论的教学，而忽视了中学生劳动实践活动的开展。小学教师主要注重提前培养学生的劳动习惯。

如果大中小学三个学段的劳动教师之间很少合作，各学段只满足于完成本段劳动教育内容与任务，不主动了解其他学段的教学经验，导致劳动教育衔接中出现了教学"真空"即教育内容的缺失，这会对劳动教育一体化的关联性和递进性造成影响，会使劳动教育的教学效果大打折扣。此

---

① 徐长发：《新时代劳动教育再发展的逻辑》，《教育研究》2018 年第 11 期。

外，这种劳动教育各行其是的局面不能保证整体劳动教育内容的科学性和全面性，不利于学生的成长成才，也不利于大中小学劳动教育一体化的深入发展。

（三）教师队伍建设现状

师资团队的全面建设和统筹规划是实现劳动教育一体化的核心与前提。每个学段的劳动课教师所承担的教学任务不同，但其所寻求的育人价值是一致的。大中小学劳动教育师资队伍的一体化教学意识和素养决定着教师们是否能在教学过程中坚持循序渐进的教学理念，而这又直接影响着劳动教育的一体化效果，当前大中小学劳动教育一体化师资建设中存在以下问题。

劳动教育的课程教师配额不足。《指导纲要》中要求各级各类学校需配齐劳动教育必修课教师，保持教师队伍的相对稳定性。[①] 但在现实中，部分学校未严格按照国家要求配足、配齐劳动教育教师。实际教学时专职劳动教育教师数量不足，一般为班主任或辅导员兼职教授劳动教育课，劳动教育课程的教学质量无法得到保证。

劳动教育课程专职教师的培训工作仍需增强。现阶段劳动教育师资的源头培养工作有较大的提升空间，劳动教育相关专业的建设速度也较为缓慢。劳动教育师资队伍的充实和完善主要依托于当地的师范院校，因此各高校应做好劳动教育专职教师的源头培育工作，向大中小学输送更多的专业人才。此外，应从劳动教育教师的专业教学能力、师德品质综合素养等方面强化培养，全面提升劳动教育师资队伍的素质。

各地区各学段教师团队之间的协作与交流较少。从目前情况看，大中小学各学段劳动教育教师之间的沟通多数仍停留在单纯的相互听课、问卷调查、讲座等形式。劳动教育一体化在实践中要求各学段之间的教师要定期沟通，对劳动教育的内容选择与设置、执行情况等现实性问题进行反馈与讨论，全学段的劳动教育唯有在协作与交流中才能够共同提升、共同发

---

① 《教育部关于印发〈大中小学劳动教育指导纲要（试行）〉的通知（教材〔2020〕4号）》，《中华人民共和国国务院公报》2020年第23期。

展，如何进一步充实教师队伍并创新教师队伍合作途径，是大中小学劳动教育一体化建设中必须及时解决的重要课题。

（四）管理平台运行现状

体制机制的加强与发展是建设大中小学劳动教育一体化、实现劳动教育价值与目的的关键保障。当前劳动教育缺少完善的组织管理机构与宽广的一体化交流平台，存在相关部门对劳动教育的重视程度不够等问题，这些问题使劳动教育的一体化尚未实现有效的组织与运行。具体表现为劳动教育落实到各地区时没有统一管理和科学指导，更没有建立起广泛的沟通合作机制。各校和各地区之间也只能根据自己的理解和认识来决定劳动教育的具体内容和实施方法，因而一体化管理平台建设是十分重要与紧迫的。

劳动教育一体化运作离不开合理、高效的劳动教育机制，教育管理机制的确立过程比较复杂，可分为两个阶段进行：在第一阶段中，宏观政策调控为一体化组织管理机构的确立提供了先决条件。纵向上实现各年级间的劳动教育政策能够相互衔接，建构系统化的学校劳动教育保障体系。横向上表现为学校同外部劳动教育组织机构之间进行交流与协作，使社会力量和社会政策能够有效地对学校劳动教育产生帮助。有关教育部门更应该发挥出引导作用，加强社会力量与学校之间的沟通，使社会力量能够主动与学校劳动教育进行合作，以便更好地解决劳动教育中所存在的问题和冲突，共同为劳动教育一体化创造良好的氛围。

第二阶段中，首先要设置充足的劳动教育组织和管理机构，使劳动教育机制的设置有足够的组织人员和管理要素。其次是对于这些组织机构所具有的功能、作用进行具体的界定，使组织管理机构的职责和职能得以充分履行并发挥出最大作用。最后是对于这些组织管理机构应当加大联络与交流力度，由纵向层面的政策职能对接向横向角度的沟通协调强化转变。一方面，高层级组织管理机构在低层级组织机构中发挥着领导与责任，低层级劳动教育组织应做好本职工作，定期报告上级组织。另一方面，同一级别的劳动教育组织管理机构可采取定期举行交流会议等方式进行工作沟通。搭建劳动教育一体化管理平台和方案，对各学段的劳动教育教学大纲与教学内容等实行整体策划和制作，是促进新时代大中小学劳动教育一体化深入实施的必然之举。

二　大中小学劳动教育一体化完善

劳动教育一体化发展是解决当前劳动教育课程导向性不强、价值性欠缺、系统性较弱、协同性不高、时代性缺失等问题所必须采取的方法。通过对理论、历史和现实的三重剖析，发现影响劳动教育一体化建设的主要因素有理论研究、实践教学、制度建设与考核评价四个方面。

（一）完善实践教学设计

实践教学设计的完善需解决教学设置所导致的一体化实践教学混乱。一方面，大中小学各学段的劳动教育教学内容有重复或欠缺、课程和课时设置不科学等问题，是造成教学实践混乱的主要原因。具体分析，就理论课教学而言，大中小学课程上存在相似的教学内容，各学段的老师也会反复传授相同的知识，而导致了部分劳动教育理论在大中小学的劳动教育课堂中均被遗漏，以上两种状况影响着劳动教育质量的提升。就实践课教学而言，中学阶段与大学阶段的实践教学课程内容相似，劳动内容设置忽略了各学段学情的特殊性，使得大中小学劳动教育一体化进程受阻。[1] 另一方面，随着时代的进步学生的主体意识明显提升，心理和生理更为成熟，部分教师未能遵循学生的个体成长规律进行劳动教育，学生所需要的教学内容得不到及时提供，出现了中小学阶段的教师在实际教学中不能正确匹配学生的劳动知识需求，仍然讲授低年级劳动教育课程知识点而影响了学习积极性的现象；相反大学阶段的教师过高地估计学生需要，传授较为抽象的教育理论，导致大学生出现对劳动理论与实践的畏难情绪，教学实践的混乱导致了大中小学劳动教育一体化建设衔接不够顺畅及成效不高。

实践教学设计的完善需解决教学载体所导致的一体化实践教学混乱。

---

① 应腾：《新时代劳动教育一体化的三重逻辑》，《学校党建与思想教育》2022 年第 18 期。

劳动教育载体作为劳动教育对象与内容之间相互联结的桥梁，教育载体能否与时代进步的要求相适应，与劳动教育内容相一致，与劳动教育的目标相适应，直接影响着劳动教育所最后呈现出的教育效果。现阶段劳动教育虽然重视使用各种形式的教学工具，但对于部分新兴工具的使用未能跟上时代的发展，例如 VR、AR 设备等智能媒体尚未被作为教学载体，教学工具的吸引度不高直接导致了学生对劳动教育的兴趣程度减弱。劳动教育载体应针对教育对象，按照大中小学各个学段的不同年级和学情分层次选用，否则就会导致劳动教育载体无法与不同层次的学生特点匹配，造成教学内容针对性不足。部分学校存在着为了应付上级检查而无谓地增加表面的工作量，在选用劳动教育载体时相当形式化，不论劳动教育载体是否符合本学段的学生特点，只顾着将劳动教育载体进行堆砌，更没有主动关心学生的兴趣特点选择对学生而言吸引力强的劳动教育载体。

实践教学设计的完善需解决教学材料缺乏所导致的一体化实践教学混乱。一项课程的可持续发展需要有一套科学的课程教科书，由于劳动教育是一项具有很高实用性的课程，所以不可能只局限于课本，但这并不是忽视教材编写的理由。一旦缺少了体系化的课程标准，就会让老师的授课和学生的学习都没有可供借鉴的文本材料。此外，教材的编写是一个长期而又繁杂的任务，缺乏足够的人力和物力的投入都将妨碍劳动教育课程教材的编撰。

（二）深入教育理论研究

马克思主义劳动教育观具有翔实的内容和深邃的思想，它为大中小学劳动教育一体化发展的理论研究打下了根基。但一些学校的领导和老师常常忽略了大中小学劳动教育一体化的理论探讨，未能看到大中小学劳动教育一体化建设总体目标为开展劳动教育发展指明的方向，使劳动教育在发展过程中缺少理论指导，继而导致大中小学劳动教育一体化发展目标模糊，队伍建设不够全面等问题。

在教育主体的合力中深化教育理论研究。部分学校和教师对总体目标的核心思想理解不透彻，也没有针对性地研究探讨，甚至对一体化理论的基本目标以及客体的具体含义模棱两可，对一体化的含义、实现路径等相关内容也没有深刻理解，这导致了学校仅凭个人理解就执行了相关政策，使得劳动教育在实际工作中出现了偏差。同时，对劳动教育课程教师如何培训、师资团队如何建设以及如何协同进行劳动教育课程等现实问题的解决，都需要全学段的劳动教育课程教师在理解理论内容的基础上才能实现。值得指出的是各教学主体在挖掘劳动教育理论价值时，既要学习马克思主义劳动理论又要借鉴西方社会劳动思想。

在社会氛围的营造中深化教育理论研究。受享乐主义和拜金主义的影响，现代社会更加关注劳动所能产生的经济效益，而没有意识到劳动对人的全面发展所具有的重要作用，同时存在这样一种错误思想，即忽略了劳动特别是对体能劳动的重要作用，人们往往对经济价值较低的体力劳动存在偏见，缺乏对体力劳动和体力劳动者的尊重，对脑力劳动有过高的向往。这就造成了实践性强的劳动教育很难被大众接受。

在应试教育的变革中深化教育理论研究。实施多年的应试教育已经逐步被整个社会所认可，这种教育的优点在于它可以给每一个学生相同的培训方法，让每个人都可以学到相同的基础理论和系统知识，从而提高知识层次和文化素质。更关键的是应试教育给考生们带来了一个公平的考试机会。但近几年应试教育观念对教育发展和人才培养造成了日益明显的消极影响，如对升学率的片面追求、唯成绩论等，这些都对劳动教育的推广造成了一定的阻力。部分家长、老师甚至学校都认为学生应该把学习放在第一位，既然劳动教育课程没有被列入高考科目当中，也就没有必要对其花费太多的时间与精力。这种认识层面上对劳动教育的本质理解不清，极易造成劳动教育的开展流于形式，妨碍了大中小学劳动教育及劳动教育一体化的建设。

（三）健全组织管理制度

劳动教育一体化是一项长期工作，为了一体化的规范化、科学化、常态化地推进，需要完善的领导体系和组织体系，需要健全的管理机制和完备的管理制度。目前，我国大中小学劳动教学一体化工作之所以很难实现制度化，最主要的原因就是管理机构和管理机制的不健全。要做到有专人负责、有专人督导。在缺乏领导、管理和监督的情况下，会导致各项政策不能有效传达、工作部署无法有效落实，工作开展状况也无法得到清晰的掌握，这对推进劳动教育一体化工作造成了一定的影响。

完善的管理机制可以提高劳动教育一体化工作的组织性，制度是一项工作顺利进行的基础与保证，若没有这一基础就会造成教学工作缺少纪律、教学合作缺少实效，当部分学校或部门的工作不认真时，会对劳动教育的整体协调与互动产生负面影响。一些地方尚未成立劳动教育建设的专门管理机构，造成沟通中存在着时间差，各项政策与文件精神不能及时地传达给基层学校，基层学校的教学效果与教学反馈也不能准确地报告上级。此外，劳动教育的教学管理混乱，尚未建设一个统一的管理制度，存在部分学校归教务处管理、部分学校归学生处管理的差异，这对校际间的沟通与合作产生了负面影响。高效完善的劳动教育机制能够让劳动教育一体化的工作从开始到结束都能够顺畅运行，为一体化的工作提供普遍性的运行规范。健全组织管理制度是提高劳动教育组织性的关键条件，能够纵横贯通各责任主体，推进大中小学劳动教育的一体化。

（四）创新考核评价方法

大中小学劳动教育一体化建设的完善需要在创新考核评价方法中实现，传统评价方法受其单一时段、单一标准、单一主体特征的影响，无法应用于劳动教育这一持续时间长、变化发展大的实践课程中。

以多时段代替单一时段的评价方法，传统的教学评价方法是对特定阶段的教学状况做出一个总结评估，这种评估可以帮助教师更好地了解学生的整体学习状况并掌握课堂的实际教育效果，能够为改进教学提供一些反馈意见。但劳动教育课程实施过程复杂，这种以单一时段的总结为基础的教学评估方式已经无法适应劳动教育教学发展的需要，其中最显著的不足就在于它将教学评估的时间固定在了教学进度的期中或期末，只是对学生的学习过程有一个大概的认识，而不能准确地对学生的学习过程进行评估，无法对学生的动态学变化进行全面的监测。

以多标准代替单一标准的评价方法，以成果性评估为主导的传统的教学评估，将对学生的评价限制在学习成果和考试分数的单一层次上，而劳动教育的教学效果无法单纯地用分数衡量，学生对劳动技能的掌握情况也不能单纯用试卷反馈。新时代劳动教育要求对教学内容进行分层设计、细化实施时，对不同学习阶段学生的分层细化评价也应该同步进行，否则就无法掌握不同学段学校、不同类型教师和不同特点学生的具体劳动教育效果，致使劳动教育缺乏层次性和针对性。

以多主体代替单一主体的评价方法，目前学校的劳动教育课程评价还是延续传统，以单一主体的评价方式进行，由行政部门直接对学校进行评价，学校对教师直接评价，教师对学生直接评价，这一评价方法最大的不足就是具有强烈的主观判断，从而导致了评价结果的随机性和不稳定。劳动教育课程考核评价方法的创新需要引导家庭成员、社会企业等多元主体参与劳动教育的考核评价，才能实现对劳动教育课程开展效果的客观真实评价。

第三节　大中小学劳动教育一体化的发展趋势

大中小学劳动教育一体化作为马克思主义劳动学说的理论传承，是新时代深化劳动教育课程改革的现实旨归与必然趋势，是突出劳动教育价值、完善劳动教育体系、提高劳动教育质量的一项创新之举，对建构新时代劳动教育思想具有现实意义。

一　大中小学劳动教育一体化的未来方向

深化劳动教育一体化，必须抓准为谁培养劳动者、培养什么样的劳动者、如何培养劳动者的关键问题，从深化一体化观念，制定一体化目标、选定一体化内容、界定一体化教学四个维度全面理解大中小学劳动教育一体化的建设策略。

（一）深化一体化理念

大中小学劳动教育一体化的顺利展开要做到理念先行，用科学的劳动教育一体化理念为其实施指明正确的方向。要让劳动教育观念从传统思想的藩篱中解脱出来，确立科学先进的指导思想、树立"三全育人"的全新思路。

1. 以时代要求改变传统观念

以往对劳动特别是体能劳动的轻视和传统的应试观念，早已不适合当代的教育发展，在思想认知的层次上影响着大中小学劳动教育一体化的实施，为适应新时代发展的需求，必须对劳动教育观念进行改革并破除这些传统观念，使其承担起引领新时代劳动教育发展的重任。

改变学校中的传统观念。从组织实施劳动教育的学校出发，教学管理人员及全体教师队伍必须摆正观念，尤其要努力破除教育功利化的现象，在日常工作中对劳动教育进行积极宣传，带领其他学科的教师对劳动教育文件进行深入解读。各地区、各学校要根据学生的年龄和身心发展特点积极开展有特色、有针对性的劳动教育，改变传统以分数为中心的教学观念，改变过度关注升学状况的教学追求，将办学重点转向对学生的全方位发展的培养。

改变家庭中的传统观念。站在家庭的视角上，家庭劳动教育理念的转变直接关系着家庭劳动教育的具体效果，并且影响着劳动教育的整体效果以及劳动教育一体化发展进程。在家庭中，父母与长辈要把对子女的培养目标从应试和升学中分离，不以学习成绩为评判孩子能力的唯一标准，不以高考和升学为终极目的。父母与长辈应从时代和社会发展的高度，认识到现代社会对全面发展的人才的需求，在家庭教育中对孩子进行不止学科知识的全方位教育。

改变社会中的传统观念。对当前社会上出现的许多不健康的、不正确的思潮与观念进行有力的抵制，社会各团体与成员要为劳动教育营造良好的社会风气和浓厚的学习氛围，形成积极的、奋进的劳动态度，形成有组织的、有纪律的劳动环境。从国家的角度、社会的角度以及学生的发展角度，对新时代的劳动和劳动教育的重要意义进行充分的理解，唯有实现观念的改变才可以更好地将新时代的劳动教育一体化的各项工作落在实处。

2. 贯彻育人为本，树立"三全"教育新理念

"三全"育人思想，就是要坚持"全员育人，全程育人，全方位育人"的育人思想。"三全育人"是新时代我国劳动教育发展的一个主要方向，

将"三全"育人的理念与当前的大中小学各个阶段的实际情况相联系，可以全面阐述我国教育三个阶段的一体化工作思路。从"三全"的角度来看待劳动教育一体化，一一对应的是全体育人的对象尺度，全程育人的时间尺度，全面育人的空间尺度。

具体而言，一是劳动教育一体化要求实现"全员育人"的目标，不仅需要学校的专业老师的共同参与，还需要学校的所有工作人员、社会各界和学生家长的共同努力。二是要遵循"全程育人"的原则，按照学生的身体、心理以及社会发展的特点，在大学、中学和小学教育的各个阶段，把劳动教育有层次、有针对性地纳入大学、中学、小学的教育全过程，融入进学生的整个成长与发展过程中去。三是劳动教育一体化要求坚持"全方位育人"，首先劳动教育必须做到全面覆盖，处处有教育，不管是上课还是下课都是如此，在校或校外、在家或在社区，让孩子们在任何一个时空中，都能感受到劳动的吸引力；其次是劳动教育对其他学科教学内容进行有机融合，挖掘其他学科劳动教育资源，制定劳动教育任务，让学生在学习其他学科的同时接受劳动教育。在新的历史条件下，我们不能以孤立的观点看待新时代劳动教育。在劳动教育中，要始终保持劳动教育主体、劳动教育学段与劳动教育情境的紧密结合与统一，实现劳动教育全学段在横向与纵向、时间与空间的结合。全面理解和掌握"三全育人"理念，是大中小学劳动教育一体化发展的重要前提条件，这就要求所有教育主体都要秉持这一教育思想，唯有如此才能推动劳动教育一体化建设顺利开展。

（二）制定一体化目标

各学段劳动教育课程目标逐步显现一体化趋势，这既反映了劳动教育课程随着社会的进步而不断发展，又清晰地展现了劳动教育课程的内在特征。劳动教育目标的一体化应当通过总体目标的规定性和层级目标的针对性设置来实现。在整体目标保持统一的前提下，各个区域、各个学校、各个年级之间应该设置相对类似的层次教学目标。同时，各地区和学校要根据自己的实际状况，在大致目标相同的情况下设置符合自身实际、具有自身特色的劳动教育目标。

一方面，明确劳动教育总目标即通过形成正确的劳动观念，获得劳动知识和劳动技能，培养劳动精神与劳动品质，整体上提高学生劳动素养。这一总体目标需贯彻于大中小不同级别学校之中，并成为各地、各校实施劳动教育的共同追求；另一方面，注重层级劳动教育目标的合理设置。层级目标的设置是以大中小学各学段的年龄特征为依据，制定与之相应的、切实可行的劳动教育目标。此外，目标设定不仅仅以大、中、小三大学段进行划分，不同年级、不同年龄段之间的学生也应制定个性化的目标。唯有如此才能在满足学生身心发展特点的前提下有效地提高青少年的劳动素养，实现劳动教育一体化的总目标。

1. 小学劳动教育强调劳动意识的启蒙

小学生劳动教育课程的主要目标是对学生劳动意识的启蒙，引导学生形成正确的劳动观点，使学生通过简单的家庭劳动学习基础的劳动知识、产生对劳动的兴趣，扣好劳动教育的第一粒扣子。正确的启蒙课程需要家庭和学校通力合作，在家庭教育中，应当主动放手允许孩子做基础的家务活，如自己剪指甲、擦地等，家长不应过度溺爱孩子；在学校教育中，学校应积极开设劳动教育课程，让学生在课程中学习正确的劳动教育观念、劳动技能，并通过在课堂上对学生的表现给予积极的肯定以培育学生的劳动积极性。在这一年龄段，经过家长和老师的通力配合实现学生劳动意识的初步形成、劳动积极性的初步建立、劳动技能的初步掌握。

2. 中学劳动教育注重劳动技能的培养

中学生劳动教育课程的主要目标是实现学生对劳动理论知识和劳动实践的结合，在理论中学习知识，在实操中检验知识、增强兴趣，从而建立良好的教育循环体系。按照阶段划分可以把中学划分为初中、中等职业学校和高中，这三个阶段各有侧重点。对于初中生，应当初步掌握基本的劳动知识理论，学会相对复杂的生产生活技能并形成积极的劳动观。对于中职学生，应当主动培育其专业劳动技能，培育其爱岗守业的精神。对于高中生，应加强其对基础劳动知识的掌握，正确认识创业过程的不易，学会尊重劳动人民的辛苦付出。各个阶段都应亲身体验劳动过程，实现课堂上的劳动理论与现实中的劳动相结合。中学生通过更深层次的劳动对劳动体验更深，可以更加深刻地体会到广大劳动人民的不易与自身所肩负的伟大复兴使命。

3. 大学劳动教育注重发展学科专业特长

大学生劳动教育课程的主要目标是各高校结合专业特长培育高层次的社会主义事业建设人才，这与中小学阶段的劳动教育有明显的差别。大学阶段所学习知识的专业性更强，学科划分更精细，大学生将更快地步入社会，同时他们的综合素质也更接近国家对深化改革与经济发展的高水平人才的需要。各大高校应当发挥自身特色与地区优势，积极与企业协作，为大学生提供更多的劳动实践平台与专业实习途径，建立完善的劳动实践保障体系，帮助大学生在社会中不断检验与增强自身劳动本领，成为合格的社会主义建设接班人。

（三）选定一体化内容

建立系统完整的大中小学劳动教育课程内容体系是对劳动教育一体化目标和任务的实际转换，更是对诸多劳动存在方式的整体总结。新时代劳动相较以往劳动而言，其内容更丰富多彩，有其特殊的时代内涵，这同时给新时代劳动教育增加了新的内容。在选择劳动教育内容时，应注意继承和革新传统的劳动教育内容，吸取经典内容，剔除陈旧的教育内容，同时注意把握新时代的劳动内容特征，从诸多劳动活动中选择有教育价值的部分作为劳动教育课程的教学内容，实现教学内容时代性与传统化的有机融合，以多样、多形式的内容充实劳动教育。

在大中小学三个时期，学生自身在生理与心理方面有着显著的不同，其劳动观也存在较大差异。因此，在不同时期应选择不同的劳动教育内容，各个阶段的劳动教育内容在各有侧重中实现有机衔接。通过打造大中小学劳动教育一体化内容体系，促使劳动教育内容更加层次清晰、各个时期的内容互相渗透，形成完整全面的体系，让学生在各个阶段都能接受到优质的教育内容，实现教育目标。

1. 在基础教育阶段构建劳动与日常生活结合的课程内容框架

以劳动内容为切入点，根据学生生理和心理的变化特点，基础教育阶段的劳动教育内容主要包括劳动与生活、劳动与职业、劳动与创造三大系列。劳动与生活主要针对小学生，以帮助其形成基本的自理意识和能力、健康的作息活动习惯，如个人卫生、物品摆放、基础电器操作等。劳动教育课堂主要是帮助学生熟练掌握高阶技能和塑造良好的职业观。从实际操作方面讲，对小学生而言，其教育目的应以植物种植和手工艺品制造为主，而中学生则是以技术知识演练和企业实训体验为主。劳动与创造重在培养学生的创新意识与能力，既要抓好传统的技能，又要学会在创新中发展。从创新意识方面讲，对小学生而言，应以促进探索意识为主，而中学生则是以强化学生技能使用与创新意识与能力培养为主，重视学生创意设计与开发。

2. 在高等教育阶段构建劳动与学科专业结合的课程内容框架

在高等教育阶段，根据不同专业特点，劳动教育内容应注重以下三个方面：一是厘清劳动教育的价值性。将劳动教育专题开设进创新创业指导等相关课程，融入劳动精神、工匠精神等内容，创造性融合"课程思政"的理论内容，落实马克思主义劳动价值观教育。二是强调劳动教育的专业性。以学科为发展基础，建立以培育创造型、全面型高阶人才为导向，以专业技能知识为依托，满足时代需求的课程群。三是突出劳动教育的服务性。发挥各个学科的优势，加强学校与企业之间的合作、拓展大学生进入企业实习的渠道与平台，同时结合公益行动，倡导大学生主动参与社区公益服务行动，提高劳动服务能力与意识。

（四）界定一体化教学

劳动的实践本质与活动属性，决定了劳动教育的开展应以活动为中心，以实践为主线，通过构建包含教学过程、教学空间和教学关系为一体的大中小学劳动教育一体化实施架构，保证劳动教育课程的每一环节都实施高质量教学。

1. 构建生成性教学过程

劳动教育的有效开展应以优质劳动教育课程为主要依托点，既要在全学段建立专门劳动教育必修课体系，也要将劳动教育的核心思想渗透进相关学科的教学中。按照各学段的学生发展特点，劳动教育内容可划分为借鉴性教育内容、实操性教育内容与创作型教育内容三大类型。对于小学生来说，其独立判断事物的能力较弱，应当主要展开具有模仿性的活动，如观看讲述劳动模范先进事迹的电影或纪录片等。对于中学生来说，其心理与生理逐渐成熟，对事物逐渐有自己的看法。此时需要加强中学生的实操锻炼，在实践中加强劳动技能本领，同时学会与他人合作。对于大学生而言，其具有清晰的人生观，心理更加成熟，掌握的专业知识也更多，此时应当结合不同学科的专业技能，着力指导大学生参与富有创新性的劳动实践，引导他们形成爱岗敬业的职业价值观。

2. 构建交互性教学空间

虽然劳动教育的三方主体对学生产生教育影响的时间与空间各不相同，运用的方式与方法各有差异，但大中小学全学段劳动教育的有效开展始终离不开学校、家庭和社会的通力合作，应建设三者能够发挥合力的交互性教学空间，根据学生的身心发展特点决定各阶段劳动教育的教学主阵地。对于小学阶段来说，家庭成员的所思所行一定程度上影响着小学生的言行，家庭发挥着重要的劳动教育作用，家风家教对小学生劳动情感与意识的塑造程度影响着学校劳动教育的实施效果。对于中学阶段来说，社会因素在劳动教育中的作用逐渐上升，更多实操性的教育活动在中学阶段不断增多，中学生的实践活动范围也从校园内进一步拓宽进社区。对于大学阶段来说，社会已经成了劳动教育中的主要影响因素，学校更应当指导大学生理性地面对复杂的劳动市场需求，根据自身的特长与优势做好职业生涯规划，并主动为大学生提供各种技能培训课程与资源，对他们进行更加专业化、更具针对性的就业指导。

3. 构建自主性教学关系

在大中小学劳动教育课程实施中构建具有自主性教学关系十分重要，在劳动教育课堂中，教师和学生的地位是互相平等、交流互动的，在交流互动中激发出学生的求知兴趣、调动起老师的教学热情，共同创造浓郁的学习氛围。此外，接受劳动教育的学生主体是具有独立思考能力与主观能动性的人，除了进行劳动教育的知识技能教学，劳动教育还可以让学生在实践中真正认识自己、了解自己，实现自我解放。具体来说，针对小学生自主能力弱的特点，教学关系应当是共在关系，教师应当主动引导学生，充当传授者和示范者的双重角色。针对中学生而言，教学关系应当是共进关系，教师应主动引导学生，担任引导者的角色，为学生提供丰富的实践平台和资源。针对大学生而言，教学关系应当是共生关系，老师和学生之间的关系更加平等、紧密，学生更多地与他人进行团队合作而不单单是个人劳动。

二 大中小学劳动教育一体化实施路径

随着时代的发展，社会对个体劳动能力、劳动素质的要求日益提高，全学段劳动教育的一体化已成为未来的发展趋势。劳动教育一体化的深化发展，一方面需要对课程建设的体制设计加以革新，另一方面还需要在劳动教育课程的实施过程中进行完善。在劳动教育全过程中调用不同资源，充分保障一体化方案的顺利设计与执行，不断提高劳动教育一体化的实效性。

（一）设计阶段

大中小学劳动教育一体化设计是一体化课程体系建设的必要前提，科学系统的设计蓝图能够引领大中小学劳动教育一体化的深入实施，大中小学劳动教育的一体化设计由构建劳动教育格局、打造劳动教育队伍、建立劳动教育保障三个维度构成。

1. 构建循序渐进、螺旋上升的劳动教育格局

劳动教育课程是实现培养新时代青少年德智体美劳全面发展目标的核心课程，劳动教育的影响伴随着青少年成长的全过程，大中小全学段的劳动教育课程应当是一体化建设中的有机整体，不应相互脱节。劳动教育课程之所以分为大中小学三个不同阶段进行安排，是因为学生对劳动的认识是逐步深入的，是从小学阶段的体验劳动、中学阶段的认识劳动，走向大学阶段的理解劳动①的长期过程，在设计大中小学各学段的劳动教育课程时应重视学生的身体和心理特点，准确把握各学段学情，提炼每一年级的学习任务，结合学生的个性需求制定一体化教育内容体系，实现科学设计，此外还需及时根据现实反馈的学习效果，不断优化劳动教育的设计方

---

① 刘俊：《新时代大学生劳动观培育的现实境遇与实践路径》，《江西师范大学学报》（哲学社会科学版）2020 年第 6 期。

案。同时争取过渡好不同学段之间的教学内容，机械重复或前后阶段脱节的教育内容都可能会减少学生参与劳动教育的积极性，不利于正确的劳动价值观的形成和劳动技能的培育，着力抓好大中小学三阶段劳动教育课程的过渡工作，形成循序渐进的劳动教育局面，是全面落实一体化劳动教育总目标的必要环节。

2. 打造专兼职结合的劳动教育队伍

为实现劳动教育一体化的高效开展，学校应组建高水平的专职教师队伍，使其成为劳动教育课程实施的关键力量。作为学生全面发展重要一环的劳动教育，其课程具有开展时间长、资源调用大和实施效果难以表征的特点，为确保劳动教育教学正常且有效地开展，建设一支专职专业高水平的教师队伍的工作应成为一体化设计阶段的重点关注领域，否则可能会出现劳动教育质量不高和覆盖范围不足的问题。确保高水平劳动教育课程教师团队的设立，要从以下几点努力：一是要对劳动教育被设置为必修课程的时代意义给予相当的重视，按照学生人数配备足够数量的专职教师。二是定期开展劳动教育课程教师的岗前培训，加强教师队伍对劳动教育一体化建设的主动性，劳动教育课程教师应始终坚持实践育人的教学理念，在不断提升自身的教学水平中与学生共同进步。三是与各地区的人力资源进行充分的合作，吸引本地的先进劳动者、传统手工艺者等具有代表性与示范性的社会人员组建一支兼职导师团队作为学校劳动教育的补充。

3. 建立协同实施的劳动教育保障机制

劳动教育一体化在现实建设中需要有完善的保障机制，为校间合作、家校合作以及校企合作提供支持，只有让丰富的教育资源、高效的教育方法在各教育阵地中流通起来，劳动教育才会奏响合作育人的交响曲。首先各主管单位要做好长期统筹、合理规划大中小学劳动教育课程建设的宏观政策，以正确的方针引领劳动教育走向未来。通过对各方教育资源的合理协调，保障作为劳动教育中心的学校有充足的师资、丰富的教材与多样的实践场所。其次，明确家庭作为大中小学劳动教育课程实施场域的重要作用，一方面要依托每位成员的分工合作，为学生创设在家庭内部即可完成的日常劳动活动，以此提高学生的家政能力与劳动意识。另一方面要注重家庭氛围的影响，呼吁家长们以身作则、以身示范，为孩子提供良好的学习模仿的对象。最后，要动员全社会力量，学校要充分利用所在地区的社会资源，使其成为劳动教育优化的重要保障，在具体的教学实施中，学校要依托当地企业的实践场地与一线工作人员，对学生进行实践活动的专业指导，让学生获得真实的职场体验。建立协调劳动教育的主体，在全部教育过程中发挥合力，让教育机制成为大中小学劳动教育一体化工作深入落实的重要保障。

（二）实施阶段

大中小学劳动教育一体化设想在进入实施阶段后，需要从搭建家校互通、校企互联的交流互鉴的平台以及构建多元开放、纵横相交的劳动教育资源库这两个向度重点发力，形成多主体、多形式的协同教育新模式，以时代之需培养时代劳动教育，以社会之力塑造社会建设者。

1. 打造三位一体的劳动育人格局

打造家、校、企"三位一体"的劳动教育模式需要厘清主体之间的权利、职责与义务，对育人协作关系进行合理划分，在融合多方优势的过程中，扩大劳动教育的范围，实现劳动教育效果的持续增强。《意见》[①] 中对这一点做出了明确要求，劳动教育的持续有效发展要加强政府统筹，拓宽教育途径，整合家庭、学校与社会各方的力量，打造兼具日常化、规范化、多样化的协同育人格局。

大中小学劳动教育一体化进程的顺利开展要依靠多方教育主体的群策群力。具体而言就是要协调各教育主体做到同心协力、同向发力。一方面，家庭、学校与社会三者间的教育形式、教育内容各具特色，在劳动教育体系构建中各自发挥着不同作用。相较于家庭劳动教育、社会劳动教育的自发性和隐蔽性而言，学校劳动教育的系统性特色、目的性导向以及科学性理论更为突出；但另一方面，三者相辅相成的教育效果也是不可忽视的，三者对青少年产生劳动教育影响的关联性及贯通性值得进一步挖掘并加以利用。

---

① 《中共中央国务院关于全面加强新时代大中小学劳动教育的意见》，人民出版社 2020年版。

从独立性而言，家庭教育、学校教育和社会教育在目标、内容、方法上都各有优点与侧重，家庭教育中多为劳动情感的熏陶，以家务劳动锻炼为主。学校教育中多为劳动技能的训练，系统培养学生的理论体系。社会教育侧重于成果检验，反映现实劳动市场对劳动者的需求。即使学校教育占据学生的大部分学习时间，这也无法切断家庭教育与社会教育在他们身上的作用。同样，若家庭教育、学校教育和社会教育中的任一方不在场，劳动教育在内容上就会出现空白，继而有可能导致连锁的负面反应。劳动教育一体化过程中要保持学校、家庭与社会的教育培养方向一致、培养内容贯通、培养形式互补，以此增强劳动教育的实际效果。

从联系性而言，劳动教育内容体系复杂，既具有知识性又具有技能性，表现形态既有常识性又具有理论性。家庭劳动教育通常表现为劳动习惯与意识教育，其内容的系统性与导向性不强，其理论性与价值性也难以有效凸显，这一部分需要通过学校的劳动教育课程进行补充与加强。与之不同，学校所开展的劳动教育是较为系统、更具理论的，但这并不等于学校可以垄断劳动教育的全过程，学生通过课堂所掌握理论与技能还需经过社会实践的检验。社会劳动教育是对学生进行劳动教育的三大途径之一，社会教育方式具有更强的实用性、及时性，劳动教育在社会需求以及就业市场的导向下，能够及时调整课程的内容与安排，始终以时代发展之需培养时代新人。

2. 优化多元开放的课程资源集群

在大中小学劳动教育一体化的建设过程中，课程资源的开发情况是一体化得以落实的重要影响因素之一。推进一体化，不仅需要从上至下以课程纲要的方式为各学段实施劳动教育进行主题选择、素材选择的指导，还应由下而上地鼓励学校结合所在地区资源开发特色教育课程，推动基础性、发展性、创新性教育案例的挖掘，打造一定数量的劳动教育精品课程与示范课程并在全国范围内推广。

新时代全面加强劳动教育需要开辟大中小学劳动教育融合发展的专属阵地，搭建开放、专业的线上线下双重渠道的共享交流平台，拓宽经验分享渠道，宣传和普及对劳动教育开展具有启发性和创新性的教学实践经验，对什么是新时代劳动教育，教什么和怎样教等重点问题进行深入的交流和思考。

一方面充分利用信息科技手段搭建网络交流平台，围绕大中小学的教育特点，搭建全面开放的劳动教育资源库，营造资源共享的环境以及无障碍资源分享的平台，整合大中小学劳动教育优质课程资源、创新项目案例等，实现高质量教学资源共享，为广大教师不断更新知识结构，汲取教学经验，强化业务能力提供充分的资源保障。

另一方面健全大中小学劳动教育管理机构，强化线下的讨论和沟通。通过成立劳动教育指导委员会等方式实现所辖地区教育教学主体之间的定期交流。通过召开劳动教育经验交流大会和专题研讨会等形式，组织教学管理机构与一线教学团队共同阐释劳动教育的最新政策，学习劳动教育的前沿理论，探讨劳动教育的先进经验，共享代表性教学案例，坚持以科学、开放、宽容的态度促进劳动教育课程资源的创新丰富。

（三）评估阶段

大中小学劳动教育一体化构建是一个需要在实践中积累经验、在经验中总结方案的曲折发展的过程，为顺利推进一体化进程，需要以第三方视角评估并解决目前我国劳动教育一体化建设中的问题，以此推动劳动教育一体化课程体系的不断创新和发展。为此，我们要从构建评估指标体系、评价反馈与督查机制中不断完善劳动教育一体化。

1. 构建可量化的劳动教育评估指标体系

劳动教育课程评价指标体系的建设空白对推动落实劳动教育一体化带来了很大挑战，形成一套具有具体性、观测性的评价指标是在评估阶段推动劳动教育一体化发展的关键。劳动教育一体化评价指标体系的构建，需要结合每一阶段的具体学情进行设置，以学生身心发展的变化特点进行可量化的指标设计。

各级各类学校应以文件要求作为评估的指导原则，建立劳动教育的具体量化考核指标，《意见》将劳动教育列为必修课程，一方面极大地增强了社会大众对劳动教育的关注度，另一方面也对各学段劳动教育做出了具体要求，在教学课时安排上，中小学每周不少于一节、职业院校不少于 16

课时、普通高校不低于32课时①。为完成具体课时任务，需要各级学校设立劳动周、劳动月，此类针对性的劳动实践活动，既能为劳动教育留出足够的时间，又能融合德智体美，综合提高学生素质。根据文件要求，可以建立月、季、年三个阶段的评价指标，在此基础上进一步细化至每一次劳动活动的安排，如多少次校园实践、社会志愿、职业实习等。

各级各类学校应以教学实际作为评估的具体参考，因校制宜地编订实践指导手册、对各学段的目标与评定进行清晰说明，在每节课中定量落实劳动教育的评价指标，定量设计学生所能完成的劳动任务，鼓励同学们以班级为单位创建集体劳动目标。同时学校要全面做好劳动实践全过程中的安保工作，除各种安全保障的硬件设施外，还要专设安全指导员并对学生做好安全教育工作，在劳动活动准备、劳动实施过程以及劳动成果总结中都将安全放在首位。在综合学校、家庭、社会多个层面中共同推进以学生增强劳动教育素养为目标的评价指标的制定。

2. 构建劳动教育的评价反馈和督查机制

新时代大中小学劳动教育一体化实施取决于各学段劳动教育培养目标的确立以及对各学段劳动教育教学内容的明确要求，但要把大中小学劳动教育一体化建设为可持续发展的体系，使其教学作用落到实处又恰到好处，就必须依靠教学效果的反馈和督查来实现。

精准及时的督查机制能够在各学段的劳动教育工作中发挥出引领方向的作用并积极推进各项教育工作的具体实施，对劳动教育某一阶段的具体实施进行及时回馈，有助于查漏补缺并及时纠正，这对大中小学全学段的劳动教育课程开展都有积极作用，建立教学过程的督查机制，构建教学实效的评价与反馈，对大中小学课程建设一体化工作至关重要。

具体而言，一是要组织开展各种劳动竞赛，如花卉培养、厨艺比拼、手工制作等，通过实践活动检验学生的理论掌握是否扎实、检验教师的教学工作是否有效，从而解决学生对劳动教育的参与程度低、参与兴趣低等教学难题，激发学生创新创造的内生动力。二是要将学生参加活动的情况

---

① 《中共中央国务院关于全面加强新时代大中小学劳动教育的意见》，人民出版社2020年版。

作为综合测评指标之一，通过加分制正向激励学生学习劳动知识、进行劳动实践。此外，在进行结果统计时，要注意过程与结果的公平，鼓励真实劳动、杜绝弄虚作假。三是在思想层面重视劳动教育评价的作用。教育主管部门可以将学生的学习情况与学校的教学质量考核相关联，以此检验各学段劳动教育的实效性，进而保障全学段劳动教育一体化体系推进的持续性。

对劳动课程教学进行督查只是手段，其目的是要实现劳动教育内容的改进与教育方式的更新，最终实现学生的全面发展。大中小学劳动教育一体化是一项系统而全面的工程，需要站在全局的战略高度对整个体系进行分析和重构，以此形成由表及里、深入浅出的实施过程。劳动教育质量监测制度在这一体系构建过程中的重要性不言而喻，及时发现教育过程中存在的问题，以系统性思维探索其解决之策，从而将新时代大中小学劳动教育一体化建设真正落到实处。

参考文献

专著类

《马克思恩格斯全集》（第 1 卷），人民出版社 1956 年版。

《马克思恩格斯全集》（第 20 卷），人民出版社 1971 年版。

《马克思恩格斯全集》（第 32 卷），人民出版社 1974 年版。

《马克思恩格斯全集》（第 42 卷），人民出版社 1979 年版。

《马克思恩格斯文集》（第 1 卷），人民出版社 2009 年版。

《马克思恩格斯文集》（第 2 卷），人民出版社 2009 年版。

《马克思恩格斯文集》（第 3 卷），人民出版社 2009 年版。

《马克思恩格斯文集》（第 5 卷），人民出版社 2009 年版。

《马克思恩格斯文集》（第 8 卷），人民出版社 2009 年版。

《马克思恩格斯文集》（第 10 卷），人民出版社 2009 年版。

《马克思恩格斯选集》（第 1 卷），人民出版社 2012 年版。

《马克思恩格斯选集》（第 2 卷），人民出版社 2012 年版。

《马克思恩格斯选集》（第 3 卷），人民出版社 2012 年版。

《马克思恩格斯选集》（第 4 卷），人民出版社 2012 年版。

《列宁全集》（第 2 卷），人民出版社 2013 年版。

《列宁全集》（第 36 卷），人民出版社 2017 年版。

《列宁全集》（第 42 卷），人民出版社 2017 年版。

《毛泽东文集》（第 7 卷），人民出版社 1999 年版。

《毛泽东选集》（第 3 卷），人民出版社 1991 年版。

《叶剑英选集》，人民出版社 1996 年版。

《邓小平文选》（第 2 卷），人民出版社 1994 年版。

《邓小平文选》（第 3 卷），人民出版社 1993 年版。

《江泽民文选》（第 3 卷），人民出版社 2006 年版。

《胡锦涛文选》（第 2 卷），人民出版社 2016 年版。

《习近平谈治国理政》（第 1 卷），外文出版社 2018 年版。

《习近平谈治国理政》（第 3 卷），外文出版社 2020 年版。

《建国以来重要文献选编》（第 1 册），中央文献出版社 1992 年版。

《建国以来重要文献选编》（第 5 册），中央文献出版社 1993 年版。

《建国以来重要文献选编》（第 7 册），中央文献出版社 1993 年版。

《建国以来重要文献选编》（第 11 册），中央文献出版社 1995 年版。

《中国共产党中央委员会关于建国以来党的若干历史问题的决议》，人民出
版社 1981 年版。

《十六大以来重要文献选编》（上），中央文献出版社 2011 年版。

《十六大以来重要文献选编》（中），中央文献出版社 2006 年版。

《国家中长期教育改革和发展规划纲要 2010—2020 年》，人民出版社 2020
年版。

《中共中央国务院关于全面加强新时代大中小学劳动教育的意见》，人民出
版社 2020 年版。

《十八大以来重要文献选编》（上），中央文献出版社 2014 年版。

《新的里程碑：全国教育工作会议文件汇编》，教育科学出版社 1994 年版。

《义务教育劳动课程标准》，北京师范大学出版社 2022 年版。

《胡锦涛在全国教育工作会议上的讲话》，人民出版社 2010 年版。

《中华人民共和国劳动法》，中国法制出版社 2019 年版。

教育部基础教育司：《新编基础教育文件汇编（1999—2003）》，北方交通
大学出版社 2003 年版。

《资本论》（第 1 卷），人民出版社 2004 年版。

《自然辩证法》，人民出版社 2018 年版。

《1844 年经济学哲学手稿》，人民出版社 2018 年版。

安克思：《中华人民共和国现行教育政策法规文件全集》（共十卷），延边
　　人民出版社 2001 年版。

包东坡：《中国历代名人家精华》，安徽文艺出版社 2000 年版。

《创新增长路径共享发展成果在二十国集团领导人第十次峰会第一阶段会
　　议上关于世界经济形势的发言》，人民出版社 2015 年版。

陈国维：《大学生劳动教育》，高等教育出版社 2020 年版。

陈万柏、张耀灿：《思想政治教育学原理》，高等教育出版社 2015 年版。

陈远晖：《中国现代教育史》，人民教育出版社 1979 年版。

戴本博、张法琨：《外国教育史（中）》，人民教育出版社 1990 年版。

戴本博、单中惠：《外国教育通史》（第 5 卷），山东教育出版社 1993
　　年版。

《高举中国特色社会主义伟大旗帜为全面建设社会主义现代化国家而团结
　　奋斗》，人民出版社 2022 年版。

《关于正确处理人民内部矛盾的问题》，人民出版社 1964 年版。

关保英主编：《教育行政法典汇编 1949—1965》，山东人民出版社 2016
　　年版。

何东昌：《中华人民共和国重要教育文献（1949—1975）》，海南出版社
　　1998 年版。

何东昌：《中华人民共和国重要教育文献（1998—2002）》，海南出版社
　　2003 年版。

华东师范大学教育系、杭州大学教育系：《西方古代教育论著选》，人民教
　　育出版社 1985 年版。

黄济：《新中国教育哲学重建的探索》，北京师范大学出版社 2010 年版。

《决胜全面建成小康社会夺取新时代中国特色社会主义伟大胜利》，人民出
　　版社 2017 年版。

姜兵、魏雪峰、韩霞：《中国传统文化读本》，电子科技大学出版社 2017
　　年版。

康渝生：《马克思主义哲学的人学致思理路》，社会科学文献出版社 2004
　　年版。

李柯：《嬗变与审视：劳动教育的历史逻辑与现实重构》，社会科学文献出版社 2019 年版。

李蔺田、王萍：《中国职业技术教育史》，高等教育出版社 1994 年版。

李明德、金锵：《教育名著评介（外国卷）》，福建教育出版社 1992 年版。

梁漱溟：《乡村文化建设》，上海人民出版社 2006 年版。

刘英杰：《中国教育大事典》，浙江教育出版社 1993 年版。

《马克思恩格斯论教育》，人民教育出版社 1987 年版。

《毛泽东同志八十五诞辰纪念文选》，人民出版社 1979 年版。

孙家学、耿艳丽、邵珠平：《新时代高校劳动教育通论》，高等教育出版社 2021 年版。

孙孔懿：《苏霍姆林斯基教育学说》，人民出版社 2018 年版。

单中惠：《西方教育思想史》，山西人民出版社 1996 年版。

唐兆梅、成晓军：《曾国藩家训》，重庆出版社 2006 年版。

王铁：《中国教育方针的研究——新民主主义教育方针的理论与实践》，教育科学出版社 1982 年版。

王卫国：《建国以来教育同生产劳动相结合法规文献汇编》，教育科学出版社 1995 年版。

吴履平：《20 世纪中国中小学课程标准·教学大纲汇编：课程（教学）计划卷》，人民教育出版社 2001 年版。

吴雅凌：《劳作于时日笺释》，华夏出版社 2014 年版。

《徐特立文存》（第 4 卷），广东教育出版社 1995 年版。

徐海红：《生态劳动与生态文明》，人民出版社 2013 年版。

徐爽：《中华家风箴言录》，齐鲁书社 2020 年版。

杨汉麟、袁传明：《裴斯泰洛齐画传》，山东教育出版社 2018 年版。

杨汉麟：《外国教育实验史》，人民教育出版社 2005 年版。

于冬青：《中外学前教育史》，东北师范大学出版社 2013 年版。

袁帅：《教育改革视域下的劳动教育思想及实践研究》，知识产权出版社 2020 年版。

《在庆祝"五一"国际劳动节暨表彰全国劳动模范和先进工作者大会上的讲话》，人民出版社 2015 年版。

《在全国劳动模范和先进工作者表彰大会上的讲话》，人民出版社 2020
　　年版。

《在知识分子、劳动模范、青年代表座谈会上的讲话》，人民出版社 2016
　　年版。

翟博：《中国家训经典》，海南出版社 2002 年版。

中央教育科学研究所：《中华人民共和国教育大事记（1949—1982）》，教
　　育科学出版社 1983 年版。

古典著作类

陈永注解：《庄子素解》，中山大学出版社 2017 年版。

《大学中庸选译》（汉马对照），广西师范大学出版社 2016 年版。

胡寅：《斐然集》，岳麓书社 2009 年版。

纪国泰：《〈扬子法言〉今读》，巴蜀书社 2018 年版。

钱仲联校注：《剑南诗稿校注》（卷 20），上海古籍出版社 1985 年版。

《四书章句集注》，中华书局 1983 年版。

《苏轼诗集》（卷 30），中华书局 1982 年版。

孙健筠、杨林译注：《论语》，吉林人民出版社 2005 年版。

孙诒让：《墨家闲诂》，中华书局 2001 年版。

夏家善主编：《温公家范》，王宗志、王微注释，天津古籍出版社 2016
　　年版。

《颜氏家训》，辽宁教育出版社 2001 年版。

朱柏庐：《治家格言》，河南人民出版社 2009 年版。

译著类

［苏联］B. A. 苏霍姆林斯基：《怎样培养真正的人》，蔡汀译，教育科学出
　　版社 1992 年版。

［苏联］B. A. 苏霍姆林斯基：《给教师的建议》，杜殿坤译，教育科学出版
　　社 1984 年版。

［古希腊］柏拉图：《理想国》，郭斌和等译，商务印书馆 1986 年版。

［德］费希特：《论学者的使命人的使命》，梁志学等译，商务印书馆 1984 年版。

［法］傅立叶：《傅立叶选集》（第 2 卷），庞龙等译，商务印书馆 1981 年版。

［法］傅立叶：《傅立叶选集》（第 3 卷），赵俊欣等译，商务印书馆 1982 年版。

［苏联］凯洛夫：《教育学》，沈颖等译，人民教育出版社 1953 年版。

［苏联］凯洛夫等：《教育学》，人民教育出版社 1957 年版。

［德］凯兴斯泰纳：《劳作学校要义》，刘均译，商务印书馆 1935 年版。

《凯兴斯泰纳教育论选著》，郑惠卿译，商务印书馆 2003 年版。

［意］康帕内拉：《太阳城》，陈大维等译，商务印书馆 1980 年版。

《克鲁普斯卡娅教育文选》，卫嘉译，人民教育出版社 1959 年版。

［法］卢梭：《爱弥儿》（上卷），李平沤译，商务印书馆 2017 年版。

［英］洛克：《教育漫话》，傅任敢译，人民教育出版社 1985 年版。

［法］马布利：《马布利选集》，何清新译，商务印书馆 2009 年版。

［苏联］马卡连柯：《论共产主义教育》，刘长松等译，人民教育出版社 1954 年版。

《马卡连柯全集》（第 4 卷），耿济安等译，人民教育出版社 1957 年版。

［德］米切尔·兰德曼：《哲学人类学》，阎嘉译，贵州人民出版社 1988 年版。

［法］摩莱里：《自然法典》，李平沤译，商务印书馆 2011 年版。

［英］莫尔：《乌托邦》，戴镏龄译，商务印书馆 1959 年版。

［英］欧文：《欧文选集》（第 2 卷），柯象峰等译，商务印书馆 1981 年版。

日本世界教育史研究会编：《六国技术教育史》，李永连等译，教育科学出版社 1984 年版。

［法］圣西门：《圣西门选集》（第 2 卷），董果良等译，商务印书馆 2017 年版。

［法］圣西门：《圣西门选集》（第 3 卷），董果良等译，商务印书馆 2017 年版。

［美］约翰·杜威：《民主主义与教育》，陶志琼译，中国轻工业出版社 2014 年版。

期刊类

《中共中央关于教育体制改革的决定》，《中华人民共和国国务院公报》 1985 年第 15 期。

《中国教育改革和发展纲要》，《人民教育》1993 年第 4 期。

《国家教委关于实施〈中华人民共和国教育法〉若干问题的意见》，《人民 教育》1995 年第 9 期。

《中国普通高等学校德育大纲》《中国高等教育》1996 年第 2 期。

《〈面向 21 世纪教育振兴行动计划〉的主要目标和内容》，《人民教育》 1999 年第 1 期。

《中共中央国务院关于深化教育改革全面推进素质教育的决定》，《人民教 育》1999 年第 7 期。

《中共中央国务院发出〈关于进一步加强和改进大学生思想政治教育的 意见〉》，《思想教育研究》2004 年第 10 期。

《国务院批转教育部国家教育事业发展"十一五"规划纲要的通知》，《中 华人民共和国教育部公报》2007 年第 Z2 期。

《中华人民共和国高等教育法》，《中华人民共和国全国人民代表大会常务 委员会公报》2016 年第 1 期。

《志愿服务条例》，《中华人民共和国国务院公报》2017 年第 26 期。

《教育部关于印发〈大中小学劳动教育指导纲要（试行）〉的通知（教材 〔2020〕4 号）》，《中华人民共和国国务院公报》2020 年第 23 期。

《小学教学计划》，《中华人民共和国国务院公报》1955 年第 16 期。

《九年义务教育全日制小学、初级中学课程计划（试行）》，《人民教育》 1992 年第 9 期。

《国务院关于基础教育改革与发展的决定》，《人民教育》2001 年第 7 期。

《基础教育课程改革纲要（试行）》，《人民教育》2001 年第 9 期。

《教育部共青团中央全国少工委关于加强中小学劳动教育的意见》，《中华人民共和国教育部公报》2015 年第 9 期。

《教育部关于深化本科教育教学改革全面提高人才培养质量的意见》，《中华人民共和国教育部公报》2019 年第 9 期。

《教育部关于印发〈加强和改进涉农高校耕读教育工作方案〉的通知》，《中华人民共和国教育部公报》2021 年第 11 期。

常胜：《马克思劳动观的三重维度及其现实意蕴——兼论习近平的劳动观》，《思想政治教育研究》2020 年第 1 期。

崔友兴：《论大学生劳动教育的具身转向及其实现路径》，《黑龙江高教研究》2020 年第 12 期。

顾建军、毕文健：《刍议新时代劳动教育课程的一体化设计》，《人民教育》2019 年第 10 期。

核心素养研究课题组：《中国学生发展核心素养》，《中国教育学刊》2016 年第 10 期。

洪丕熙：《德可罗利的教育学说及其影响》，《外国教育资料》1983 年第 5 期。

贾丽辉：《新时代高校劳动教育的价值意蕴、实施原则及策略》，《现代教育管理》2021 年第 6 期。

《江泽民在全国教育工作会议上的讲话》，《中国民族教育》1994 年第 4 期。

李刚、吕立杰：《大概念视域下我国大中小学劳动教育课程一体化建设的思考》，《教育科学》2020 年第 5 期。

李珂、曲霞：《1949 年以来劳动教育在党的教育方针中的历史演变与省思》，《教育学报》2018 年第 5 期。

李珂：《习近平新时代中国特色社会主义劳动思想探析》，《思想教育研究》2018 年第 1 期。

李俏、成威：《乡村振兴背景下耕读文化的活化开发与实践创新》，《宁夏社会科学》2023 年第 1 期。

李岁月：《习近平劳动观的理论蕴含及其时代价值》，《学术探索》2022 年第 8 期。

刘俊：《新时代大学生劳动观培育的现实境遇与实践路径》，《江西师范大学学报（哲学社会科学版）》2020 年第 6 期。

刘向兵、党印：《高校劳动教育实施推进的多元与统一——基于 80 所高校劳动教育实施方案的文本分析》，《中国高教研究》2022 年第 5 期。

刘向兵、谢颜：《劳动教育在党的教育方针变化中的历史演变与现实启迪》，《中国人民大学教育学刊》2021 年第 3 期。

刘向兵：《新时代高校劳动教育的新内涵与新要求——基于习近平关于劳动的重要论述的探析》，《中国高教研究》2018 年第 11 期。

柳友荣：《新时代高校劳动教育的组织与实施》，《中国高等教育》2020 年第 19 期。

罗生全、杨柳：《中国劳动教育发展 100 年》，《西南大学学报（社会科学版）》2021 年第 4 期。

梅其君、韩赫明、陈凡：《中国传统工匠精神：基本内涵、文化特征与本质》，《科学技术哲学研究》2022 年第 6 期。

祁占勇：《新中国成立 70 年来我国劳动教育政策的价值选择及其变迁》，《国家教育行政学院学报》2019 年第 6 期。

曲铁华、张妍：《中国共产党劳动教育课程政策百年：历程、特点和展望》，《中国教育科学（中英文）》2021 年第 5 期。

《实行新工时制对全日制小学、初级中学课程（教学）计划进行调整的意见》，《课程·教材·教法》1994 年第 9 期。

《实行新工时制对高中教学计划进行调整的意见》，《课程·教材·教法》1994 年第 9 期。

邵沁妍、刘振霞：《大中小学思政课一体化建设的三维思考》，《思想理论教育导刊》2020 年第 9 期。

申国昌、申慧宁：《我国劳动教育的历史审思与未来展望》，《全球教育展望》2020 年第 10 期。

石国亮：《时代推展出来的大学生创新创业教育》，《思想教育研究》2010 年第 10 期。

石丽、李吉祯：《高校创新创业教育：内涵、困境与路径优化》，《黑龙江高教研究》2021 年第 2 期。

司图南：《劳动教育的定位及意义》，《教育科学研究》2018 年第 9 期。

檀传宝：《劳动教育的概念理解——如何认识劳动教育概念的基本内涵与基本特征》，《中国教育学刊》2019 年第 2 期。

汪华、孙霄兵：《中国高等教育 70 年：成就与政策》，《中国高等教育》2019 年第 12 期。

王洪晶、曲铁华：《中国共产党百年劳动教育政策：历程、经验与展望》，《中国教育学刊》2021 年第 8 期。

王玲：《统筹推进大中小学劳动教育一体化建设的若干思考》，《思想理论教育导刊》2020 年第 6 期。

吴刚平：《课程资源的理论构想》，《教育研究》2001 年第 9 期。

肖宝华、方煜东：《论大学生劳动法律教育》，《思想教育研究》2011 年第 4 期。

徐海娇、柳海民：《历史之轨与时代之鉴：我国劳动教育研究的回顾与省思》，《教育科学研究》2018 年第 3 期。

徐辉：《从生产性到育人性：西方劳动教育思想的历史演变及启示》，《教育科学》2020 年第 5 期。

徐耀强：《论"工匠精神"》，《红旗文稿》2017 年第 10 期。

徐长发：《新时代劳动教育再发展的逻辑》，《教育研究》2018 年第 11 期。

应腾：《新时代劳动教育一体化的三重逻辑》，《学校党建与思想教育》2022 年第 18 期。

袁同凯、冯朝亮：《从耕读教育变迁看乡村教育的"位育"之道》，《原生态民族文化学刊》2022 年第 3 期。

张家军、吕寒雪：《人工智能时代的劳动教育变革：缘起、挑战与出路》，《中国教育学刊》2022 年第 6 期。

张亮、丁德智：《新时代高校立体化劳动教育体系建设探析》，《学校党建与思想教育》2022 年第 4 期。

张万玉：《新时代劳动教育的三重维度考量》，《上海师范大学学报（哲学社会科学版）》2022 年第 5 期。

张政文、王维国：《新时代高校德智体美劳五育融合的哲学智慧》，《中国社会科学院大学学报》2022 年第 2 期。

张志强、郝琦：《延安时期劳动育人的有效性及经验启示》，《理论月刊》

2021 年第 3 期。

章锁江、郭永松、邵五甲：《教育必须与生产劳动相结合——学习毛泽东教育思想的实践与思考》，《中国高教研究》1993 年第 6 期。

赵紫阳：《关于第七个五年计划的报告》，《中华人民共和国国务院公报》1986 年第 10 期。

郑程月、王帅：《建国 70 年我国劳动教育的演进脉络、时代内涵与实践路径》，《当代教育科学》2019 年第 5 期。

报纸类

《中央人民政府教育部颁布高等学校暂行规程》，《人民日报》1950 年 8 月 19 日第 3 版。

《中央人民政府政务院关于加强高等学校与中等技术学校学生生产实习工作的决定》，《人民日报》1953 年 7 月 31 日第 3 版。

《大力弘扬伟大的劳模精神》，《人民日报》2005 年 5 月 3 日第 9 版。

《胡锦涛在 2010 年全国劳动模范和先进工作者表彰大会上的讲话》，《人民日报》2010 年 4 月 28 日第 2 版。

《胡锦涛在全国教育工作会议上的讲话》，《人民日报》2010 年 9 月 9 日第 2 版。

《习近平在同全国劳动模范代表座谈时的讲话》，《人民日报》2013 年 4 月 29 日第 2 版。

《习近平在乌鲁木齐接见劳动模范和先进工作者、先进人物代表向全国广大劳动者致以"五一"节问候》，《人民日报》2014 年 5 月 1 日第 1 版。

《习近平在知识分子、劳动模范、青年代表座谈会上的讲话》，《光明日报》2016 年 4 月 30 日第 2 版。

《习近平在世界经济论坛 2017 年年会开幕式上的主旨演讲》，《人民日报》2017 年 1 月 18 日第 1 版。

《坚持中国特色社会主义教育发展道路培养德智体美劳全面发展的社会主义建设者和接班人》，《人民日报》2018 年 9 月 11 日第 1 版。

《坚持中国特色社会主义教育发展道路》，《人民日报》2018 年 9 月 13 日第 10 版。

《用新时代中国特色社会主义思想铸魂育人贯彻党的教育方针落实立德树人根本任务》，《人民日报》2019 年 3 月 19 日第 1 版。

《中共中央国务院关于深化教育教学改革全面提高义务教育质量的意见》，《人民日报》2019 年 7 月 9 日第 1 版。

《打响"卡脖子"技术攻坚战》，《中国教育报》2019 年 12 月 26 日第 1 版。

《习近平在基层代表座谈会上的讲话》，《人民日报》2020 年 9 月 20 日第 2 版。

《习近平在纪念中国人民志愿军抗美援朝出国作战 70 周年大会上的讲话》，《人民日报》2020 年 10 月 24 日第 2 版。

《坚持中国特色世界一流大学建设目标方向为服务国家富强民族复兴人民幸福贡献力量》，《人民日报》2021 年 4 月 20 日第 1 版。

刘茂祥：《打开劳动教育的新天地》，《光明日报》2019 年 1 月 29 日第 14 版。

魏玉坤、樊曦：《探秘：如何评选出劳模？怎样能成为劳模？》，《光明日报》2020 年 3 月 27 日第 1 版。

后　　记

　　劳动是创造人民美好生活的基础，是实现自我价值的途径，也是推动共同富裕的重要因素。本书从多个维度探讨了劳动的现实意义，包括劳动与自然的关系、劳动与社会的关系、劳动与文化的关系等方面。历史已然证明，劳动是推动人类社会不断进步和发展的重要力量，也是实现中华民族伟大复兴的关键所在。

　　劳动教育直接决定社会主义建设者和接班人的劳动精神面貌、劳动价值取向和劳动技能水平，随着经济的不断发展、科技的不断进步，劳动教育也需要持续创新。在本书中，我们从多个角度探讨了劳动教育的丰富内涵，包括劳动教育的目标和内容、劳动教育的方法和载体等方面。实践终将检验，劳动教育是培养未来人才、推动社会进步的必要途径。

　　本书为重庆市高等教育教学改革研究项目"劳动教育融入大学生思想政治理论课教学理论研究与实践探索"（课题号212016）的最终成果，集中以全球格局论述劳动教育思想演变、以中国视野论述大中小学劳动教育发展，以时代变化论述新时代劳动教育一体化创新，力求对劳动教育的重大理论和现实问题进行深入分析，为大中小学开展劳动教育提供参考。

　　本书是集体智慧的结晶，全书由吕进教授设计、策划、修改和定稿，写作的具体分工如下：第一章由吕进编写，第二章、第三章和第四章由吕进、唐宇、易双编写，第五章由李红霞编写，第六章由吕进、李红霞编写。冯帆、张盼参与资料搜集和部分书稿的撰写工作，梁颖、彭若对全书进行校对。

　　本书的形成还得到重庆大学中央高校基本业务费项目"21世纪国际共

产主义史学新发展研究"（2022CDJSKZX12）项目基金的大力支持与帮助。众多专家学者的研究成果也为我们提供了很大的启发和借鉴，在此表示诚挚的感谢。

我们还要特别感谢中国社会科学出版社夏侠编审对本书的辛勤工作，特别感谢中国社会科学出版社的支持。

期望我们的这项研究成果能够得到读者的批评指正，共同推进我国的大中小学劳动教育基础理论研究及其学科建设。